全国校本教研与校本课程数字出版平台
中国校本教研网 www.schooledu.com.cn
◎特别推荐◎

校长
高效教学领导力提升策略

XIAOZHANG

TISHENG CELUE

GAOXIAO JIAOXUE LINGDAOLI

徐世贵 郭文翓◎著

江蘇教育出版社

图书在版编目（CIP）数据

校长高效教学领导力提升策略/徐世贵，郭文智著.
—南京：江苏教育出版社，2012.8
ISBN 978-7-5499-2056-3

Ⅰ.①校…　Ⅱ.①徐…②郭…　Ⅲ.①校长—学校管理
Ⅳ.①G471.2

中国版本图书馆CIP数据核字（2012）第138810号

书　　名　校长高效教学领导力提升策略
作　　者　徐世贵　郭文智
责任编辑　严明瑗　司亚宁
出版发行　凤凰出版传媒集团
　　　　　　凤凰出版传媒股份有限公司
　　　　　　江苏教育出版社（南京市湖南路1号A楼　邮编210009）
苏教网址　http：//www.1088.com.cn
集团网址　http：//www.ppm.cn
照　　排　润星之源文化有限公司
印　　刷　九洲财鑫印刷有限公司
厂　　址　河北省三河市灵山大口
开　　本　787毫米×1092毫米　1/16
印　　张　17.5
字　　数　296千字
版　　次　2012年8月第1版　2012年8月第1次印刷
书　　号　ISBN 978-7-5499-2056-3
定　　价　30.00元
邮购电话　025-85406265，85400774　短信　02585420909
E - mail　jsep@vip.163.com
盗版举报　025-83658837

序

空谈误国，实干兴邦。本书摒弃理论上的虚华和浮躁，重实际讲实用，它的特点有：

1. 创新，有突破性。校长教学领导力是学校管理科学的一个重要分支。本书作者以独特视角，从实践和理论两个层面对这一重要分支进行了长期研究，并取得了重大突破。本书吸纳了洋思中学、杜郎口中学、东庐中学、丹东凤城六中等名校的课程改革的先进经验，为校长提供了鲜活的教学领导力的新理论、新思路、新方法、新经验，让校长有一种耳目一新的感觉。

2. 系统，有科学性。本书没有延用传统学校管理学的刻板体例，而是从方便校长阅读、学习的角度上自成体系。全书分校长定位、听课评课、队伍建设、校本研修、教育科研五个板块，共22章，比较全面系统地诠释了校长教学领导力这门科学。这五个板块，22章内容，正是校长困惑和迫切需要解决的实际问题，针对性特别强。

本书对各种选题并不是停留在就事论事和简单经验的罗列上，而是运用学校管理学、心理学、教育学、教育哲学等理论进行分析论证，把各种问题上升到理论来认识，从而揭示出校长教学领导力的普遍性规律。

3. 实用，有操作性。本书理论与实践、学习与应用相结合，讲理论，观点新，不人云亦云，有独到见解。说实践，力避空谈，引入窦桂梅、蔡林森、崔其升、李希贵、陈康金、顾元彩等校长领导教学和开展课程改革的鲜活案例。操作实践性强，技术指导到位。语言朴实，深入浅出，通俗易懂。校长看得懂，用得上。

教育质量是学校立校之本，校长教学领导力是校长专业化的核心能力。相信在这本书的引领下，校长的专业化会越来越强，在他的领导下，学校不仅质量高，发展快，而且未来成为名校也不是梦。

目录 Contents

第五篇 教育科研领导力

第一篇　校长角色定位

教育为本，质量为魂，抓办学质量是校长的天职。一个不重视教学的校长是一个外行的校长，一个不抓教学的校长是不务正业的校长，一个不懂教学的校长是一个不合格的校长。

那么，校长的职业定位在哪里，校长的职业角色是什么？本篇我们将讨论这些问题。

第 1 章

教学领导力是校长的核心能力

作一个假设：一所学校校舍很简陋，但是办学质量却很高；而另一所学校修建得十分漂亮、富丽堂皇，但是教学质量却很不理想。如果你是家长，要给孩子选择学校，你会选择哪一所呢？也许这是不言而喻的。

那么，学校的办学质量是从哪里来的呢？因素固然很多，但是校长的作用不可低估！俗话说，“千兵易得，良将难求”，“要知如何庙，但看如何僧”。要办好一所学校，教师的素质、办学条件等都很重要，但是校长的素质更重要。今天的校长，既是学校改革发展的总设计师，也是学校全局工作的总指挥，更是师生素养的领跑人。校长不仅应是行政管理方面的专家，更应是教育、教学方面的能手。在一定程度上，校长决定着一所学校的办学方向和质量。那么，校长的办学能力来自哪里呢？这就涉及校长的教学领导力的问题。

一、何为教学领导力

要想明白什么是教学领导力，先要搞清什么是领导。如果把西方的 Leader 一词译成中文，就是引领者、带头人。也就是讲，在学校当中，校长是学校的领袖、导师、指引方向的统帅。校长的教学领导力，即校长领导、指导教学的能力，也就是校长组织引领全校师生遵循教学活动的客观规律，以尽量少的时间、精力和物力投入，使学校取得尽可能好的教学质量的能力，以及促进学校教学改革有所发展的能力。

领导不同于管理。管理是指把一件事做正确，而领导是做正确的事。比如一个大家族，主人交代管家做一件事，管家把事情做得又快又好，但是这件事是好事是坏事，是善是恶，管家不管，他只管执行，执行力很强。所以管理的本质是执行力。但是领导不一样，他要做正确的事，要分清是非善

恶，把握方向，要站得高、看得远，

校长的领导力可分为：道德领导力、专业领导力、行政领导力。道德领导力是校长治校的基础条件，专业领导力是校长治校的核心力量，行政领导力是校长治校的辅助手段。其中专业领导力又包括课程领导力、教学领导力和教师专业发展领导力。由于学校是育人的场所，教学活动是学校的主体活动。因此，教学领导力是构成校长专业领导力的核心元素。

校长教学领导力的作用对象，主要涉及三个层面：第一个层面是学校的决策层校长和副校长们，他们主要来确定学校的教学战略；第二个层面是学校的中层干部，他们是学校教学活动的组织者和教学过程的监控者；第三个层面是学校的教师，他们是教学的实施者和实践者。

通常，校长的教学领导力主要体现在以下几个方面。

（一）制订合理的学校教学发展目标

校长的领导首先是教育思想的领导，校长的教学领导力首先是指校长应在学校教育教学活动中引导教师团队及全体学生准确、清晰地理解和执行党和国家的有关教育方针，并根据自己的办学思想适时提出学校的教学发展目标，引领学校的办学方向。

作为学校的领导者，校长需要对教学工作准确定位，并预设教学质量愿景，领导教师以研究者的工作姿态，认真完成教学任务，全面提高教学质量。

（二）正确领导课堂教学

校长的工作重心应定位为：聚焦课堂，引领教学。校长提高教学领导力的必由之路是把握课堂，有效途径是听课、评课。校长要走进课堂、研究课堂、引领课堂，不断提高对课堂教学的诊断能力和指导能力，做到“三个清楚”，即清楚课堂教学的意义，清楚学校课堂教学的现状，清楚课堂教学改进的思路。特别是在基础教育新课程改革及素质教育不断深入推进的背景下，校长的教学领导力问题已越来越引起人们的关注。

校长怎样正确领导课堂教学？这里有一个敢不敢领导的问题。有些校长不敢直面教师教学中的一些问题：对工作落后者不敢批评，怕考核时画“×”；对工作失误者不敢惩罚，怕影响团结；对工作懈怠者不敢调整，怕引起动荡。校长领导课堂教学就应该像杜郎口中学的崔其升校长一样，“不怕诬告整倒，不怕砖头砸倒”，聚精会神抓管理，勇往直前搞课改。

（三）加强学校教学管理制度建设

具体来说，校长的教学领导力体现在对课堂基本教学环节和师生教学行为的引领、管理、评价等各方面。校长要深入教学管理工作中，促进教学管理工作的制度化、标准化、序列化，推动教学管理向纵深发展，向教学管理要质量和效益。如：建立健全教学管理的规章制度，完善和落实教师教学评估体系，突出教学管理的有序性。

（四）引领教师专业发展

要办一流的教育应有一流的教师。先有名师，后有名校，现在学校不缺大楼，缺大师。这启示我们，引领教师的专业发展，加强教师队伍建设是校长的一项重要的教学领导力。校长要深入课堂，加强听评课的计划性、目的性，要把听评课的任务要求，转化为自身专业发展的内在需求，把听评课作为重要的职责，不断提高听评课的自觉性和主动性，不断提高听评课的能力和水平。

（五）有效组织教科研活动

如果对名教师、名校长、名学校做一番考察的话，你就会惊奇地发现，他们的成名和积极开展教科研活动有密切的关系。因此，要成为名教师、名校长、名学校就必须走教科研之路。组织学校开展教科研活动，引导教师走上教科研之路，是校长的另一项重要任务，也是反映校长教学领导力的一种具体体现。

二、校长为什么要高度重视教学领导力的提升

（一）抓好教学是校长的天职

学校教育的规律告诉我们，抓好教学是校长的天职。校长应拒绝浮躁，走进课堂，走近教师，悉心研究教学和教学管理，确保教学质量的提高。正如苏霍姆林斯基所说："一个有经验的校长，他所注意和关注的中心问题，就是课堂教学。""经验使我深信，听课和分析课——这是校长最重要的工作，只有经常听课的校长才能真正了解学校的情况。如果偶然想起才去听几节课，总是忙于开会和其他事务使你走不进教室，不接触教师和学生，那么校长的其他工作都失掉了意义，开会之类的事就会一钱不值。"从这个意义上来说，研究校长的教学领导力，提高每个校长的教学领导力是至关重要的。

诚然，校长重视改善办学条件是没错。告别破旧、简陋的校舍，走进花园式的校园和宽敞、明亮、舒适的教室，是这一代儿童的幸运。但是校长的工作仅仅是改善办学条件，修建漂亮的校舍吗？其实只要我们留心观察就会发现，一些学校并没有因为校舍的富丽堂皇，而使学校办学质量得到提高，教师队伍的整体素质得到提升。实验室、图书室、多功能室、微机室等也建了不少，不过学生却很少光顾，只是领导来检查时参观参观，那么，改善办学条件的意义又何在呢？

教育为本，质量为魂，教育质量是学校立校之本。创办一所学校，外部环境固然重要，但是更重要的是：办学思想、教学管理、师资水平、教学方法等办学内涵的发展。所以校长要找准自己的位置，做最重要的工作。一个不重视教学的校长是一个外行的校长，一个不抓教学的校长是不务正业的校长，一个不懂教学的校长是一个不合格的校长。

（二）深化课程改革的需要

新课程的实施为校长和教师施展才华提供了广阔的舞台。北京师范大学教育管理学院院长褚宏启教授在作报告时曾讲过这样一件事。

有一次我到青岛去，给一个区教育局作报告。中午吃饭时，局长和我说了件事：区里组织一些校长来听新课改的课，局长要求大家听完之后留下来评课，结果不少校长走了。他们提早走不是因为有急事，而是因为对课比较陌生，特别是对新课改的内容心里没底，怕自己说得不到位，怕老师看不上眼，怕局长看不起他。我们的校长被新课改吓跑了，被评课吓跑了，被老师吓跑了。这个我认为无论如何也不可取。

这个案例启示我们，校长必须注重提升自己的教学领导力。校长既要做一个好的管理者，又要做一个新课程的领导者。如果在新课程面前，校长处处走在教师的后面，这不仅不能引领新课程，还可能成为实施和深化新课程的障碍。

学校是个教育机构，它最核心的工作应该是课堂教学。一切教育改革最终必须落实到课堂上。如果校长对新课程不熟悉，怎能领导课堂教学，又怎能引领课改呢？况且，随着课改的不断深入，隐藏在新课程背后的各种深层次的问题会逐渐浮现出来，如何解决这些问题，迫切需要校长的引领，所以校长提升教学领导力是当下第一要务。

（三）校长自身提高的需要

众所周知，绝大多数校长都是从教学业务的骨干，成长为中层干部、副校长，最后成为校长的。但是随着岗位、身份的变化，无论是副校长还是校长就很少教书了，于是，他们很少进课堂了，甚至连课都很少听了。久而久之，即使他们原来对教学很精通，最终也会越来越疏远。那么怎样缩短校长与课堂的距离呢？校长必须经常走进课堂，不断提升自己的教学领导力。

有两位在校长职位上工作了10年的校长。其中一个校长总能非常敏锐地发现学校发展过程中的问题，特别是课堂教学中的问题，并能找到解决问题的办法。而另一个校长整天忙于事务，把自己淹没在事务性的工作中，对学校中的这些问题熟视无睹。这就反映出了校长是否重视学习和抓教学的问题，区别恰恰就在教学领导力上。第一个校长理论的触角比较长，理论的思维广度比较宽，深度比较深，所以他能想到别人想不到的问题，能够找到别人找不到的办法。

（四）成长为专家型校长的需要

我们可以把校长分为四种类型：

第一种，上传下达型。这种类型的校长上级领导让干什么就干什么，基本上是按照上级指令，一丝不苟、不折不扣地贯彻执行，这样的校长缺乏自己的独立思考和创新。他们一方面因机械地贯彻执行上级精神而不能结合本校实际，工作不一定做得好，另一方面因没有自己的办学思想和个性，学校也就很难办出特色。

第二种，社会活动型。这种类型的校长在学校里很少见到他，在课堂上更是很难见到他。他们整天忙碌奔波在外，今天找局长吃饭，明天找县长汇报工作，后天找经理喝咖啡，学校的办学环境确实沟通得很和谐，也争取了很多资金，学校外部环境大有改善，学校的知名度也很高。但是学校的办学思想、师资队伍水平、教学质量等内涵并不见有多大的提升。

第三种，埋头苦干型。这类校长和第二类校长相反，他几乎哪里都不去，每天就在学校里埋头苦干，精心研究怎样提高学生成绩，但用的全是笨办法、老办法，校长苦干、老师苦教、学生苦学，题海战术、死记硬背。

第四种，内涵发展型。这样的校长注重学习，善于思考和总结，办学有自己的个性思考，他们看问题比较长远、比较全面、比较深刻。学校的管理是和学校的教学紧密捆绑在一起的。学校的发展是以课堂为平台的学生、教师和校长的共同发展。这样的学校会因为校长有独特、明确的办学思想而办出特色。

目前在我们的学校中，前三种类型的校长占的比例较大。但前三种类型的校长都不代表现在校长的发展方向。第一类校长只是任务的执行者，像排球中的二传手，这样的学校固然是四平八稳，不会出什么漏子，但是这样的学校也注定不会有什么发展和前途；第二类校长像个企业家、外交家，就是不像教育家；第三类校长的问题就是只埋头拉车不抬头看路，这注定了他个人和学校的发展不会有前途。只有第四种内涵发展型的校长既埋头拉车，又抬头看路，看得比较准，干得比较灵，工作不盲目，不仅学校未来有发展，而且校长最有可能成为教育家。

大凡有思想、有个性的知名校长都有很强的教学领导力，都是重视教学、关注课堂的。从 20 世纪六七十年代的上海育才中学的段力佩校长、天津一中的韦力校长，到八九十年代的闸北八中的刘京海校长、洋思中学的蔡林森校长，再到今天的杜郎口中学的崔其升校长、北京十一学校的李金初校长等，他们都在领导教学方面做出突出的成绩后成为了知名的校长。可见校长注重提升自己的教学领导力，走内涵式发展的道路，不仅有助于办好学校，也有助于使自己成为专家型校长。

三、校长的角色定位

“角色”是由戏剧中引申过来的一个社会学名词，它是一个人的地位、作用和社会形象的总称，与“身份”近义。如校长、教师、学生、父母、子女、丈夫、妻子等都反映着学校和家庭人际关系的角色。

一个社会成员进入角色，对自身充当的社会角色悉心体察，能提高其行为的社会效能。如一个演员，他扮演的角色是否成功，很大程度取决于他对扮演的那个角色体察得如何（角色内化），体察愈深刻，愈能“进入角色”，扮演得愈逼真，效果愈好。

校长也是一样，他能不能对自己的角色定位悉心体察，即自己以什么样的身份去开展工作，这对工作效果有至关重要的影响。观念决定思路，思路决定出路。角色决定定位，定位决定成就。校长能不能管好一所学校，因素固然很多，但是角色定位是其中一个不可忽视的重要因素。校长只有明确了自己的角色定位，才能以合适的身份去开展工作，从而产生良好的工作效果，使自己能关注教学，领导、指导教学，不断提高自己的教学领导能力。

我们知道，学校办学是为了培养人才，具有专业性。而现在，有的校长找不到自己的位置，不知道自己每天的工作是什么，应该抓什么，东奔西走、送往迎来，根本走不进课堂，这样的校长就走进了角色误区。

（一）校长角色误区

研究表明，在学校管理工作中，许多校长容易出现以下角色误区：

1. 行政官员的角色。校长首先是教学领导者，其次才是行政领导者。作为有效教学的领导者，校长就应是教学服务者，为教师为教学服务，促使学校教学不断发展。因此，校长不应一味地凭借行政权来领导学校，不能只停留在监督、检查和评价教师教学的层面，而应更多地培养和运用专家权与自身的人格魅力，通过自己的教学专业能力来引导学校成员朝教学目标奋进，进而激发教师、学生的工作和学习动机。因此，校长要树立正确的领导观，扮演好教学领导和行政领导的双重角色。

校长是教学质量的第一责任人，领导教学是校长的核心工作，提高教学领导能力是校长迫在眉睫的必修课。

2. 老板的角色。有不少人把校长当老板，这是一个明显的错误。老板是以赢利为工作宗旨的，校长是以育人为终极目标的。开明的老板也会关注社会影响，也会讲求以人为本，但是他们的关注是一种手段，目的仍在赢利，仍在追求经济效益。管理校务的校长也会追求经济效益，但是这种追求是为了改善办学条件，最终是为育人服务的。

3. 外交官的角色。开放的办学要求校长留出一定的时间与各部门、各单位交涉工作，不善外交的校长肯定不是一位优秀的校长。但是，这里有个主次的问题，校长如果总是向外跑，整天与人觥筹交错，就会给学校管理带来损失。有人以为“正职主外，副职主内”的模式不错，但其实不然。副职必须能够独当一面，而且在校长外出期间可以代行部分被授予的权力，但是从本质上来讲，副职是无法替代校长的。校长的主要精力必须放在校内，真正的名校长肯定如此。

（二）校长角色的定位

从历史发展的角度看，校长角色的定位经历了教师型领导——思想家——企业家（经营者）——人际关系协调者——课程的领导者几个阶段。校长专业发展的基础是领导教学、领导课堂，从而引领社会发展。

1. 引领者的角色。校长既是学校改革发展的总设计师，也是学校全局工作的总指挥，更是师生素养的领跑人。校长不仅应是行政管理方面的专家，更应是教育、教学业务方面的能手。只有深入课堂、聚焦课堂，校长才能了解师生的酸甜苦辣和学校的实际情况，才能掌握教学管理的主动权，才能将先进的办学理念落实到具体的教育教学中去。

苏霍姆林斯基曾提出了三个口号："到教师中去！到学生中去！到课堂中去！"他说："如果你想成为一名好校长，那你首先就得努力成为一个好教师、一个好教学专家和一个好的教育家。"校长是领导全校教师进行创造性劳动的主要组织者，他不仅要具备一个优秀教师的一切素养，还应具备比一般优秀教师高出一筹的素质，要成为"师者之师"。正因为如此，校长才被师生认可、上级信任，从而被提拔到学校管理的岗位上来，才有了对教育工作的发言权、指挥权与评判权。因此应当提倡校长兼课。只有经常上课，校长才能体会到教学工作的酸甜苦辣。但是，校长的上课，不一定就是面向学生的上课，给学生作学习辅导的报告，给教师作学术讲座，都应当看成是上"课"。校长上课的意义在于实行对教学工作的知情权与指挥权。

2. 管理者的角色。有这样一则新闻：有位校长为改善学校极为简陋的办学条件，带领大家背石头、挖土、拉土……自己动手使学校的状况大为改观。这种苦干、实干精神的确值得人们学习，这种行为本身也会对其他教师、学生乃至社会产生很大的教育感化作用，对增强学校的凝聚力和改变学校面貌也同样功不可没。但是，这种举动不应成为教育宣传的主流，也不能成为大家效仿的对象。因为办教育、育人才是校长的根本职责，改善办学条件仅是一方面，而且是次要方面。一个人的精力是有限的，身为校长，要将主要精力投入到领导全体教师积极从事教育科研上，搞内涵式发展，从而促进学习主体——学生的发展。

现代心理学研究表明：工资、奖金、生活福利等因素，只能调动人的工作能力的60%，而另外的40%，则靠领导者来调动，特别是靠领导者的人格魅力。身为校长，不断修炼自己，提高自身素养非常重要。常州高级中学的老校长丁浩生在总结自己多年的学校工作经验时，深有体会地说："要使学校有所发展，要求校长有敬业的情感，乐业的态度，专业的思想，创业的精神，不能'人在学校，回望青云'，把校长的职位当做官位，当做青云直上的跳板。校长是'家'不是'官'，校长是'家'不是'匠'，校长是'家'不是'神'，校长是'家'不是'商'。"正是由于对校长职业角色深刻的认知和把握，丁浩生校长在学校管理工作中取得了突出的业绩。

3. 学者角色。吕型伟先生说过：“一个好校长，应该是教育家、学者，而不只是一个单纯的行政管理人员。”校长要拒绝功利，拒绝浮躁，走进课堂，走近教师，悉心研究教学和教学管理，确保教学质量的提高。所谓学者，应“学识渊博，学有所攻，攻有所专，专有所成”。也就是说校长的知识学问既要有一定的广度，也要有相当的深度。没有一定的广度，不足以了解科学知识之间的关系，不足以掌握学校教育的整体结构，不足以平衡、协调学科教学的轻重得失；而没有相当的深度，就不可能了解学科研究的前沿，跟上学科发展的步伐，不可能在某个专业领域取得话语权，找到立身之地。

校长要进入学者角色就应该成为一个研究者，要认真“研究”，然后才能“指导”与“服务”，只有研究到位，才有资格指导，才有底气去服务。既要研究理论，更要研究实践，要以敏锐的触角洞察新课程改革中出现的新情况、新问题，要以理性的头脑客观求实地加以分析，提出切实可行的教学建议和学习策略。校长要提供高水平的指导，只有在研究的基础上才能站得高看得远，才有资本指导。

研究离不开教师，离不开学生，离不开课堂。无疑，校长曾经都是优秀乃至卓越的教师，可一旦走上了校长岗位，繁杂的事务性工作就会占去大量的时间和精力，能够坚守教学一线的为数并不多。没有了对课堂教学的切己体察，就失去了对课堂的深刻体验。因此，校长一定要走进课堂，要坚持听课，始终在教学一线，保持对课堂应有的敏感，不断提高自己的教学研究水平，发展自己的教学领导能力。校长要走近教师，做教学研讨的组织者和参与者。

校长既是学校改革发展的总设计师，也是学校全局工作的总指挥，更是师生素养的领跑人。作为校长，不仅应是行政管理方面的专家，更应是教育、教学业务方面的能手。

4. 服务者角色。领导就是服务群众者。在中国的传统思想中，影响人们最深的是“官本位”意识。一个好校长必须破除“官本位”意识，做一个服务者。教师需要图书资料、音像资料，我们就应提供给他们，中小学教师需要我们听课、评课、上门指导，我们就应尽可能地满足他们，如果他们的课题研究出现了困难，请我们帮助，我们就应义不容辞。

校长的角色定位有时不是固定的，校长在学校日常工作中就得经常不断变换自己的角色，乃至同时兼有多种角色。在教研活动中，校长既是活动的组织者、参与者，又是先进教学理念的指导者；对于上面的政令和业务指导，校长一方面要很好地贯彻和虚心地求教，做一个执行者，另一方面也不能一味盲从，全盘照搬，要有自己的思考，有取舍，这时校长又是一个思索者；在骨干教师、名师面前，校长应是他们经验的推介者，同时也应为他们做好服务工作，成为他们的支持者和服务者；在与上级的交往中，校长应是一位受检者，谦逊地接受他们的工作检查，同时应实事求是地、心平气和地反映存在的问题，求得他们的支持与帮助；在学生与年青教师面前，校长必须是一位可敬可爱的长者，要带头学习，学而不厌，诲人不倦；在学生家长面前，要以平等的态度与家长一起探讨教育学生的方法，切不可盛气凌人，训斥家长，尤其是与后进生的家长交往，要慎之又慎……

进入角色，找到自己当校长的位置，这既能帮助校长提高学校管理水平，也能引领校长做一个内行，逐步走进专家型校长的行列。

思考题

1. 校长为什么要高度重视教学领导力的提升？
2. 你是怎样理解校长教学领导力的？
3. 谈谈你对校长职业角色定位的看法。

第 2 章

校长的领导首先是教育思想的领导

校长的教育思想观念是学校发展的灵魂。苏霍姆林斯基说："校长对学校工作的领导，首先是教育思想的领导。"是的，教育思想是一种生产力，思想新，方法才新，思想落后，方法必然落后。因为教育思想决定教学行为，有什么样的教育思想就会有什么样的教学行为。

这是一家公司在招收新员工时的测试题：

在一个暴风雨的晚上，你开车经过公交车站，遇到了三个人：(1) 一个快要死了的可怜的老人；(2) 一个医生，他曾经在一次车祸中开车送你到医院抢救，所以你才有了今天，是你的大恩人，你做梦都想报答他；(3) 还有一个女人/男人，她/他是你做梦都想娶/嫁的那种人，也许错过后你一辈子都没有机会成家了。但你的车只能搭乘一个人，你会如何选择？请解释一下你的理由。

在两百个应征者中，只有一个人被雇用了。他只是说了以下的话："给医生车钥匙，让他带着老人去医院，而我则留下来陪我的梦中情人一起等公交车。"

上面这位应征者之所以能够被雇用，不是赢在方法，而是赢在思维。因为他突破了"必须由他来开车"的思维定式，而其他人从未想过要放弃开车人手中已经拥有的优势（车钥匙）。有时，如果我们能放弃一些我们的固执、狭隘和一些优势的话，我们可能会得到更多。

观念决定思路，思路决定出路。面对同一件事情，因为思路不同、看问题的角度不同，导致解决问题的方法也会截然不同。校长办学也是一样，因为每个人的思想观念不同，办学的思路也不同，办学的质量当然也大相径庭。

一、知名的校长都有独特的办学思想

领导的最大力量不是权力，而是思想。校长真正的生命就是自己的思想，有个性的、知名的校长都有独特的办学思想。

著名教育家段力佩先生1927年从事教育工作，1950年任上海育才中学校长。他于20世纪70年代提出了“有领导的茶馆式教学形式”，又于20世纪90年代初确立了“自治自理、自学自创、自觉体锻”的“三自”培养目标。其成功经验在全国范围内得到推广。

著名教育家魏书生的教育管理思想的核心是“民主和科学”。民主包括思想民主、决策民主、监督反馈民主；科学包括科学的计划系统、科学的执行操作系统、科学的总结评价系统。

洋思中学的蔡林森校长坚持“没有教不好的学生”“让每一位家长满意”的教育理念，这是蔡校长对生活经验和教育实践的理性思考、提炼和感悟。多年来，他坚定不移地践行着这一教育信念，把洋思中学这样一个只有“三流硬件”“三流师资”和“三流学生”的学校办成了“中国名校”。

众多名校长的成功都是由于他们拥有先进的管理理念，所以，要真正建成有层次、有品位、有内涵的现代化学校，就必须要有先进的教育理念来引领、来支撑、来统率。

学校领导首先是教育思想的领导，其次才是行政领导。思想领导是校长最重要、最有力的领导手段。校长应该有思想，这种思想是指校长应该有自己独立的思考、独到的见解，能根据实际情况进行创造性的探索。一个没有思想的校长，是无法接受新知识、新观念、新技术的，是无法带领教师开拓创新的，是无法形成具有独特风格的办学特色的。校长应该是一所学校的思想发动机，应该成为师生的精神领袖。校长还应致力于引导别人如何思考，如何有效学习，如何进行批判性吸收，如何求证不同的见解。一个好的校长不是用权威压人，不是用行政手段管人，而是用思想、学识影响人，用理想和智慧的魅力感召人、凝聚人。

一所成功的学校，一定要具备前瞻性的教育思想和管理理念。先进的理念就是学校的灵魂，倘若没有正确的办学理念，学校就等于没有灵魂。有的校长对管理、领导学校没有自己的思考，更没有自己的思想，有的鹦鹉学舌、上传下达，有的照猫画虎、邯郸学步，因此当校长几年，乃至十几年，学校既没有发展，又没有特色。一个没有思想的校长，只能凭经验管理学校，只能是上级文件、政策、法规的机械执行者，不可能鼓动、激发教师的创造冲动和工作热情，也不可能把学生培养成为创造型人才。

二、当前有代表性的课堂教学改革思想和方法

改革才有出路，改革才能发展，改革才能生存。在多年的课堂教学改革中，尤其是在2002年全国基础教育实施新课程以后，一些有胆有识的中小学校长、教师大胆创新、勇于探索，在课堂教学方面闯出了一条新路，在教育思想观念方面有了重大的突破，并总结出了一些先进高效的教学方法和模式。为了学习这些先进的教育思想和模式，这里对有代表性的学校和模式逐一进行介绍。

(一) 洋思中学："先学后教、当堂训练"教学模式

江苏省泰兴市洋思中学本是一所偏僻的村联办初级中学，然而就是在这样的"三流的办学条件、三流的师资队伍、三流的生源质量"下，历经多年的实验研究，学校创出了一流的教学业绩，走出了一条以自主学习为根本的教学改革与发展道路，成为了一所全国闻名的学校。其主要的教学模式如下：

"先学"：教师简明扼要地指出学习目标；提出自学要求，进行学前指导；提出思考题，规定自学内容；确定自学时间，让学生完成自测题目。

"后教"：在自学的基础上，教师与学生、学生与学生之间形成互动式的学习。教师对学生解决不了的疑难问题，进行通俗有效的解释。

"当堂训练"：在"先学后教"之后，让学生通过一定时间和一定量的训练，应用所学过的知识解决实际问题，加深理解课堂所学的重、难点知识。

课堂的主要活动形式：学生自学——学生独立思考——学生之间讨论——学生交流经验。

洋思中学有"三清"运动，即："堂堂清""日日清""周周清"。

"堂堂清"：要求学生课堂上必须尽力完成相关的学习任务。

"日日清"：对学生在课堂上完成的练习，教师课后及时批阅，及时找出现问题的学生个别辅导。

"周周清"：每个星期的周末，对部分学生的一周学习情况进行检查。

"三清"所清的内容：学生必须掌握的最基本内容。比如：课堂练习的

必做题、英语单词、基本背诵内容、基本公式、规律等。

“三清”所清的对象：学困生。关键是，教师要把这项工作做扎实，并坚持不懈。

“三清”，就是要求学生向每节课要质量，向每天要质量，向每周要质量。

（二）杜郎口中学：“三、三、六”自主学习模式

杜郎口中学是偏居山东省茌平县的一个普通农村中学，师资力量薄弱。当时的情景是：领导班子不思进取，教师人心涣散，学生厌学严重，家长怨声载道。但就是这个曾连续 10 年考核全县倒数的学校，自 2002 年开始，每年综合考评都在全县前 3 名，教学成绩直线上升。

杜郎口中学的课堂教学改革，一言以蔽之就是解放学生，把课堂还给学生。教室都是方阵式排位，4 桌 8 人一组。教室里没有讲台，除了一面墙上是玻璃窗外，其余三面墙上全是黑板。教师在课堂上只讲十分钟，讲多一分钟都要挨罚。教育界专家称杜郎口中学的创新课堂是“农村教育的一场革命”。

杜郎口中学把旨在体现“教为主导、学为主体、师生互动、共同发展”的教改套路概括为“三、三、六”自主学习模式。即：

1. 课堂自主学习三个特点：立体式、大容量、快节奏。

立体式——目标任务三维立体式，任务落实到人、组，学生主体作用充分发挥，集体智慧充分展示。

大容量——以教材为基础，拓展、演绎、提升，课堂活动多元，全体参与体验。

快节奏——单位时间内，紧扣目标任务，周密安排，师生互动，生生互动，达到预期效果。

2. 自主学习三大模块：预习——展示——反馈。

预习——明确学习目标，生成本节课的重难点并初步达到目标。

展示——展示、交流预习模块的学习成果，进行知识的迁移、运用和对感悟进行提炼、提升。

反馈——反思和总结，对预设的学习目标进行回归性的检测，突出“弱势群体”，让他们说、谈、演、写，“兵教兵”“兵练兵”“兵强兵”。

3. 课堂展示六个环节：预习交流、明确目标、分组合作、展示提升、穿插巩固、达标测评。

（三）东庐中学：“教学合一”的教学改革

东庐中学是江苏省南京市溧水县永阳镇的一所农村初中，曾长期处于师资水平差、生源质量差、硬件设施差和教育观念落后、教学手段落后、教育质量落后的“三差三后”的状况。1999 年开始尝试“教学合一”的教学改革，通过几年的实践，学校的改革取得了预期的效果，中考成绩已连续三年名列南京市前茅。

东庐中学“教学合一”的教学改革主要分三大部分：第一部分是改革备课模式，实行以“讲学稿”为载体的分工合作、取长补短的备课改革；第二部分是改革课堂教学模式，实行以“讲学稿”为施教蓝图的小组合作、师生互动的课堂教学改革；第三部分是改革课后辅导模式，实行以“讲学稿”为根据的查漏补缺、教学相长的课外辅导改革。他们强调教学目标的“周周清”，从课前备课，到课堂教学，到课后辅导进行了全方位的改革。

“讲学稿”是集教案、学案、笔记、作业、测试和复习资料于一体的师生共用的教学文本，是将国家课程、地方课程充分整合后的校本课程，是“教学合一”的载体。讲学稿的编写有一定的流程，其编写模式可概括为“提前备课、轮流主备、集体研讨、优化学案、师生共用”。

用“讲学稿”教学要做到“四精四必”：精选、精讲、精练、精批；有发必收、有收必批、有批必评、有评必补。

“讲学稿”应用的三个环节：

1. 课前准备

教师经历：下“题海”→集体编写讲学稿→个人课前备课→检查批改上交的讲学稿→个人课前最后一次调整教学方案。

学生经历：读课本→结合讲学稿尝试做课本习题→完成讲学稿上的学前准备，并尝试完成部分新知识→上交讲学稿→课前短时间的同学交流。

2. 课内交流

学生活动（交流感悟）：质疑释疑，交流讨论，积极思维，寻求结论，力求突破。

教师活动（启发点拨）：辨疑解难，引导发现，启迪思维，引导迁移，鼓励创新。

3. 课后反思

教师：主要落实在备课组所有老师讨论上完（听完）本节课的心得体会，讨论成功与不完善的地方，以及学生中还可能存在的问题，撰写错题集、课后记。

学生：课后要把讲学稿留白部分完成，格式不正确的要纠正过来，错误的要订正正确，还要在讲学稿相关栏目或空白处填写学习心得等。要求学生每隔一段时间，将各科讲学稿进行归类整理，装订成复习资料。

（四）后六中学："常规＋细节＋过程＝奇迹"的管理模式

溧阳市后六中学是一所险些被撤并的学校：两排小小的教学楼，陈旧的实验室和食堂，操场更是小得可怜，三个年级不能同时出操。2003 年，后六中学的中考排名是全溧阳市第 21 名，而 2004 学年第一学期结束，全市期末统考，后六中学的初一、初二年级的成绩位居全市第四，初三的成绩居全市第三，2006 年初三模拟考试和中考成绩，后六中学均位居全市第一。

除了教育质量出众之外，更让人惊奇的是，它严格按照国家规定的课程标准开课，没有延长教学时间，没有额外补课，没有疲惫不堪的师生，没有做不完的作业。后六中学的成功经验主要有：

1. 坚持十六字的管理宗旨：规范科学，求真务实，低耗高效，追求卓越。

2. 实施"常规＋细节＋过程＝奇迹"的管理模式，抓好常规、抓严细节、抓实过程。

抓好常规，就是指常规管理要讲究规范性和科学性。只有管理行为科学而规范，管理工作才能扎实而有效。

抓严细节，就是指采取具体的措施和方法，不仅要有认真严谨的工作态度、一丝不苟的工作作风，更要讲究精细化的操作。

抓实过程，就是在学校管理的过程之中，持之以恒地抓严、抓好各项管理措施，始终如一地落到实处，以达到管理工作实效性和长效性的有机统一。

3. 后六中学的教学研究朴实无华，他们并不奢望国家级、省级的课题。胡校长认为，如果研究的课题理论只有课题组的那几个人懂，花了钱，又没有推广价值，不如不搞。他们把"学生作业管理""早读课管理""晚自修管理""教师备课管理"等看似平常的工作作为学校的研究课题。

（1）课题之一：作业管理

后六中学学生的作业量受到严格控制，必须“少而精”。作业要适合教材和学生的实际，量和难度要恰如其分。教师要及时批阅，来不及批阅的作业坚决不允许布置。还要求学生独立完成作业，不能抄袭。

（2）课题之二：早读课管理

早读课教师不到班，由学生自主早读。自主不是自由，更不是放任，早读内容教师在前一天就有了布置。早读课的最后 5 分钟，教师到班上抽查学生的自学情况，抽查对象主要是成绩中下等的学生，每班大约五六个人，其余的学生由学生抽查。

（3）课题之三：晚自习管理

晚自习不仅给了学生自主学习的时间，更重要的是教会了学生自主学习的方法。晚自习的过程管理做到了有布置，有落实，有检查，有反馈。

上面介绍的课堂模式有以下共同特点：

1. 目标明确。这些教学模式都重视教学目标的制订和提出，使教有目标、学有目标，而且这些目标具体明确、直奔主题。

2. 以学定教，教为学服务，以学生发展为本。这些教学模式都注意挖掘孩子的潜力，培养孩子的勇气，张扬孩子的个性，奠定孩子的信心。

3. 重视学生的参与。教学质量的迅速提高，主要是因为学生“动”了起来，而不是所有教师突然提高了水平。只要学生有了学习兴趣，主动投入，就不会感觉到负担重。

4. 重视训练检测。如洋思中学的“当堂训练”，让学生独立地、快节奏地完成，教师不做辅导，只给答案与结果，让学生自己探索规律。“当堂训练”坚持三条原则：一是发散性思维原则，选练的题目能使学生举一反三，触类旁通。二是量力而行原则，选练的题目要适度、适量。适度就是难易适中，不拔高又不过于简单；所谓适量就是作业总量以学生在 15 分钟内能完成为限，又不偏少。三是针对性地布置不同层次的习题，选练题目分为必做题、选做题、思考题。

5. 管理到位，非教学因素发挥作用。这些学校之所以取得良好成果，还因为它们立足于改进教法，指导学法，加强管法（非教学因素），使学校的教学工作做到了教、学、管三位一体。

6. 有模式，但是不模式化。

7. 一种精神，责任和爱。

洋思中学的经验已走红了十多年，慕名而来的参观者已有二十多万人，可至今仍然没能“克隆”出第二所“洋思中学”。有记者评论道：“洋思的各种理念和管理措施固然先进，大有值得学习的地方。但是更让人钦佩的是洋思中学持之以恒、坚持不懈的精神，艰苦奋斗、无私奉献的精神，对学生充满热心、对工作充满激情的负责精神，缺乏这些精神，即使再先进的措施和做法也不可能取得辉煌的成绩。”

东庐中学校长陈康金说：“‘讲学稿’不能简单地移植。很多人到这儿学我们的‘讲学稿’，可回去之后还是学不好，因为他们仅仅看到了‘讲学稿’本身，其背后的我们学校的整个文化他们学不到。”而这个“学不到”的东西就是“制度和氛围”，这才是东庐中学最重要的东西。

课堂教学改革需要勇气，需要付出，需要坚持。

我们的教育不缺少理念，缺少的是对一线教育生活的真正参与。

三、校长教育思想的积淀

校长积淀教育思想的方法、途径有很多，这里介绍几种主要的方法。

（一）向书本学习

如果校长不读书，坏处很多。生活上坐吃老本、才思渐枯，少了发展性；工作中思想陈旧、管理僵化，失去指挥权。

向书本学习应注意三个结合。

首先结合实际工作学。干什么，想什么，研究什么，就学什么，这能大大地提高学习效率。其次，结合问题学。根据所要解决的问题查找资料，有选择地学，学一点，用一点，一点一滴地消化吸收，点滴积累，积少成多。这样既解决了具体难题，又提高了理论素养。再次，结合撰写论文学。在撰写论文时，校长如果遇到一些弄不懂的理论问题，就要有针对性地选读一些书，在解决疑难的同时，提高自己的理论水平。向别人请教，聆听有见地者的指导、教诲，也是一种很好的学习方式。

（二）向专家学习

向专家学习也是途径之一。校长要充分利用外出学习或是参加校内教研活动的机会，从专家处获益：（1）要带着一种强烈的学习愿望去参加活动。（2）根据不同教研活动的需要，做相应的准备，如参加听课活动，就应事先问问听什么内容，把教材找来预习一下；如果是参加学术交流活动，就要先明确主题是什么，并做相应的准备。(3) 争做参与者，积极参与探讨，这样收获会更大。(4) 注意积累资料。在参加教研活动时，能做一些记录最好，会议交流活动发放的各种资料应及时收集起来，做一个有心人。

(三) 注重反思

在实际工作中一边工作，一边思考，一边总结，是校长积淀教育思想的好方法。但是许多校长却不愿意做这些有价值的琐事。其实，有时候不是因为有些事情难以做到，我们才失去了斗志，而是因为我们失去了斗志，那些事情才难以做到。

褚宏启教授说："我们原来做过一个实验，在培训班结业时，让校长把连续两个星期做的事全记下来，然后看所记录的事情中哪些对学校的发展具有全局性、战略性或者前瞻性的意义。后来有个校长讲：'按您的要求做了，发现整天把我忙得死去活来的这些事都是些琐事、小事、边缘性的事，其中有些都是我不想去做的事，我真正想做的事都没做。'这个校长说的是实话。我认为在一个组织、在一个单位当中，如果一个人总是忙于这些琐事、小事、边缘事，他迟早会被边缘化。一个人只有做最重要的事，才能成为最重要的人，永远都如此。"

上海闸北八中的刘京海校长说："如果'成功教育'是一种教育思想的话，那也是我们积累了20年实践经验而形成的，任何一项改革措施都来自学校的实践和教师们的经验。校长只有安下心来扎根实践、研究实践，才能不受所谓时尚教育流派的影响，在继承自己学校文化传统的基础上形成自己独特的教育思想和理念。"

这里有三句话：智者不惑，仁者不忧，勇者不惧。智、仁、勇是我们校长应该具备的三种素质。而这些核心素质的获得，离不开学习、实践、思考这三个要素。

思考题

1. 为什么有个性的、知名的校长都有独特的办学思想？
2. 先进教育思想和模式的特点是什么？
3. 校长应从哪些方面去积淀自己的教育思想？

第3章 校长规划学校教学发展目标

一名好校长，就要站在教育改革的前沿，以长远的眼光、宽阔的思路去考虑问题，以先进的理念立校，以发展的眼光规划学校的未来，这样才能引领学校的教学工作快速发展和办出特色。

一、校长为什么要重视规划学校教学发展目标

什么是规划？规划的意思即进行比较全面的长远的发展计划，是对未来整体性、长期性、基本性问题的思考、考量，并设计相应的整套行动方案。

学校的教学工作有无明确的发展目标对每个教师的教学研究方向，对学校的教学发展，对学校的办学质量都会产生重要的影响。洋思中学、杜郎口中学等这些课堂改革先进学校之所以能取得显著的成绩，与他们有明确的教学研究目标和发展方向有密切的关系。

管理学大师彼得·德鲁克提醒管理者要经常问自己三个问题："我们的事业是什么？""我们的事业将是什么？""我们的事业究竟应该是什么？"这三个经典提问启示我们，每一位校长也要经常问自己三个类似的问题："我校的教育教学现在怎么样？""我校的教育教学将会发展成什么样？""我校的教育教学应该发展成什么样？"也就是说，校长要对学校的教育教学现状有充分的了解，清楚学校教学实践中的优势与不足，识别学校教学发展所面临的机遇与挑战，并在此基础上明确学校教学发展的长远目标、近期目标以及各种目标的优先次序。这种目标不仅要体现新课程的理念，符合学校教育教学的实际，还要明确具体，用可操作化的语言进行界定。

另外，规划学校教学发展目标也是校长领导课堂教学的一个平台。校长要通过制订学校教学发展目标，规划教学发展愿景对自己的课堂教学理念加以实施和落实。校长的教学领导力就体现在引领学校的广大师生员工形成全

新的教育愿景，并且在这种教育愿景的感召下通过不断的学习、研究、反思、探索、创新，努力形成新课改倡导的教学行为模式。

二、校长怎样规划学校教学发展目标

（一）学习领会《基础教育课程标准》——找到依据点

校长规划学校教学发展目标时必须以《基础教育课程标准》为依据。《基础教育课程标准》的诞生在中国是一个伟大的创举，具有划时代的意义，是中国教育与世界教育接轨的标志。尽管它还存在不足，有待修改完善，但是它规划了我国基础教育的发展蓝图，无论是从教学理念层面，还是从操作层面上都有很大的突破，为我国基础教育的现在和将来的发展指明了方向。从这个意义上说，《基础教育课程标准》是中国基础教育发展的一个里程碑。高度重视、认真学习《基础教育课程标准》，应该是校长的第一要务。

怎样有效地学习理解《基础教育课程标准》？以下的一些做法可供校长参考。

1. 精读。精读就是反复仔细地阅读原文，从课程标准的结构上对每一章进行认真仔细的阅读，并做必要的圈点。重点地方应加强背诵，以强化理解和记忆。

2. 结合。这种方法是把钻研教材和学习《课程标准》结合起来。一方面先通晓《课程标准》，然后按照《课程标准》的要求细致地阅读分析教材、理解教材、挖掘教材。也就是说，以《课程标准》为出发点，到教材中去找落脚点，这是顺向思维。另一方面校长可看教材、想课标，以推理的方式进行逆向思考，这样可以使《课程标准》和教材融为一体，使教学不致迷失方向。

3. 提醒。提醒有两种：第一种做法是在自己的案头常放一本《基础教育课程标准》，经常有意无意地翻一翻，看一看，需用哪一部分就看哪一部分。第二种做法是，在课程标准的扉页上写上所教学科的主要内容，用以提醒自己按课程标准的要求进行教学。

4. 对比。对比就是校长在学习《基础教育课程标准》时同旧大纲进行对照学习，总结其与旧大纲的区别，了解哪些地方有新的更改和变化，为什么要这样变化，这样有助于尽快地掌握《基础教育课程标准》。

5. 取经。取经就是向别人请教。如向有经验的教师请教，向教研员请教。另外，可以从报刊上学习有关文章，体会课程标准，还可以通过听专题讲座、看观摩课等来学习课程标准。

在学习领会《基础教育课程标准》的基础上，校长要设法把《基础教育课程标准》和新课程的精神，落实在学校教学中，使之变成全体教师的集体行动。

（二）在继承中求发展——找到生长点

哲学研究告诉我们，没有继承，就没有发展和创造。只有继承才能更快地发展，只有发展才能使优秀的教学方法具有更强的生命力。为此，校长在规划学校教学发展目标的时候，不能割断历史，应该在广泛研究优秀的、有生命力的课堂教学方法经验和思想的基础上，去谋划学校新的发展目标。

20世纪80年代，上海育才中学段力佩校长提出了“有领导的茶馆式教学”，在上海乃至全国产生了很大的影响，为教育部所肯定，也得到了各师范大学教育学者的赞同。“茶馆式教学”原来有人称为“读读、议议、练练、讲讲”教学法。有人认为这种教学方法有学生探索的活动，故也称之为“发现法”。育才中学的老校长段力佩先生认为这是把外国人的方法名称强加在中国人的改革实践上，不妥。他提出可以叫“有领导的茶馆式教学法”，即课堂气氛不必过于严肃，只有教师讲学生听，而可以在教师的引导下像在茶馆那样，随便交谈议论。这样的教学，学生活动多，积极性高，有利于培养学生的自学能力。学生在读、议、练、讲活动中，互相切磋补充，产生创见，有利于锻炼创造能力。这显然是将现在常用的教学方法和学生学习方法结合运用的一种方法。

“茶馆式”教学方法符合教育发展的总趋势：教育要走向合作，教育要走向对话，教育要走向学习共同体。其中“议”是对话的一种重要方法。因此，“茶馆式”教学的本质是让教育走向对话和合作，让教育走向学习共同体。

只有继承才能更快发展，只有发展才能使优秀的教学方法具有更强的生命力。特别是新课程推进到现在，中小学教师都有优化课堂教学方法的诉求。上海市静安区教育学院附属学校的张人利校长结合新课程理念，以“有领导的茶馆式教学”为基础，探索这一教学方法的发展，并且把这种教学方法的发展称作“后茶馆式教学”。

什么是“后茶馆式教学”？简单地说，就是读读、练练、议议、讲讲、做做。“后茶馆式教学”后面增加了“做做”，更能反映学生完整的学习方式。它的核心是“议”。“议”的本质是对话——经验与文本的对话。它提高了学生完成学业的效能，保证了课堂教学的质量，也就是提高了认知效果，减少了无效劳动。它不但关注学生今天的发展，也关注学生将来的发展。但这种教学方法对教师的要求很高，教师必须有丰富的知识、极其敏锐的课堂反应能力，真正达到精熟文本，才能做到教学方法灵活、多样，教学形式更灵活，教学的价值取向更明确，才能真正提高学生的学习效能。

“后茶馆式教学”关注学生获得知识的方法过程，是提高学生学习效能的教学方式。它以效能为主导，通过颠覆过去的课堂教学按次序、按计划定时间讲解的方式，而由学生自己阅读概念性、认识性的内容，教师仅对难点等原理性内容进行点拨，从而使课堂教学精致化了。

上海市静安区教育学院附属学校之所以能够在课堂教学研究中获得成功，一个重要因素是正确处理了继承与创新的关系，是在继承中求发展，从传统的茶馆式教学中找到了“后茶馆式教学”这个新的生长点。

（三）从本校实际出发——找到恰当的切入点

目前很多人无论干什么总喜欢“一窝蜂”“一阵风”。有些校长从洋思中学、杜郎口中学课堂教学改革经验中很受启发，于是跃跃欲试，照猫画虎也轰轰烈烈搞起来了，可是“一阵风”过后效果并不好，渐渐便销声匿迹，又回到自己原有思路上去了。有一所中学将几种课堂教学模式都轮番试验了一遍，几年下来，教学质量还是原地踏步，这就犯了脱离主体实际的错误。为什么会这样呢？可能与下面几种因素有关：

1. 只学到了表层内容而忽略了精髓；
2. 只知道拿来就用而忽略了自己的实际情况；
3. 只注重了接受经验而忽略了内化创新；
4. 只知急功近利而不能长久坚持。

所以，校长在筹划本校课堂教学发展目标、制订教学研究方案的过程中，无论学习了多少外校经验，都既不能简单照搬，也不能盲目模仿，必须从本校实际出发，针对自己的教师、自己的学生、自己学校的自然条件，寻找、探究合适的教学模式。

辽宁省沈阳市第四十中学多年来在改革课堂教学方面有很多创新和突

破。他们之所以能获得成功，与从本校实际出发，找到适合的切入点有密切关系。他们注重外出学习，广泛吸纳各个学校的一些先进经验，但是更重要的是能结合本校实际。下面介绍他们“以生为本，建构导学式小组学习课堂”的课堂教学研究。

所谓“导学式”，是指教师发挥主导作用，就是整个课堂教学的流程都是教师依据课程标准、教材及学生的基本情况进行导思、导练和导法的。所谓“小组学习”，是指学生主体活动的合作和展示，就是整个课堂学习的流程都是学生主动学习、合作探究、分享成果的动态、开放的学习过程。鉴于此，必须从源头起步，夯实基础，把握关键，做好保障，确保动力，收获成果。

1. 转换教师角色是小组学习的源头

教师在小组互助学习中扮演的角色是学生学习的组织者、引导者和合作者。在教学中，教师必须淡化自我，以学生的思维方式上课，从学生的发展需要出发，利用学科自身的魅力激发学生的学习积极性，为学生创设宽敞的心理空间，尽可能多地给学生提供参与活动的机会，尊重学生的主体存在，以学定教，以需选教，从自己的言行举止做起，一举手、一投足、一个微笑、一个抚摸……都要表现出善意的唤醒与鼓励，传递出真情的关爱与温情，不仅带给学生知识、技能，更带给他们启迪、激励和力量，使课堂更具生命力。

2. 利用导学案预习是小组学习的基础

学案是导学的载体，有什么样的学案就有什么样的课堂导学。要针对不同对象编写不同的学案，确保把学生放在主体地位。差的学案只能加重学生负担，重蹈传统教育的覆辙。学案的作用是指导学生课前预习，培养学生的自学能力，为学生构建知识提供指导性的思路。学案内容要呈现思维梯度，不能仅仅局限于教材内容的填空、习题的堆积。学案的编写大有文章可做，而且好的学案绝不是一蹴而就的，绝不是一朝一夕之功，必须潜心研究，分类专项突破。学案要提前发给学生，让他们有足够的时间去预习、交流、讨论。让学生在自学过程中发现问题，让他们带着问题去上课，这样才能最大限度地提高课堂效率。

3. 实现最优化组合是小组学习的关键

要依据学生的学业水平，将学生分成若干小组，每个小组内的学生按基础分上、中、下三类，做到组内异质、组间同质。为了实现小组合作学习的目的，优秀学生在出色完成本身学习任务的前提下，可以辅导、帮助学习有困难的同伴。为了能把自己明白的东西教给同伴，他们得想方设法，不断表现自己，从而变得更加优秀。差生在一个互帮互助、奋发向上的合作小组中，会深深感到不努力上进会受到良心的责备和承受团队的压力。最终，小组成员之间的关系可形成三种：学习关系（互帮互学的学习共同体）、情感关系（亲密友爱的情感共同体）、工作关系（团结协作的班级共同体）。

4. 加强规范化建设是小组学习的保障

“不以规矩，不成方圆。”一个优秀的小组必须有优秀的小组规则和规范。小组的规范化建设主要是以形成共同的价值追求为核心，培养和激励小组成员的认同感、归属感、责任心和团队精神，比如发挥小组长的作用，建立组牌（或组徽），选定小组格言，制订小组发展目标、规划和制度，提出小组口号，建立墙面小组文化环境，创作组歌等。

5. 实行客观性评价是小组学习的动力

课堂改革同时进行，实施效果却可能大相径庭，其中的关键在于是否建立并真正落实了良好的小组评价机制。只有具备了切实可行的评价与激励政策并严格地加以贯彻执行，小组之间的竞争才会充满动力与活力。根据学生的学习特点，评价可分为“学习评价”和“行为习惯评价”两个方面。需要强调的是，无论评价标准如何变换，均应坚持把握“淡化个性、强化小组”的原则。这样考核对象就变成了整个小组，学生个体的荣耀是小组的荣耀，学生个体的失败同样是整个小组的失败。教师还要适时鼓励学生，为学生多创造成功机会，变过去在学习上无意识地让学生过多体验失败的痛苦为有意识地让学生多体验一点成功的快乐，让学生始终拥有良好的自我感觉，保护他们的自尊心和自信心，让他们一起去体验成功和获得新知后的喜悦，获得主动学习的动力，不断强化他们探寻、研究的兴趣和意识，引导每个学生真正成为学习的主体。

6. 完成训练案检测是小组学习的成果

完成训练案检测是小组学习的最后步骤，也是小组学习成果的集中展示。训练案要精，要加强当堂训练，及时检测学生记忆、理解的程度，既要巩固基础知识和基本技能，又要及时发现问题，给予校正，进行讲评。教师讲评时要把重点放在学生学习的难点上，根据练习情况及时调整教学目标、教学进度、教学方法，做到有的放矢。每一位参与导学的老师都要在训练案的编写上下工夫，要在训练案的批改上下力气，以此确保学生小组学习的效率。

经过一段时间的强力推行和全面实践，学生主动学习的意识明显增强，学习行为日趋规范，课堂教学效益显著提高。小组学习把个性不同、情感各异、智慧类型多元、经验水平有别的几个学生组织在一起，各有分工，各负其责，共同完成他们感兴趣的任务。他们或者相互质询、相互展示，或者相互分享、相互启发，或者相互激励、相互交锋，但他们有共同的选择、共同的使命、共同的信念，表现出了极高的热情，因而头脑灵活、思维敏捷，每个人的潜能得到了充分开发，在克服学习过程中的诸多困难时所表现出的勇气和智慧令教师难以置信。

如今，我们看到了可喜的教学成果：(1) 教师真正学会了教学；(2) 学生真正喜欢上了学习；(3) 课堂真正充满了活力。

“十步之内必有芳草”，其实每个学校的教师都有一些潜在的宝贵的优秀教学经验资源，这些资源可能是局部的、分散的、孤立的，可能停留在感性认识阶段。也就是说，对有些学校来说，不是没有先进的教学经验、教学方法，而是缺少发现的眼光和缺少总结提炼。如果学校能将这些宝贵的优秀教学经验资源从感性上升到理性，并总结提炼，不仅可以使校长在制订教学研究方案时找到恰当的切入点，甚至可能成为本校的教学特色。

(四) 敢于探索实践——找到创新点

一个好校长一定是一个敢于探索、精于实践、能够创新、有个性的人。他们不仅站得高，眼光长远，胸襟宽阔，而且有一种不服输、不怕挫折和失败的坚强意志。所以校长进行学校教学发展规划时一定要有超前性和创新性。如辽宁省丹东市凤城六中原来是一所名不见经传的县城初中，现在却成为远近闻名的基础教育课程改革名校。这所学校为什么会发生这么大的变化呢？这与学校有一位敢于探索创新的校长——顾元彩有密切的关系。

辽宁省丹东市凤城六中成立于 1996 年，坐落在美丽的凤凰山脚下。建校以来，在各级领导的亲切关怀下，在各级教研部门的指导下，依靠改革创新，凤城六中实现了跨越式的发展，由当初建校时的 6 个教学班、268 名学生发展到了现在的 28 个教学班、1620 名学生，成为了凤城市管理最严、质量一流、口碑最佳的一所初中名校，成为了丹东地区教学改革的一面旗帜，成为了辽宁省基础教育课程改革的一个典型。

下面是顾元彩校长对“分组联动、和谐高效”教学模式的介绍：

我校的一切教育教学活动都“以学生为本”，把促进学生全面健康发展放在最核心、最重要的位置，树立“一切为了每一名学生发展”的教育理念，改变那种“教师为分数而教，学生为考试而学”的做法，做到面向全体，实施素质教育，使每一个学生都能在课堂、管理及活动中健康成长，为学生的美好人生奠基。

课堂是学生全面发展、健康成长的地方。学生在课堂上除了获取知识，更重要的是在获取知识的过程中各种能力得以提高，良好习惯得以形成，美好人格得以健全。

1. 关注学生发展，唤起学生的主体意识，让学生成为学习的主人

我校建构的“分组联动、和谐高效”课堂的核心理念就是“关注学生发展”。这是新课改的最高宗旨，更是“分组联动、和谐高效”课堂的核心理念。在课堂教学中，教师是“关注知识”还是“关注发展”，是应试教育和素质教育的区别。“关注发展”是新课程改革成功的重要标志，更是素质教育在课堂教学中深入推进的关键因素。

“分组联动、和谐高效”课堂与传统课堂最大的区别是：它追求的目标不只是成绩，而是让学生在获取知识的同时，综合素质、能力得到提高。“分组联动、和谐高效”课堂是通过学习方式的变革和创新，为学生提供参与的机会，让学生成为课堂的主角。学生在参与中不但收获知识，而且越来越自信，越来越积极，越来越乐学，越来越有责任，越来越有教养，课堂真正成为学生的快乐的情感生活和积极的情感体验的乐园，课堂真正成为学生的高尚的道德生活和丰富的人生体验的摇篮。

课堂教学最重要的不是传授知识，而是以知识为载体，通过自主探究，让学生学会自学，学会学习；通过小组交流讨论，让学生学会表达，学会交往；通过互帮互助互学，让学生学会合作，学会团结；通过展示汇报，让学生学会实践，学会创新；通过竞争，让学生形成团队意识；通过知识的获得，让学生获得成功，树立自信；通过分组联动，让学生的人格更加健全。

2. 致力于“学习方式的变革”，让学生快乐地学习、健康地成长

“分组联动、和谐高效”课堂是对我校前两次课堂改革成果的一次丰富和发展。它通过“分组”为学生营造一个竞争的空间，搭建一个共同发展的平台。它依靠组内互帮和组间竞争为学生提供了一个参与的机会和展示的天地，进而使课堂和谐而高效。“分组联动”是形式和手段，“和谐高效”是目的。

(1)“分组联动、和谐高效”课堂的三大理念

①一切为了每一位学生的发展，即关注学生发展。这是新课程改革的最高宗旨，更是“分组联动、和谐高效”课堂的核心理念。

②通过建立和形成旨在充分调动、发挥学生主体性的多样化学习方式，即变革学习方式，来促进学生在教师引导下主动地、富有个性地学习。

③让每个学生拥有成功和自信。

(2)“分组联动、和谐高效”课堂的四大原则

“关注学生发展”这一理念说起来容易，但要想落实在课堂教学中并不容易，需要胆量，也需要方法，要想落实得好那就更不容易了。在实践中我们总结出，要想把“关注学生发展”这一核心理念落实下去，必须遵循四大原则：

①主体性原则。要遵循教育规律，把课堂还给学生，让学生参与到课堂教学中，真正成为课堂的主角。课堂是素质教育的主阵地，也是学生发展的主阵地，课堂不还给学生，不让学生参与到课堂中成为主角，不仅违背了教育规律，而且“关注学生发展”也将成为一句空话。

②趣味性原则。要了解和尊重学生的天性和本能，让课堂的每个板块都成为学生喜欢的一种游戏活动，让学生在有趣的活动中获得知识，学会学习，提高能力。应试教育和素质教育的最大区别就是：一个空洞乏味，一个生动有趣；一个被动，一个主动。而游戏活动则会使空洞乏味的课堂变得生动有趣，使被动变成主动，使应试教育和素质教育无缝对接。

③树立自信原则。了解学生的身心特点，让学生每一节课都能收获成功，获得自信。成功教育理论指出，只有让学生在课堂上反复获得成功的体验，才能激发学生学习的内驱力，才能使学生获得自信。课堂教学最重要的任务不是知识，而是成功和自信。

④承担责任原则。通过竞争，使课堂学习变成学生的一种责任。教育专家认为，只有把学习与团队的利益联系起来时，学生才能担负起学习的责任，这时的学习才是真正意义上的学习。

(3)“分组联动、和谐高效”课堂的五大要素

1）分组。“分组”是“分组联动、和谐高效”课堂的标志性要素。它有以下几个特点：

①平均分组，每组8人。平均分组本身就是一种竞争，而8人左右的小组，有利于形成团队精神和凝聚力。

②责任明确而具体。一般每组都有两名组长，每人负责 3 名组员；组内人人都是科代表，整个组是一个学习共同体，每两人还要结成互帮对子，互帮互助互学，在做练习时互相负责批改，不会的还要给讲会。

③每组都是团结向上的团队。每个组都有自己的组名，有自己的目标，有自己的誓言。每个组都是有自己文化和精神追求的团体。

④每组都有一块黑板。黑板是组内展示和组间竞争的一个平台，黑板便于教师了解学生上课的学习情况，黑板丰富了班级文化。这样分组，组内互帮互助都在动，组间竞争，互不相让，进而组组联动，和谐而高效。可以说“分组联动、和谐高效”课堂中的分组分出了竞争，分出了活力，分出了互帮互助、互相监督、互相鼓励，也分出了凝聚力和团队精神，更分出了责任，分出了和谐，分出了高效，分出了课堂教学和班级管理的新境界。

2）自探。“自探”是“分组联动、和谐高效”课堂的核心要素。“自探”就是以组为单位进行自主学习，合作探究。

新课程改革搞了 9 年，效果不佳的最主要原因是“不相信学生”。我们对新课程改革的体会是：“你不相信学生，你的课改就山穷水尽；你相信学生，你的课改就会柳暗花明。”为此，我们提出的口号是：相信学生，依靠学生，解放学生，发展学生。“分组联动、和谐高效”课堂为学生营造了自主学习的氛围，提供了合作探究的舞台，满足了学生展示自己独立学习能力的欲望，让学生真正成为了课堂的主角、学习的主人。在“分组联动、和谐高效”课堂中，教师的任务就是明确目标、创设情境、营造氛围、引导学生、鼓励学生、赏识学生，在关键的地方画龙点睛。

“分组联动、和谐高效”课堂鼓励学生参与到知识学习的每个过程。学生的学习热情在参与中被点燃，学生的核心能力和素质在参与中逐渐提高。伴随知识的获得，学生越来越自信，越来越积极，越来越乐学；伴随着知识的获得，学生越来越文明，越来越负责，越来越有爱心，越来越有教养。“自探”使学生在课堂上有愉悦的情绪和积极的情感。

置身“分组联动、和谐高效”的课堂，你会感到课堂是学生自学和团结协作的舞台，是学生个性发展和快乐成长的精神家园，是学生充分互动、相互感恩的学习共同体。

3）展示。“展示”是“分组联动、和谐高效”课堂的最大亮点。“分组联动、和谐高效”课堂充分利用学生喜欢展示这一天性，为学生提供了充分的展示时间和空间。我们提出的观点是：解放学生的嘴，让学生说、讲；解放学生的手，让学生写、做；解放学生的眼、耳，让学生看、听；解放学生的脑，让学生思、疑。在“分组联动、和谐高效”课堂中，学生的展示无处不在：课前活动由学生组织、主持，内容由学生自己选择，课中让学生自学，让学生交流、讨论，让学生上黑板展示、汇报，鼓励学生质疑、解答。这样学生在说、讲、写、做、看、听、思、疑的过程中，认识到了自己的价值，感受到了自己的重要，体验到了成功的乐趣，树立起了学习的信心。

中国的学生其实不缺少才华，更不缺少智慧，缺少的是展示的机会。而“分组联动、和谐高效”课堂为学生提供了这样的机会，不断满足了学生渴望展示的特性。每一次展示都是一次难忘的经历，每一次展示都是一次成长的过程，每一次展示都是学生进步的阶梯。作为教师，千万别小看学生的每一次展示，说不定一次不经意的展示就能改变学生的命运，影响学生的一生。

4）竞争。“竞争”是学生的天性，没有竞争就没有活力。为此，“分组联动、和谐高效”课堂就充分利用学生好胜这一心理，让竞争贯穿整个课堂。有了竞争，原本枯燥的课堂教学变成学生喜欢的一种游戏活动，课堂在竞争中变得无限精彩。“分组联动、和谐高效”课堂，课前活动有竞争，自主探究有竞争，展示汇报有竞争，强化训练有竞争。竞争无处不在，竞争贯穿课堂始终。竞争激发了学生参与的积极性，竞争激活了学生展示的天性，竞争点燃了学生互帮互助的热情。

5）成功。成功让学生树立自信。为了让学生在课堂上都能品尝到成功的滋味，“分组联动、和谐高效”课堂采取了“低起点，小步子，多反馈，勤矫正”原则，让学生堂堂有收获，节节有成功。与此同时，“分组联动、和谐高效”课堂还启动互帮互助机制，让好学生帮一下差学生，让学得较快的学生帮一下学得较慢的学生。好学生在帮助别人的过程中加深了对知识的理解，同时还收获了奉献爱心的快乐；差学生在别人帮助下学会了知识，收获了成功，树立了自信，同时还体验到了被别人关爱、帮助的温暖，一举两得。

(4)“分组联动、和谐高效”课堂的五大板块

①前奏板——课前展示。它是“分组联动、和谐高效”课堂的一大特点。课前展示一般由科代表主持，时间为5—10分钟，结合学科特点，分为必答题、抢答题、板答题三部分，以组为单位开展竞赛活动，内容由主持人自己去收集整理。课前展示的作用就是为学生提供展示才华、丰富知识、开

阔视野的平台，为学生营造参与竞争的氛围，为学生搭建张扬个性的舞台，架起课内与课外的桥梁。课前展示既活跃了课堂气氛，又增长了学生的知识，更展示了学生的才华，锻炼了学生的能力，一举多得。

②启动板——创境激趣。创境激趣，即创设情境，激发学生的学习兴趣。它是课堂精彩的开始，是检验教师备课水平、衡量教师驾驭课堂能力的重要标尺。其作用是通过情境的创设点燃学生学习的热情，激发学生学习新知的欲望。创境激趣虽然时间短，但对每堂课学生学得是否和谐、高效起着重要的作用。

③核心板——自主探究。

④拓展板——展示汇报。自主探究、展示汇报这两个板块是“分组联动、和谐高效”课堂的核心，是最能体现新课程理念、落实素质教育精神的两个板块。这两个板块是一个联合的整体，操作程序是：教师明确目标——学生自学——小组交流讨论——分组展示和汇报——强化训练。在这两个板块中，教师要遵循“低、小、多、勤”原则，即低起点、小步子、多活动、勤反馈，让学生步步成功，环环进步。在实施自主探究、展示汇报这两个板块时，组内分工要明确，要启动互帮、互助、互学机制，出现问题时随时随地进行责任帮扶，不留死角。通过这两个板块的活动，让每个学生在掌握知识、获得成功的同时，自信心越来越强，学习的积极性越来越高，越来越乐学、愿学。不仅如此，伴随着知识的获得，学生的核心能力素质——自学能力、实践创新能力、合作意识、组织协调能力和表达交往能力也会逐渐提高。

⑤升华板——实践创新。学科不同，实践创新的内容不同：“语文”的人生启迪，思想感悟；“英语”的语言运用；“数学、物理、化学”的解决生产、生活中的实际问题等。这一板块为学生运用所学知识解决实际问题或创新拓展提供了机会。

五大板块是落实“分组联动、和谐高效”课堂三大理念的一个载体，是体现“分组联动、和谐高效”课堂四大要素的一个平台。五大板块操作起来很简单，教师清楚，学生明白，课堂走上规范化、自动化、科学化的轨道由此成为了可能。

(5)“分组联动、和谐高效”课堂的效果

1)“分组联动、和谐高效”课堂解决了困扰每一所学校的“四大问题”：

一是学生厌学问题；

二是两极分化问题；

三是负担过重问题；

四是大面积提高问题。

2）课堂教学改革的六大效果：

①课堂成为学生群体自学和团结协作的舞台，小组成为所有学生充分互动、相互感召的学习共同体。

②“分组联动、和谐高效”课堂教学解决了学生的学习态度、学习方法、学习效率这三大问题，并使学生的学习能力、表达交往能力、团结协作能力在课堂上得到提高。

③大面积提高了教育教学质量。“分组联动、和谐高效”课堂让每个学生都进步、都发展的目标变得不再遥远。

④学生的团队意识和凝聚力真真正正地得以形成，学生的组织能力、合作意识大大增强。

⑤学生的学习积极性、主动性空前高涨，学习变成快乐的事，学习成为学生的一种自觉的责任。

⑥新课程所倡导的自主、合作、探究的学习方式在“分组联动、和谐高效”课堂上得到充分落实；新课程所提倡的新的师生关系在“分组联动、和谐高效”课堂上得到了真正体现；新课程的三维目标在“分组联动、和谐高效”课堂上得到实现。

（五）方法明确、具体实用——找到操作点

实事求是地讲，目前校长在教师教学研究上不是没有目标引领，但是，多数校长提出的目标比较空洞、模糊，如“提高学生成绩，促进学生发展”“提高教学质量，向45分钟课堂要效益”“促进教师专业发展”“办人民满意的教育”。这些目标不仅笼统，而且缺少具体明确的指导性和规划性。校长自己对未来课堂教学的研究方向都不十分明确，又怎能使教师有所追求？

目标分类学的提出者、美国著名教育学家布卢姆曾经指出：“学校只有将目标转化成明确的操作性定义，才能从目标着手，否则只能留下美丽的希望，或只是一些陈词滥调而已。”

作为一所学校教学工作的规划者、引领者，要办好一所学校，校长必须规划好学校的教学发展方向和目标。其目标表述方式又要具体明确，具有可操作性，让教师能看得懂、用得上，并通过民主程序和广泛宣传，将学校教学发展目标转化成所有教职工、学生乃至家长的共同愿景，激励各种利益相关者协调一致，为实现这一目标而共同努力。

沈阳市三十中学积极探索在新课程背景下提升教育教学质量的新途径、新方法，教学管理机制上体现出了明确、具体、操作性强的特点，注重在严抓管理的同时，提高教学质量，促进了学校整体工作的提升。具体做法是：

首先，抓好教学管理——为提升质量打好基础。一是建立教学管理科学系统。按照课改要求，进一步完善规章制度，制订了学校统一安排与学生自主选课相结合的课程管理制度，定期召开课程改革工作会议，及时研究解决实际工作中出现的问题。按照新课程要求，建立教师发展性评价制度，加强资料管理，号召教师"进海"、学生"出海"，宁要老师多费时，不让学生多做题，要求教师自编题、重组题，许多学科已经编出了特色学生学案，并已正式出版。二是教学管理突出重点。即突出一个中心（以提高教学质量为中心），一个提前（上课和辅导要提前1分钟上岗）；两个对待（把每一节自习课都当做考试来对待，把每一次考试都当做高考来对待，真正做到自习考试化，考试高考化，高考平时化），两个至少（每两周至少提问每个学生一次，每学期至少对每个学生进行一次面批面改），两个五分钟（教师连续授课时间不超过5分钟，每节课末给学生留下5分钟思考总结的时间）；三个按时，三个转变（按时布置作业，按时批改作业，按时质量检测；变注入式教学为启发式教学，变学生被动听课为主动参与，变单纯知识传授为知能并重）；四精，四注重（精选、精讲、精练、精评；注重启发诱导，注重学法指导，注重情感渗透，注重培养创新思维）；五必，五让（作业布置和检查要做到有发必收，有收必看，有看必批，有批必评，有评必补；在课堂教学中能让学生观察的要让学生观察，能让学生思考的要让学生思考，能让学生表述的要让学生表述，能让学生动手的要让学生动手，能让学生总结的要让学生自己推导得出结论，教师不能包办代替）；六个环节（备、讲、批、辅、考、评。每一个环节都要非常细致、认真，讲究效率和质量。坚持集体备课制，同学科教师统一进度、统一目标、统一重点难点、统一作业、统一周作业测试，并注重平时的交流和讨论。抓好课堂教学、作业辅导、试卷讲评、资料管理，重视变式教学、一题多解、一题多问、多题归一）。

其次，抓好学习管理——抓住提升质量的中心。一是注重激发学生的学习积极性。进行开课动员，开展学习指导，运用评价导向，重视总结交流，鼓励学生学习，每年都给学生一次展示学习成果的机会，如：研究性学习优秀成果汇报会，学法交流会，艺术节、体育节、科技节、社会公益劳动等社会实践活动。二是注重加强学生的学习行为管理。制订《学生学习管理常规实施细则》，进行学习常规教育，规范学习行为，按照学习规律安排学习活动，确保学生的学习时间和学习效率。三是注重加强学生的自习管理。严格要求学生自习中不研究，不请教，自主学习，德育处、值周班、值日教师和值班领导分头检查，量化考核。四是注重加强学生的作业管理。作业量要求适度，给学生自我平衡、自我调节的时间，主科及其他各学科作业量都有严格规定。五是注重做好综合素质评价。严格落实学分认定方案和综合素质评价方案，德育处、教务处两处结合对学生进行全面评价，以学分认定督促学生学习。

想，壮志凌云；干，脚踏实地。作为校长既要能规划学校教学发展的愿景，也要能够组织全校教师踏踏实实地苦干。阳光总在风雨后，韬光养晦见彩虹，只要校长带领全校师生咬定青山不放松，持之以恒，学校未来的发展就一定是美好的。

思 考 题

1. 校长为什么要重视规划学校教学发展目标?
2. 校长怎样规划学校教学发展目标?

第二篇　听课评课技能

学校发展在教师，教学成功在课堂。听课评课是校长最直接、最实际、最有效的领导教学的方法和策略，通过听课，校长可以及时发现教师在教学中的成就、特点以及存在的主要问题，并通过评课提出有效的改进方案。评课则体现了校长在教学上的思想引领与价值认同。校长的听课评课能力是教学领导力中最重要的构成因素之一，要提升校长的教学领导力，就必须提升其听课评课能力。

第4章

听课评课是校长领导教学的平台

三寸笔，三寸舌，三尺讲台；十载风，十载雨，十万栋梁。课堂是学生成长的地方，也是教师展示才华的地方，看似平常却不平常的课堂教学蕴涵着诸多的规律：教与学、主体与主导、学做人与学知识、学知识与开发潜能、统一要求与因材施教……它们都在课堂教学中引出，又在课堂教学中展开运行。以何种形式来组合，又以何种方式来优化它们，不同的选择就可能带来截然不同的效果。所以，作为校长，必须要树立“聚焦课堂，引领教学”的思想。

一、听课评课的功能

（一）教学管理功能

苏霍姆林斯基说：“经验使我深信，听课和分析课——这是校长最重要的工作，经常听课的校长才真正了解学校的情况，如果偶然想起来才去听几节课，老是忙于开会和操心其他事务，使他走不进教室，不接触教师和学生，那么，校长的其他工作都将失去意义，开会之类的事，都会一钱不值。”由此可见，听课评课应该是校长工作的重要内容。只有深入课堂、聚焦课堂，校长才能了解师生的酸甜苦辣和学校的实际情况，才能掌握教学管理的主动权，才能将先进的办学理念落实到具体的教学工作中去。

有一位刚从师范学校毕业的青年教师，工作热情很高、踏实肯干，但一上课，学生要么乱说乱动，要么昏昏欲睡，原因何在？校长深入课堂听了一周他的课，发现他只顾照本宣科按照事前准备的教案机械地讲，而忽略了教育对象的实际以及激发学生的学习兴趣。于是，该校长便与他一起研究教材，紧密联系学生的实际情况来备课，共同探索如何针对学生的特点去激发他们的求知欲。经过一个阶段的“现场指导”，这位年轻教师不仅基本掌握了“教艺”，而且课也越上越好。

从案例可以看出，只有经常深入教学第一线，经常走入课堂，听课评课，领导才能了解课堂教学的现状，才能掌握第一手材料，才能避免瞎指挥，给教师以正确的指导和帮助。

“没有水平的校长抓门房，有水平的校长抓课堂。”实践证明，领导坚持听课评课能获得三种权力：一是常规教学的指挥权；二是指挥教学改革的主动权；三是开展教学研究的发言权。这对加强学校的常规管理都是十分重要的。

（二）教研科研功能

一位哲学家说：“你有一个苹果，我有一个苹果，彼此交换以后我们还是只有一个苹果；你有一个思想，我有一个思想，彼此交换以后，每个人就有了两个思想。”事实上，比较有层次的听课评课既是教研活动，又是科研活动，它能在教学实践和教学理论之间架起一座桥梁。它既是一个验证理论、指导实践的过程，也是一个实践操作升华为理论的过程。

有位校长说：“我曾发现一位低年级数学教师上课很有特色，便跟踪听课，帮她分析总结怎样把学生的眼、口、手、脑等感官充分调动起来，鼓励学生争做学习小主人的经验，又与她共同学习教育学、心理学理论，把她的零散的教学经验上升到教育理论的高度来认识，再通过反复实验来完善，最后归纳为‘看、读、划、说、摆、想’六动教学法。这样就帮助这位教师逐渐形成了自己的教学特色。”

（三）激励发展功能

听课评课对于开阔教师的视野，激励他们上进，发展他们的教学能力，引导他们走教学能力螺旋式上升的道路，有着极其重要的作用。听课评课中的激励功能包括以下几个方面：首先，是胜任激励。对于新上岗的青年教师或教学能力稍差的教师，通过听课评课（肯定成绩，指出不足），能够激励他们勤奋努力以胜任教学。其次，是目标激励。这是指校长给老师提出如三五年内达到县、市、省级优秀课例的奋斗目标，从而激发教师努力向上的心理需求。再次，是榜样激励。指校长在听课评课中通过教学典型，树立榜样，激励教师向上。第四是特点激励。这是指在听课评课中校长帮助教师总结教学特点，突出教学风格，激励教师当名师，当专家。

（四）教学诊断功能

20世纪六七十年代，美国教育家科根和戈德哈默率先提出“临床指导”技术。他们指出，学校领导抓教师的教学有各种各样的途径，如临床指导、教师互相听课、组织教师讨论教育问题、鼓励教师阅览专业书刊、函授进修、组织教学研究小组等。其中最主要的是临床指导。所谓临床指导，是指学校领导深入教室中去，诊断教师教学中的毛病，帮助教师改进教学的一种具体技术。这里谈的“床”是教室，“临床”是指深入教室中去。“临床指导”的操作技术包括观察前活动、课堂观察、观察后的材料分析与交谈等三个阶段。听课评课就有“临床指导”的性质。有的教师教学质量一直很差，为了查清原因，校长可以有针对性地去听这位教师的课，在评课时，对课作出综合分析。在分析过程中，要在肯定优点的基础上，重点分析问题，要对教师钻研教材、处理教材、了解学生、选择教法、教学程序的设计诸多方面一一透视，分析产生问题的原因，最后提出改进的具体意见，这就是一个“诊→断→治”的过程。

（五）沟通协调功能

沟通和交往是现代人所必须具备的素质，因为沟通和协调是工作成功的一个重要因素。从广泛的意义上讲，听课评课活动是人际间的群体活动，它具有协调角色、沟通意见、融洽感情的功能。对教师而言，可借以挖掘自身潜力，激励进取，培养良好的教学风气；对学生来说，可以调动其学习积极性，激励他们的创造性思维，稳定教学秩序。同时，听课评课也具有协调领导与教师之间的关系，融洽师生之间的感情的作用。

（六）评估考核功能

怎样评估一所学校的教学水平，怎样评估一个教师的教学能力？除了看考试成绩外，听课是一个重要依据。当前在教师评优评先、职称晋级、聘用等考核中，除了看一些材料，找教师座谈外，还有一个重要方法是听课。所以，听课评课又有重要的考核评估功能。

二、校长在新课程下听课评课的理念

清华大学附属小学副校长窦桂梅说：“作为教学管理者，我时常思考，我工作的重点是什么？如果说是抓教学质量，那么实施的策略是什么？工作的‘有效性’如何体现？我是主管学校教学的校长，但我还是一名语文教师，为此在思考教学有效性的问题上，带着日复一日深入课堂的感受，实际上我不太赞成一味追求课堂‘有效性’的提法，因为这种提法本身就暗含着功利主义的思想，似乎只有看得见东西、摸得着成绩的课，才是有效的课堂教学。教学是‘慢’的艺术，给学生一粒粒种子，然后把它交给岁月，总会看到万涓成水、幼苗成林。将这样的思路类推进学校的教学管理中，于是，我也怀疑教学管理‘有效性’的提法。因为提高教师的教学水平同样不是一朝一夕的事情，不是一个‘管’、一个‘理’就能带来来自根部的营养的。若要使教学‘有效’，管理者必须在硬性制度的层面之上，引导教师走上一条自觉深入钻研教材，深入备课，获得高超的课堂教学能力的道路上来。而这一切同样需要管理者与教师一道抛开各种功利思想，静下心来，肯坐冷板凳一点一点地钻研。”

窦校长这段话强调了校长抓教学不是引导教师追求急功近利，而是注重学生的发展，要做到这一点，关键在于校长要注重学习和钻研，树立正确的教育思想观念。观念决定思路，思路决定出路，思想是课堂教学的风骨，也是一种教育生产力。思想新，方法才新；思想落后，方法必然落后。校长要想听好课评好课，应以先进的正确的教育思想做支撑，也就是说校长只有具有前瞻性的教育思想，站在新课程的制高点上，才可能居高临下地去审视一节课，才可能对课的优劣作出正确的判断。那么，新课程下校长听课评课应该引导教师转变哪些观念，树立哪些教育思想呢？

（一）立足课堂，着眼发展，摒弃单纯的知识传授

教育的核心问题是培养目标的问题，即我们应该培养什么样的人。这是教学的出发点，也是教学的归宿。对一节好课来说，是单纯地教知识，还是培养综合素质？说到底，促进学生的全面发展才是衡量一节课好坏的重要标准。

北京市中关村第四小学校长刘可钦说，为师有三境界。

第一种是传授知识，以传道、授业为已任。一切遵循着“书上是这样说的”，每天兢兢业业，把前人总结好的东西传授给学生。在他眼里，讲得清楚的就是好老师，听得明白的就是好学生。

第二种是启迪智慧。在传道、授业、解惑的过程中，想方设法让学生学习的方法更好、策略更多。他不断追求的是教学的技巧和熟练度。在他眼里，教师的教学要有“招”，学生的学习要得“法”。

第三种是点化生命。这样的老师着眼教书育人。在他的眼里，知识、能力、方法等都应成为学生发展中必不可少的营养素，他能够不断地让学生保持对知识的浓厚兴趣，他能够不断激发学生的自信和对事物的探索欲望，他能够温柔而又耐心地等待孩子的成长，他能够在学生遇到成长障碍或失去动力时，用爱心和智慧唤起学生对未来的希望！他也许做不到爱每一个学生，但他懂得并做到了尊重每一个学生；他珍惜和孩子在一起的每一刻，精心营造快乐的校园生活，使孩子生活得更快乐。

可见，平庸的教师在说教，良好的教师在解惑，优秀的教师在示范，卓越的教师在启迪。

新课程标准提出的三维目标体现了学生的全面发展、个性发展和终身发展的基本规律。但是，至今有人仍不理解为什么要提出“过程与方法”这一教学目标。其实，这一目标对促进学生的全面发展是极其重要的。

首先，“过程与方法”是一种知识，一种默会知识（如下图冰山的水下部分）。

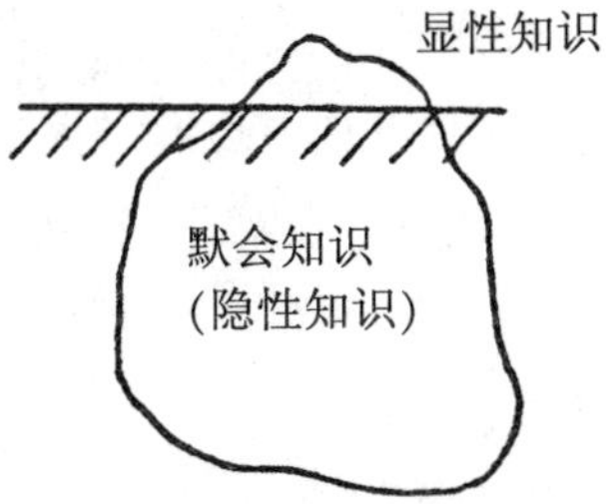

▲默会知识的特点：
1. 可意会，不好言传
2. 显性知识的基础
3. 个人的经验体会

“默会的知识”，又称“内隐的知识”，主要是相对于显性知识而言的。它是一种只可意会，不可言传的知识，是一种经常使用却又不能通过语言文字予以清晰表达或直接传递的知识，如我们在做某事的行动中所拥有的知识等。它本质上是一种理解力、领悟力、判断力，比如，眼光、鉴别力、趣味、技巧、创造力等。

虽然默会的知识平时考试很难考查，但是对学生是很重要的，因为它是显性知识的基础。一个学生“默会的知识”越丰富，他的显性知识会积累得越多，而且会记得越牢。为什么许多学生学无后劲，越学越跟不上？除了显性知识欠缺的原因之外，更主要的是由于缺少默会的知识，他们的知识没有“默会的知识”做支撑，主要靠机械背诵得来。

其次，“过程与方法”符合学生的认识规律，有助于学生的感悟和体验。默会知识教学启示我们，教学应强调过程性：实践——体验——感悟。所谓重过程就是教师在教学中应把教学的重点放在揭示知识形成的规律上，让学生通过感知——概括——应用的思维过程去发现真理，掌握规律。这是学习知识的过程，又是发展智能的过程。过程远比结果重要，学生学习知识的过程是不可省略和压缩的，压缩和省略学生的思维过程，直接得出结论及背答案都是在舍本求末。

综上所述，以学生发展为中心构想的教学目标立足于人自身，着眼于开发学生的身心潜能，使其在掌握知识的同时，形成现代人的思想，掌握现代人的本领，使其知识、人格、智力、能力、非智力、个性等都得到全面和谐的发展，由一个自然人转变为一个社会人。这就要求今天的教师不应是平面型的，而是立体型的。

（二）少讲多学，注重指导，摒弃教师的越俎代庖

教学伊始，教师可能有两种不同的设计思路：一种思路是这节课教师应该怎么讲，学生应该怎么听；另一种思路是这节课学生应该怎么学，教师应该怎么教。这两种思路恰恰反映了“以教定学”和“以学定教”两种不同的教学思想。而这两种不同的教学思想，可能会使课堂出现两种完全不同的教学效果。

特级教师宁鸿彬说：“我中师毕业后被赶上了讲台，就像孩童在教学道路上歪歪扭扭地走着……我绕过弯，迷过路，但我也从中吸取了教训，步伐渐近平稳。回顾往事，我时常想到这段从学“教”到教“学”的历程。”从学“教”到教“学”，虽然一字之差，却反映了宁老师教学思想的重大转变。

特级教师窦桂梅说：“做教师的关键是自己替学生当梯子，还是学生替自己当梯子。”

陶行知先生说：“我认为好的先生不是教书，不是教学生，而是教学生学。”

上海闸北八中校长、特级教师、成功教育创始人刘京海有如下的教育思想：

1. 教师的三个相信：相信每个孩子都有成功的愿望，相信每个孩子都有成功的潜能，相信每个孩子都可以取得多方面的成功。

2. 不同的教学过程都有一个共同的作用点，即首先都作用于孩子的自我

概念、自我认识、自信心，这些正是人格的核心，学生正是依据自我概念中的“我”去塑造自己的。自我心理学有一句名言：你认为自己是什么样的人，你就可能成为什么样的人。

3. 每个学生都是自我塑造的，教师和家长不能塑造学生。教师和家长能给学生的最大的、最重要的影响恰恰不是知识、能力方面的影响，而是对他们的自我概念、自我认识、自信心的影响。

一言以蔽之，“教”的成功是通过“学”的成功体现的。最成功的课是学生“学”得成功，不是教师讲授得成功，更不是教师的表演成功。难怪有的学生说：“只是告诉我，我会忘记，只是演示给我，我会记住，如果让我参与其中我就会明白。”

我们强调教学重在“学”，以学定教，教为学服务，但并不是淡化和降低教师的作用，我们不能从一个极端走向另一个极端。因为主体参与绝不是自发形成的，学生从被动学习转向主动学习并参与教学的全过程中，关键在教师，主体参与的有效实施，必须由教师有目的、有计划地组织指导，逐步去完成。

（三）尊重教材，开发资源，摒弃教师的照本宣科

目前，我们的学校里有四种类型的教师：

第一种，只讲教材（有它没我），把教材神圣化、神秘化、教条化。

第二种，讲刻板的教材（有它有我），部分教材部分自己。

第三种，盲讲教材（没它没我），把握不住教材，或冷落淡化教材，盲目搜集资料。

第四种，讲组织处理后的教材（有我没它），尊重教材，超越教材，创造性使用教材。

哪种类型的教师能把课上好并符合新课程理念呢？显然是第四种类型的教师。新课程理念要求我们不能神化教材，而是要尊重教材、超越教材、创造性使用教材。只有这样做，教师才能备好课和上好课。

教师为什么要创造性地使用教材？

1. 教材不是唯一的课程资源

我们知道，教材是教学的依据和重要的课程资源，但它不是唯一的课程资源，现实生活远比课本精彩和丰富。正如叶圣陶先生所说：“教材无非是一个例子。”“语文教材只是些例子，从学生现在或将来需要读的同类的书中

举出来的例子。”以往的课堂教学中，师生获得课程资源的渠道基本上只有一种，那就是书本，这种单一的课程资源束缚了学生思维的发展。因此，教师应该走出“死胡同”，走出书本，走进一个“多元化城市”，走进资源丰富的现代课程，将自己的角色由书本知识的传授者转变为课程资源的综合开发者、利用者，从而丰富学生的学习内容和生活。

2. 教材离学生越近，作用发挥得越好

由于受课本、时空、地域、编者等种种主客观原因的制约，课本也会有许多局限性，这就需要教师创造性地使用教材，以课本为依据，注意开发和利用课本以外的课程资源。知识往往来源于实践，反过来又服务于实践，有时教师恰当地进行课程资源的开发和利用，常常会使课本里的教学内容抽象的变具体了，远的变近了，难的变易了，突出了重点，突破了难点，更加生动有趣，这就会大大提高课堂教学的效果。

新课程强调教师不仅是课程的执行者，而且是一个开发者、利用者。新教材就给教师留出了充分发挥的空间，并要求教师在使用教材时要“用教材教”而不是“教教材”。

3. 教学是教师的一个再创造的过程

照本宣科能把活课上死，创造性使用教材能把死课激活。教学是教师的一个再创造过程。教师只有注重开发课程资源，尊重文本，超越文本，创造性地使用教材才能把课上好。

（四）从“关注知识”到“关注情知”，摒弃枯燥无味

现代教学论研究证明，学生的学习心理存在两个过程：

“知”过程（感觉——思想——知识、智慧的过程），是一种认知过程，是智力活动。

“情”过程（感受——情绪——意志、性格的过程）是情感过程，是非智力活动。

影响学生学习活动的有两大系统，即动力系统和操作系统。动力系统在学生学习中起着定向、强化、促进、保证作用，解决学生想不想学、爱不爱学的问题；而操作系统是学生的认知活动，解决认知的操作问题。二者如鸟之两翼、车之两轮，缺一不可，相互作用，相互促进。

然而，传统的教学理论只看重认知过程，忽略了学生的情感活动，丢弃了在学生学习过程中起巨大作用的非智力因素，这也是造成当前学生厌学和课堂教学效率低的一个重要原因。

有人这样描述特级教师吴正宪老师的课：知情交融，师生互动。她的课充满了童趣、乐趣。课伊始，趣已生；课继续，情更深；课已完，意未尽。40分钟的数学课，像磁铁那样把每一个孩子的心紧紧地吸在一起，孩子们觉得数学课很好玩，孩子们不愿意下课，请求吴老师再给他们上一节课。在即将离开时，有的孩子流下了恋恋不舍的眼泪。

吴正宪的课为什么会有如此魅力？正是因为她注重了情知教学。

（五）尊重差异，张扬个性，摒弃千篇一律的教育

一刀切、齐步走、统一规格、统一要求，这是当前教育中存在的突出问题。备课用一种模式，上课用一种方法，考试用一把尺子，评价用一种标准，这是要把千姿百态、风格各异的学生“培养”成一种模式化的人。显而易见，这既不符合学生实际，又不利于人才的培养。

有人说，黄沙如海，找不到绝对相似的两颗沙粒，绿叶如云，寻不见完全相同的一双叶片。那么也可以说，人海茫茫、教海无边，我们既找不到两个完全相似的学生，也找不到能适合任何学生的一种教学方法，这就需要我们来研究学生的差异，以便找到因材施教的科学依据。学生的智力和才能表现在多方面，人类到底有多少种智力，有多少种才能？世界上还没有人能作出令人满意的回答。一般来说，人只能在一个或几个方面显出优势，只用学习成绩的优劣给学生作出聪明或愚笨的评价，那不是培养人才，而是扼杀人才。人才是各种各样的，社会的各行各业都需要人才。所以，我们应该认真对待每一个学生的差异性。

目前在对待学生的差异上，有两种值得注意的倾向：一种是不敢承认学生的差异，怕承认了差异会使教师放弃对一部分学生的教育；一种是夸大学生的差异，把学习好的学生看做天资聪明，将来有所造就，把学习不好的学生看成天生笨蛋，朽木不可雕也。显然，这两种思想都有所偏颇，我们应以科学的态度来对待学生的差异。

思 考 题

1. 校长为什么要特别重视听课评课能力的提升？
2. 在新课程下，校长应树立哪些听课评课的理念？

第5章 校长有效听课的方法与技能

听课评课是一门科学、一种艺术，也是校长必备的一种技能，校长首先要置身于课堂，和教师一同经历上课的过程，要做到优点和教师共享，缺点和教师一起改进。

一、听课的目的

校长听课有以下五种类型：

1. 研究性听课。带着研究目的或事先确定好的课题听课，通过实验研究，培养典型，取得成效，达到指导全校教学的目的。

2. 指导性听课。帮助后进教师提高教学、改进教学，帮助有成就的教师总结经验、不断升华。指导性听课有五种情况：(1) 常年性听课指导。顺其自然，听谁指导谁。(2) 实验课题指导。根据实验目的进行理论和实践的指导。(3) 教研课指导。为达到某种目的，研究某一侧面，引起讨论、探究。(4) 参赛课例指导。各级评优竞赛课例，力争全面优化。(5) 示范课指导。给广大听课者做榜样。

在指导性听课中，对不同层次的教师，指导时应有不同的要求和标准：对典型和骨干教师要进行高层次指导，提出要求，有所突破；对一般教师侧重常规性指导，因人而异。

3. 检查性听课。这是以检查学校和教师的教学工作为目的所进行的听课。具体做法：(1) 制订听课评价标准；(2) 下基层听课；(3) 写出检查报告；(4) 在一定范围讲评，促进教学。

4. 总结性听课。做法是：(1) 根据教研活动内容，确定目标；(2) 认真听课，实事求是地分析评估；(3) 总结出共性的东西，再用以指导教学，推动教研工作开展。

5. 观摩性听课。这是校长学习提高的需要，可以在校内听特级教师、模范教师的课，也可以到其他学校听优质课。

无论是哪种类型的听课，校长都应注意做到：

1. 要做好课堂记录，力求把教师教学的全过程完整地记录下来，同时还要把自己在听课过程中的不同见解、建议和有待进一步深入研究的问题写在听课笔记的相应位置上，以便评课时讲评交流。

2. 校长既要坚持经常听课，又要敢于和善于评课。有一位教师听说校长要来听自己的课，下了很大的工夫准备，上课也很卖力。但令他失望的是，校长既没有对讲课做具体评价，也没能提出什么建议，只是应付式地说了几句套话。显然，这种评课既是对执教者的不尊重，也未能起到指导教学的作用。所以，校长在课后必须认认真真地评课。

3. 听课后，校长应把听课、评课观察和记录下来的东西，以及教师反映的问题，发表的新见解、新观点，结合自己的体会加以整理，并把这些感性认识上升到理性认识上来，形成文字材料，一方面可以作为以后教研活动的借鉴和参考，另一方面也可以把这些材料写成论文来交流和发表。

二、听课方式的选择

听课的方式方法多种多样，这里介绍一些常用的方式方法。

（一）先备课，再听课

这种听课的方式，在实验性、指导性的听课中运用较多。

在实验课的研究过程中，校长深入教学同教师一起研究教材，探讨教改新路。校长既要向教师介绍外地新的教改信息，提供资料，提出实验课的方案设计等，也要对上实验课的教师进行鼓励，当教师心中有了底，做了充分的准备以后，再听课。

先备课再听课的另一种情况，是指导个别课堂教学水平较差和新上岗的教师。为了尽快提高他们的课堂教学水平，校长同他们一起研究教材教法，并把自己的教学经验介绍给他们，使他们在教学方法上有所参照。但是在同教师一起备课时，要以教师为主，不要强制要求教师按照自己画的框子、定的调子去做，校长所做的只是在他们准备不足之处加以补充完善，而后让教师在课堂上大胆发挥自己的教学才能。这种听课的方式从感情上也容易协调，因为所听的课是教师和校长共同劳动的结果。这是一种很好的推进教学改革、提高教师素质的方式，应该广泛采用。

（二）先打招呼，再听课

多是总结、了解性听课，目的在于了解和掌握教师平时积累的教学经验和一个阶段的教改情况。

其做法是听课前先向教师打招呼，让教师做好准备。打招呼的时间，可以提前一两天，也可以提前一两节课。应告诉教师，要侧重听某一个或几个方面，如板书的设计、讲练的结合、难点的突破、学生积极性的调动等，准备要听的这些方面往往是该教师的特长。这是种常规听课法，听课时，按听课常规，全方位地观察课堂上师生的活动，要在全面兼顾的基础上，侧重重点，看教师在某个问题的处理上科学性如何，艺术性怎样，是否有改革创新意识等，然后综合评价，确定有无推广价值。

（三）“突然袭击”的听课

这是一种检查了解性听课，目的在于真正了解一个教师的教学水平和工作态度。这种听课能督促教师上好每一节课。尤其是对那些学生和家长反映多、教学成绩差的老师的课，应特别采取这种听课方式。

这种方式的听课课前不通知教师，在上课时突然走进教室，或者在临上课时才跟教师打招呼。运用这种听课方式要注意：1. 听课之前校长自己要有所准备，要有明确的目的，对该课的内容要有所把握，对大纲的要求应心中有数。听课后应该诚恳地和教师交谈，做到有的放矢、正确评价。2. 在工作计划里、阶段会议中，要向教师讲明，为了工作的需要，有时会不打招呼进教室听课，请大家有所准备。这种超前的、无个人针对性的“安民告示”会激发教师教学的责任感，也能增强教师对“突然袭击”式听课的心理承受力。

“突然袭击”的听课方式不宜经常使用。

（四）重点反复的听课

多是指导性听课，目的是帮助教学能力较差的教师提高教学能力，适应教学需要，有时也是为了培养典型。这种听课方式要求校长首先要“大视野”“广角度”地听，即在这一节课中，要全面审视每一个教学环节，从教学目的的确定到教学思想的渗透，从知识的逻辑安排到教学语言的运用，从教学风格的体现到教学机智的发挥……校长都要悉心观察，以便在整体上认识教师。其次要抓关键，突出重点听。课堂教学是门综合艺术，教学能手往往是课堂上的综合艺术家，但这不是人人都能做到的。作为领导者，不应要求每个教师的课堂上的所有环节都“全面开花”，但课堂的一些关键因素是不能忽略的。在关键问题上失败，就是整个教学的失败。这些关键问题主要是：教育目的与教育思想是否准确、端正；教学内容的处理是否科学、正确；是否“目中有人”，即是否充分发挥了学生的主体作用。这三大重点是校长必须抓住的。

重点反复式听课的主要方式是跟踪听课。这样才能更清楚地认识到教师教学中存在的问题，给予更具体、更有针对性的指导。

（五）指定内容的听课

这种方式多用于检查、评估性听课，目的在于考查教师独立处理教材的能力和课堂教学水平。

这种方式的做法是，校长先指定某一教学内容，让教师依据教学大纲独立处理教材，进行充分的准备，写好切实可行的教案，然后校长再进行课堂听课。采取这种方式听课，最好能完整听一篇课文的全部内容，这有助于更深入地了解教师掌握教材的情况及采取的教学方法。

（六）个人备课调讲

校长把教师请来，让教师上模拟课，然后进行个别指导。这种模拟就是现在普遍开展的说课活动。

（七）集体备课试讲

这是沈阳市铁路第五小学创造的一种听课方法。这种方法是先集体备课，然后授课教师在台上讲，领导和全体任课教师在下边听，课后进行评议。试讲不成功，不允许进课堂，试讲者须综合大家的意见重新准备，领导复查合格后方可进课堂讲授。

采取这种方式，虽然教师的压力大，但却有很多好处，它可以促进教师主动学习和钻研，使其清楚地认识到自己的不足，在教学上得到较快的提高；它能使教师更加全面深入地熟悉教材、掌握教材、运用教材，对教师的成长大有裨益。

（八）应邀听课

这种方式也多为指导性听课，目的在于鼓励和保护教师探索课堂教学规律的积极性，并帮助他们提高教学水平和能力。

这类听课通常不是由校长提出来的，而是教师主动邀请校长去听的。在这种情况下，作为校长，没有极特殊情况，切不可推辞，要愉快地接受邀请，并鼓励教师认真备好课，充分展现自己的教学能力。

（九）横向比较的听课

这种方式多为评估型听课，目的在于鉴别同年级教师的教学水平，了解、评价教师的教学工作，促进教师之间相互学习，相互交流。

这种做法是在同年级、同学科中进行的，因此具有四个统一的特点：教学内容统一；教学目的统一；听课教学时数统一；改革要求统一。但在教师所采取的教法上，校长不定调子，不画框子，倡导教师精心设计，勇于创新，讲究实效。

横向比较的内容可以包括：（1）教学基本功；（2）掌握教材及学生情况；（3）改革情况；（4）采用的教法等。上述内容，开学伊始可以公布，列入教研计划中，具体听课时间提前一周确定，不搞集体备课和试教，一切由教师自己设计钻研。

为了提高比较课的评议、总结水平，除校长、教师参加听课外，还应建立评议小组，吸收教导主任、教学能手参加。听课后对每节课进行认真总结，肯定每个教师的特点，同时提出改进的意见，在此基础上评优。

在比较中，要防止片面性，要把听到的课进行各方面的调查分析，如对学生来源、基础情况等都应作出综合分析，然后提出指导性、评估性意见。

（十）分层次、分别指导的听课

在教师较多的学校，校长可以根据青年、中年、老年教师分层听课，分别指导。

1．听青年教师的课

青年教师是教学的新生力量，是学校的希望。听他们的课是帮助他们尽快熟悉教学业务、适应教学工作的需要。对刚上岗的青年教师，最好在上课前帮助他们备好课，而对有两三年教龄的青年教师，可以放手让他们独立钻研、独立备课、独立上课，但听课后要注意帮助他们解决教学中的一些实际问题和困难。

2. 听中年教师的课

中年教师年富力强，又有实践经验，是学校的骨干力量，他们起着承上启下的作用。校长听他们的课的目的在于：一帮他们总结经验；二对他们的新成果及时扶助，使之推广应用。

3. 听老教师的课

老教师有丰富的教学经验，在学校里起着传、帮、带的作用。听他们的课，一方面要向他们学习，另一方面要总结、传播他们的宝贵经验。

听课方式不止以上十种，还有一些其他的方式方法，这里就不一一赘述了。

三、听课的准备

也许有人会认为，听课评课虽然很重要，但并不是很难，只要带上笔记本，走进课堂认真听、认真分析就可以了，没什么复杂的。其实不然，“善观察者可见常人所未见，不善观察者入宝山空手而回”，听课评课虽不需要像上课那样精心策划，严密组织，但是要听出特点，抓住实质，评出水平，令人心悦诚服，发挥出听课评课的多项功能并非易事。要想在听课评课中有收获，也不完全取决于听课节数，还要看听课评课的质量，而要提高听课评课的质量，就应做好每次听课的准备。

（一）角色准备

显然，走进课堂听课，校长、教导主任、教研员、教师听课的出发点、目的、要求是不一样的。但总体来讲，听课评课的目的应是一改、二促、三提：(1) 改进教学实践；(2) 促进学生发展，促进教师专业成长；(3) 提出问题讨论，提高教学质量，提升教学境界。也就是说听课的指导思想不应放在衡量、区分一节课的优劣之上，而是在于帮助教师改进教学实践。

（二）教学内容准备

常言说，有备无患，上课前教师要备课，听课者也应备课。不管是熟悉的还是不熟悉的，校长在听课前最好能认真浏览课本的内容，并且结合自己的教学做一番大致的思考。这样既便于听课时有的放矢、突出重点，又便于听课后取长补短、比较提高。特别是跨学科听课，更是应该熟悉教材，否则听课时将不知所云，收获甚微。

(三) 学生情况准备

俗话说知己知彼，百战百胜。一个教师一种教学方法，而他的方法又总是与他的学生相适应，所以听课前要适当了解任课教师的学生。对班级情况了解得多一些，也能在很大程度上防止评判的失误。平日我们说备课要备教材、备自己、备学生，因此，了解学生是十分重要的。学生对教材的熟悉程度和预习状况不同，课堂反应显然也是不一样的；某些章节内容倒着教与顺着教，学生的接受情况同样也是有区别的；来自农村学校的与来自城镇学校的学生学习习惯自然也有差异。

(四) 先进理念的准备

社会在前进，教改在深入，各个学科、各个领域都会涌现出许多新的教学科研成果，包括新的知识、新的方法、新的理念。实施新课程以后，面对新理念、新教材、新教法，校长听课前更应善于学习，关注报刊上有关学科的教改经验和论文，获取新的信息，了解该科教改的形势和新的教学科研成果，以提高听课的品位，使自己站在一定的高度上，敏锐准确地发现教师授课的优缺点。

(五) 心理与特质准备

听课是一项艰苦的劳动，它要求校长不仅要听得懂，听得进，还要做记录并深入思考，进行分析评定，因此，校长应尽可能排除一切干扰，精神饱满，集中精力听好课。有的校长听课时打瞌睡，这样既听不好课，又会给师生带来不良的影响。

四、听课的方法

新课程标准要求我们在听课时，关键不是听教师如何讲，而是看在教师引导下的学生如何学，所以听课应从单一听教师的“讲”变为同时看学生的“学”，做到既听又看，听看结合，注重观察。有人把听课说成看课，这是有一定道理的。

(一) 看什么

1. 看教师的主导作用

(1) 看教学目标的设计与达成是否准确、合理、全面、有差异性等。

(2) 看是否抓住了教材处理的重点、难点、特点；看开发课程资源、创造性使用教材的思路是否清晰；看教材呈现方式是否化难为易、以简驭繁等。

(3) 看教学实施是否从教材和学生实际出发，灵活多样，看在教师的组织下的学生的参与、体验、合作、探究等。

(4) 看教师课堂的学习指导，是否用自己的学习经验给学生以启发。

(5) 看教师对课堂的驾驭，看对节外生枝的问题的处理是否巧妙，看应变能力。

(6) 看教师的课堂教学评价方法和策略，以及学生对评价的反应。

(7) 看教师的课堂教学激情、教态、板书，运用现代教学手段等的教学基本功。

2. 看学生主体作用的发挥

(1) 看课堂上的气氛是否宽松民主，看学生是情绪饱满、精神振奋，还是静坐呆听、死记硬背。

(2) 看学生参与教学活动的情况。包括学生参与的时间（是全程参与，还是偶尔参与）、参与的人数（是局限于少数尖子学生，还是面对大多数学生，特别要看差生的参与）、参与的方式（如动手、动口、动脑或小组活动、全班活动等）。

(3) 看学生创造性思维的训练和动手能力的培养。

(4) 看学生的学习效果。看课要看学生课堂上举手发言、讨论、练习、板演等反映出来的学习兴趣和效果。

(5) 看学生的自学习惯、思维习惯、书写习惯、语言表达习惯以及课堂常规学习习惯的养成和训练。

（二）听什么

校长在课堂上不仅要看，还要听。

1. 听教师的教学是否有感染力。

2. 听教师讲课是否讲到点子上，知识是否准确，重点是否突出，难点是否突破，详略是否得当。

3. 听教师讲课是否言简意赅，思路是否清楚明白，说的普通话学生是否听得明白。

4. 听教师的范读。

5. 听学生对问题的回答等。

(三)想什么

校长在课堂上不仅要听、看，还要想。因为对课堂教学水平的分析不能仅停留在对表面现象的观察上，还需要透过现象去分析它的实质。

例如在某次教研活动中，一节教学公开课引起了争议。专家评定它为优秀课，教师反觉一般；教师评价它为好课，学生却感到乏味。原因在哪里呢？专家是全面评价，方方面面去总结；教师是侧面评价，看教学效果；学生只认准一条，即这一课是否有趣。那么到底怎样去认定一节好课呢？标准应如我们在前面所提出的：学生的成功是课堂上最大的成功，教为学服务。学生对课堂的评价是最直接、最有说服力的，所以让课堂活起来，让教学生动、有趣是评判课堂的最重要标准。因此有人提出好课应是“三先三并重”：学生为先，师生并重；过程为先，过程与结果并重；生成为先，预设与生成并重。这是有一定道理的。

为了更好地把握课堂的实质，有的放矢地对课堂教学进行评价，有时校长也可以对课堂的一些师生活动作出定量统计和测量。

1. 计算教学环节的时间分配。看教学环节的时间分配和衔接是否恰当，看有无前紧后松（前面时间短，教学密度大，后面时间多，内容松散）的现象，看讲与练的时间搭配是否合理等。

2. 计算教师活动与学生活动的时间分配。看是否有教师占用时间过多、学生活动时间过少等现象。

3. 计算学生的个人活动时间与学生集体活动时间的分配比例。看学生个人活动、小组活动和全班活动的时间分配是否合理，有无集体活动过多，学生个人自学、独立思考、独立完成作业的时间太少的现象。

4. 计算优困生的活动时间。看优困生活动时间分配是否合理，有无优等生占用时间过多、学困生占用时间太少的现象。

5. 计算非教学时间。看教师在课堂上有无脱离教学内容、浪费宝贵的课堂教学时间的现象。

听课不一定非要面面俱到地注视课堂上的每个方面。根据授课者的特点和听课者的目的，可以适当有所侧重。一般说来，对熟悉的教师，由于对其班级情况有所了解，可着重对其在课堂上对学生学习习惯的培养做跟踪式的动态分析；对一般的研究课，着重看教师在研究方向上的达成度；对于名家的课，宜着重领略其教学风格及其相应的学术思想在课堂的体现。

五、怎样做听课记录

听课应详尽记录课堂的教学过程，也记下自己的主观感受和零星评析。

写好听课记录包括两部分：一是课堂实录；二是课堂评点。

（一）课堂实录的内容

1. 听课时间、学科、班级、执教者、课题、第几课时等。

2. 教学过程。包括教学环节和教学内容，以及教学采用的方法。（多以记板书为主）

3. 各个教学环节的时间安排。

4. 学生活动情况。

5. 教学效果。

课堂实录记到什么程度，要根据每次的教学内容和听课目的来确定，通常有下面三种形式：

1. 简录，简要记录教学步骤、方法、板书等。

2. 详录，比较详细地把教学步骤都记下来。

3. 纪实，把教师的讲课、师生活动等都记录下来。

（二）课堂评点

课堂评点，是听课者对本节课教学的优缺点的初步分析与评估，以及提出的建议。

写课堂评点可以采取两种形式：一是间评，把对师生双边活动所产生的想法随时记录下来。二是总评，就是将对间评综合分析后所形成的意见或建议记在记录本上，待课后与教者互相交流，取长补短。

值得一提的是，有些课堂记录过于追求全面，教师与学生的一举一动都记了下来，结果哪方面都不深刻。实际上，听课记录要抓重点，应有所选择地记录，不必“有言必录”。

在做听课记录时许多人偏于记课堂实录，而不做评点，甚至相当一部分人是教者板书什么就记什么。显然，这种听课记录的价值是不太大的。好的听课记录应是实录与评点兼顾，有时做好课堂评点往往比实录更重要。

下面就是一则比例好的听课记录的案例。

听课记录

<table>
<tr><td>一年级（1）班</td><td>语文</td><td>第1课时</td><td>教者：栾旭</td><td>评课人：刘恒贺</td></tr>
<tr><td>课题：四个太阳</td><td></td><td></td><td></td><td></td></tr>
<tr><td colspan="3">听课纪实：
一、创设情境
猜谜语，导入新课，引导学生依题质疑。
二、阅读识字
1. 自读、圈画生字——与生字第一次见面。
2. 交流反馈——学生自主识字。
3. 指名朗读——读准字音，读通读顺。
三、诵读感悟
1. 导读第一段（夏）：读读，这一段写的是什么季节？有什么特点？小作者的愿望是什么？怎么读出来？
2. 助读第二段（秋）：重点指导长句子“金黄的……香甜”的停顿。拓展：怎么邀请的？
3. 放读描写春、冬两季的段落。
4. 整体理解，回应课前提出的问题。
四、背诵拓展
1. 你喜欢哪种颜色的太阳，能背诵下来吗？
2. 你有什么愿望？想画点什么？</td><td colspan="2">分析意见：
1. 课前交流谈话轻松自然，沟通了情感。（因为是借班上课，所以有必要）
2. 谜语紧扣主题，创设了语言情境，暗示了质疑的方法。
3. 识字方法多，做动作识字“挂”，意会识字“甜”，组词识字“伙伴”等方法符合汉字的识字规律，但要优化呈现方式。
4. 读顺这一环节时间尚显不足，久之将影响朗读质量的提高。
5. “怎么邀请的？”这一拓展点选择不当，游离课文的主题，建议舍去。
6. 此拓展点选择得好，具有语言运用、拓展想象和渗透价值观三重功能。</td></tr>
<tr><td>总结</td><td colspan="4">优点：
1. 教学民主、和谐，教师角色把握准确；表现出“三实”（朴实、真实、扎实）。
2. 将三维目标有机融合在一起；教学以学生为主体，结构清晰，张弛有度。
3. 注重读。读的层次：识字读——理解读——拓展读；音——顺——情；导读——助读——放读。读的方式：自由读、范读、比赛读、做动作读、师生对读……
建议：
1. 识字还需加强，识字是一年级的教学重点，应改善自主识字的呈现方式。
2. 适量引入评读。评读也是导读的一种形式，应有层次地导，有目的地评。</td></tr>
</table>

（三）重视听课后反刍

校长听课不能一听了之，而要反复琢磨。这样做一方面可以提高自己的教学水平，另一方面，也将有利于听课技巧的增进。下面是窦桂梅老师对听课的一些看法。

说到听课，大家都知道为什么听，怎么听，但有没有深入思考过：听课怎样发挥它应有的作用，而不是流于形式？我发现制约听课效率和效果的原因主要有以下几个：一是只做旁观者，不做主动参与者，没有从思想上参与到教学活动中，不是有“备”而听，而是作为一个局外人，听课就仿佛看一场与自己并不相关的演出。二是只做盲从者，而不做引路人，把听课当做一种任务，而没有一个明确的目的。实际上，听课本身就是一种教学研究，只有确定自己的研究方向，听课者才能让自己深入问题的核心，并努力解决问题。三是只做批评家，不做审美者，更不做帮助者，问题提了一堆，却不给出解决问题的方法，于是就只好一次次浪费宝贵的时间。

其实，听课绝不是为了完成上级规定的任务。对于教学管理者而言，听课就是本分，是我们应做的工作。而且，听课不应仅仅停留在了解情况的层面上，还必须带有一定的目的和意义。这就好比我们要求教师一样，我们动不动就问教师：“这节课你能给学生什么？”在听课中，我们也应该经常问自己：你到底能够给教师什么？教师希望能在你那里得到什么？是毫无原则的鼓励吗？是没有科学根据的批评吗？想必都不是，教师在经历了40分钟的忐忑之后，一定是希望能够从管理者那里得到些切中要害的真知灼见的。那么，我们应该用什么样的方式让他们得到收获？用哪种方式传递这样的收获更加恰当？如何通过听课来帮助教师获得真正意义上的专业提高？这都是我们听课者所要考虑的问题。

管理者，尤其是教学管理者，不应停留在一个吆喝型的管理者身份上，还应定位为专家性质的引领者的身份——这对我们来说，真的不容易。在大力提倡教师专业化发展的今天，也更应提倡教学干部的专业化发展。试想一位长期脱离教学一线的教学干部，如何正确把握课堂教学？如何为教师，尤其是为年轻教师做示范？课堂不仅是学生成长的地方、教师成长的平台，也是教学干部成长的阵地。为此，在我们学校，所有教学干部包括德育干部都是很辛苦的，他们不仅有大量的事务性工作要做，更重要的是还肩负着自己本学科的教学任务——每周多则12节课，少的也有7节课，更不要提开会、研讨、教师培训等工作了，另外还有教研以及科研引领职责。但是这样的立足于课堂的付出是有意义的，课堂好比我们这些“鱼儿”的池塘，离开了水，我们是“活”不了的。在一次次与教师们一同上课的过程中，我们日复一日地与他们一同进行着教育的实践研究。

教学干部对于每学期的听课计划应当是心中有数的。听哪些学科的课，听哪些老师的课，不应该是盲目的。那么究竟怎样听课？这是一个复杂的问题，要看从哪个角度出发。

学校的发展要依托教师，只有高水平的教师，才能成就高水平的教学质量，这个道理是不言而喻的，因此教师队伍的建设问题，应该是主管教学的干部的工作重心。我们可以从年龄上，将教师划分为老、中、青三代，思考不同年纪的教师听课听什么；我们还可以从教育背景上将教师划分为受过本专业教育的教师、未受过本专业教育的教师，思考存在这样差异的老师听课听什么。再从教师成长的角度出发，对新教师而言，要“听”其是否入门，“听”其是否突破了重难点；听有研究能力的教师的课，就要看他对教材的创造性处理……

但由于工作精力有限，事情又多，计划总赶不上变化。拿我们学校来说，学校共有一线教师82人，其中45岁以上的教师有10人，35—45岁的教师有31人，35以下的教师有35人，工作没有满3年的教师有6人。这么多教师上课，每学期都听一遍困难很大，并且那样的话工作针对性不强。胡子眉毛一把抓，等于什么也没有抓住，因此盲目听十节课不如认真剖析一节课。

在长时间的一个人一个人听、逐个“耕耘”后，我发现这块“地”没有过几天又荒了。怎样改变“听”的方式，让一个人的静悄悄的“听”，变成与上课者的心灵共鸣，同时，还能因为这一次的听，引起更多的“耳朵”的听，成了这几年我经常思考并努力实践的课题。因此，上个学期，我依据年龄、教学经验、教学水平、学科分类等条件，精心选择了几十位老师的课认真聆听，写下了“捉虫”或称“课堂拣金”的文章21篇。这些文章是有针对性的，是为了让教学中的有心人能够借此举一反三而写的：有写给刚刚走上工作岗位的青年教师的《教学韵味，不仅仅是感觉》，有写给已经有了一定教学经验、个人发展进入高原期的教师的《如何实现师生真正的平等对话》；有针对语文讲读教学的《主题单元的语文课该怎么备》，有针对语文识字写字教学的《必须不拘一格，灵活识字》，以及针对其他学科的《数学，要眉清目秀》《一堂科学课好在哪》《向有氧的教室走去》。用文字及时记录听课的点滴感受，让流过耳畔的声音变成白纸黑字的印记，对于自己是梳理的过程、成长的足迹，提供给上课的老师，则又成了额外的收获、珍贵的资源。

此外，上学期，我与语文教师们同备同上了我国四大名著之一的《西游记》，我们提出了“共读、共教、共评”甚至“共写”的口号。结合教材的《三打白骨精》以及《三借芭蕉扇》等课文，我们开展了全面开花的轰轰烈烈的听课。暑假，要求老师们精读《西游记》原著，开学后，听专家的专题讲座，听我给教师讲的文本解读，然后所有语文教师共同备课写教案。接下来，就是大面积的听课。这样，每一位走进课堂听课的教师不是旁观者，而是行动者、研究者、执行者。他们是带着自己的体验、自己的思考走进自己的课堂以及别人的课堂的，这样的听课，我们认为其含金量是高的。

最终，三分之二的语文老师参与了上课，我们研究开发了 9 种课型。加上试教，老师们一共听了 37 节围绕《西游记》开的各种类型的课。大家普遍认为，这种听课方式是提高教学质量的有效途径，是带动教师专业性发展的必要手段，是教学管理者日常工作的重要任务之一。

可见，听课不仅是管理者的研究专题，更应成为教师日常工作的一部分，成为校园文化的一部分。

思 考 题

1. 从听课目的上考虑，校长听课有几种类型？
2. 从听课方式上考虑，校长听课有几种形式？
3. 校长听课应做好哪些方面的准备工作？
4. 校长在听课方法上应注意什么问题？

第 6 章

校长有效评课的方法与技能

评课，是指对课堂教学的成败得失及其原因作切实中肯的评价和分析，并且从教育理论的高度对一些现象作出正确的解释。

一、当前评课误区

科学的评课能较好发挥应有的促进教学、促进教师发展的功能，不科学的评课则会产生恶劣的影响。由于受种种因素的制约，目前在评课的问题上，还存在许多不尽如人意的地方，具体表现如下：

1. 重听轻评。听的多，评的少，这是普遍存在的一个问题。有些校长课听了不少，但是没有及时组织有关人员进行评议，自己也没有及时同教师交换意见。当然，听课并非都要听一节评一节，但对大多数的课要能评则评，能交换意见就要交换意见。如果该评的课不评，一方面执教者心里没底，另一方面评课的作用没有得到发挥，听课也就失去了意义。

2. 敷衍了事。评课时敷衍了事，走过场，或不置可否，或只唱赞歌不讲缺点。

3. 平淡肤浅。评课时抓不住要点，虽提了不少意见，但大多是枝节问题，不能让教师有真正的收获。

4. 面面俱到。评课时过于追求全面，不分主次。

5. 以偏概全。评课时只评教师的一两节课，这就如同管中窥豹，很难进行全面评价。

6. 评“新”弃“旧”。眼下“新方法”“新结构”“新课型”的课多起来了，对人们的确有些吸引力。而传统的东西，似乎就成了“落后”“过时”的同义语。于是，凡是有“新”东西的地方就门庭若市，而对传统的东西不屑一顾。对此，我们应重视并且避免。

产生上述问题的原因，有以下几个：

（一）认识不足，评议不到位

有的校长对评课的认识不足，不明白评课的价值与意义，因此只讲优点不讲缺点，难以让教师有所提高。

（二）评议方法不当，效率低

评课是一门科学和艺术，有规律可循，如果不讲方法盲目地评课，效果自然就不好。比如评课时四面出击，面面俱到，就抓不住重点，当然也就增加了评课的难度。

（三）缺少素养，认识不到位

出现上述评课问题，还与校长的理论素养低、教学经验不足、对课不能进行高屋建瓴的分析有密切的关系。这就要求校长注重学习，不断更新思想，让每次听课都有新感受、新发现。

二、评课原则

所谓评课原则就是校长在评课时应遵循的指导思想。针对当前评课存在的问题和评课的需要，校长在评课时应遵循以下几项原则：

（一）实事求是原则

实事求是指评课要以课堂的真实情况为基础，以科学的理论为依据，不带任何偏见，恰如其分地进行评价。上课能反映教师的教育素养，衡量教师的智力财富，评价教师的眼界和知识面。评课，既是校长与教师共同探讨、研究教学方法的机会，也是校长指导教学、培训教师的课堂。校长听课和评课，不应以领导者、检查者的身份自居，不能将一节课简单地分成几条优点和缺点，把自己的观点强加给教师，而应与教师共同探讨课堂教学中的规律，找出难点，一起想办法解决。

（二）坦率诚恳原则

所谓坦率诚恳，就是对课的长处一定要充分肯定，看到了问题一定要明确地提出来，不能含含糊糊，无根据地赞扬，也不能无根据地批评。

评课时要考虑教师的心理承受力，对年长和心理承受力弱的教师应含蓄、客气一些，对年轻和心理承受力强的教师可坦率直爽一些。

评议也要抓紧时机。通常听后就评为好，最长不能超过一周，时间长了，时过境迁，评者、教者印象都会淡薄，影响评课效果。

（三）兼顾整体原则

教学过程是一个完整的过程，校长应树立整体思想。通常，在分析课堂教学时常常会出现两种倾向：一是只注意到了一节课的整体分析，而忽视对局部的分析，如只分析课的结构而忽视对教学方法的分析；二是脱离整体孤立地对局部进行评价，如孤立地评价教学手段而忽视对教学效果的考察等。因此校长应注意树立整体意识，坚持在评课中把点和面、局部和整体结合起来。

（四）激励性原则

科学的艺术的评课能激发教师钻研教材、研究教法的积极性。对一些中青年教师，如有几次成功的课得到适时的鼓励和评价，可能会为他们后来成为教学明星和能手提供动力。运用激励性原则，可以达到听一堂课促进多堂课，听一个人的课激励一批人，听一门学科推动多门学科的良好效果。

现在有些公开课失真是领导和专家逼出来的，他们对公开课要求过高，在理想尺度下，总能挑出病来，这就在某种程度上造成了失真的教学。我们知道，教学永远是一门存在遗憾的艺术，一位教师不管教学能力多么强，课堂总会有缺憾，所以听课评课时对教师存在的明显问题，必须提出改进要求和建议，但不宜过多地求全责备。也就是说，对教师的课，我们首先要发现其独到之处，而不是把主要精力放在挑毛病、找差距上。

（五）差异性原则

执教教师的情况不同，对课堂的要求不同，评课的侧重点也应有所不同。例如针对下面不同层次的教师，评课就应各有侧重。

1. 对已初步形成自己教学特点的“尖子”教师要求要高一些，应侧重对他们教学中的擅长之处、独到见解，做一些比较鲜明、突出的分析和概括，并加以提炼和升华，鼓励他们进一步发挥自己的特长，形成自己的风格和特色。

2. 对一些能够胜任课堂教学的教师，应侧重在改革课堂教学结构、改革教法上多作评议，在如何根据教材的内容设计教法、指导学法以及运用多种教学手段、揭示规律等方面，有意识地多给予指导。

3. 对一般教师，应根据教学的基本功要求进行全面评议，力求让他们逐步达到这些要求，并针对他们某一方面或几方面的薄弱之处，有侧重地加以点拨、指导。

4. 对任教有困难的教师，评课时的侧重点应放在教学目的是否明确、集中，教学重点、难点是否把握准确，讲解是否清楚、正确、有条理，讲练是否结合等一些课堂教学的基本要求的层面上。

5. 对新教师，应着重指导他们在课堂教学中逐步达到上课的基本要求。在评课时首先抓好三条：一是目的要明确，不含糊笼统；二是讲课有重点，讲解清楚，不讲错讲偏；三是注意课堂练习。

另外，对于不同的课，因为目的不同，评议也应有所差异。例如对下面几种课的评议。

1. 对教改观摩课的评议，应突出一个“研”字，倡导一个“争”字。评课时，从良好愿望出发，不存偏见，不抱成见，紧紧围绕教改的主要课题，畅所欲言；充分肯定其成绩经验，认真分析其问题、不足，切实提出改进措施，从而使教改实验不断完善，日臻成熟。

2. 对选优课的评议，应突出一个“严”字，倡导一个“学”字。即统一标准，从严要求，在分析对比中选优，在选优中总结教学经验，将评优与推广先进的教学经验结合起来，推动教学改革的发展。

3. 对检查了解课的评议，应突出一个“实”字，倡导一个“促”字。评课时一定要实事求是，是一说一，是二说二，成绩说够，缺点说透，要考虑教师的心理承受力，在评课形式上应该因人而异，灵活多样，以理服人，以情感人，以知导人。

三、一节好课的评价标准

一节好课的评价标准是什么？因为学科不同、年级不同、地区不同、每次评课的目的不同，特别是面对新课程、新思想、新教材，很难有一个通用的标准。近些年来，尤其是实施新课程以后，各地区教研、科研部门，各基层学校根据需要，结合本地或本校实际情况，区别不同学科，因地制宜地制订了许多课堂教学评价标准或随堂评价量表，这些都可以作为校长评课的参考依据。

下面这个新课程课堂教学评价标准，是我们在本地区课改实验中吸收外地教研经验研制出来的，提供给大家参考。

（一）看三维目标的设计与达成

1. 教学目标全面、具体、明确，符合课标、教材、学生实际。

2. 三维目标渗透整合，后二维目标既不忽视，又不硬加和拔高。

3. 突出重点，突破难点。

4. 重视开发潜能，注意培养学生的实践和创新能力。

（二）看创造性地使用教材

1. 正确理解新教材，抓住新教材的特点，思路清晰。

2. 有开发课程资源的意识，资源开发、利用合理有效。

3. 敢于对教材和资源从地域、时空等方面做必要的加工调整、活化，教材呈现生活性、简约性、整合性、探究性等。

（三）看教学方式

1. 体现以学定教，注重教学过程和知识的形成过程。

2. 教学组织形式巧妙、多样灵活、有情趣，学生乐学。

3. 发扬教学民主，营造宽松、和谐的课堂氛围；面向全体，因材施教，充分体现教师引导者、组织者、合作者、促进者的角色。

4. 注重教学过程评价，方法多样化，自评、互评、师评，评价真实有效。

（四）看学习方式

1. 学生积极参与，注重经历和体验，学生自主、合作、探究，学习扎实有效。

2. 学生在真实情境中体验、感悟，在思考交流中理解，在应用中巩固，在活动中深化。

3. 学生能用适合自己的方法去学习，又能在交流互动中学习吸收别人的学习方法，能在多种学习方法中找到最佳方法并形成习惯。

（五）看教学素养

1. 说普通话，语言生动，有艺术性。

2. 教态亲切、端庄，有感染力。

3. 课堂组织能力强，应变能力强。

4. 知识面广，教育理念新。

（六）看教学效果

1. 看学生学到了多少东西，看学生知识的增长、学习方法的获得、技能的训练、智力的发展、信念和价值观的形成。

2. 看课堂学习是否愉快，是否有情感体验。

3. 看课堂效率是否短时高效，学习负担是否适度。

（七）看教学个性

1. 教材的处理是否有独特性。

2. 教法的组织是否有个性。

3. 是否体现个人文化底蕴和人格魅力。

四、评课的方法

因为每次听课评课的内容和方式不同，任教教师各有千秋，因此评课的方法也应有所不同。这里介绍几种常见的评课方法。

（一）综合评课法

所谓综合评课法，就是评课者对一节课作出全面、系统、综合性的评价，通常是先分析后综合。苏霍姆林斯基说："系统教课之所以必要，是为了看出和理解各种教育现象的实质及因果关系。"因此，我们必须重视对一节课的综合评析。

综合评析包括以下内容：

1. 从教学目标上分析
2. 从处理教材上分析
3. 从教学程序上分析
4. 从教学方法与手段上分析
5. 从教学基本功上分析
6. 从教学效果上分析
7. 从教学个性上分析

} 综合评析（既不就事论事也不空谈理论）→ 得出综合性评析意见

下面是一位教师对一节英语课的综合评价：

下面我从七个方面简单评述这节课：

1. 从教学目标上看，本课突出了一个"明"字，即知识目标、能力目标、思想目标明确，符合《课程标准》的要求，符合教材和学生的实际，体现了循序渐进的教学规律，操作性强。

2. 从教学内容上看，本课抓住了一个"准"字，即重点、难点的确立准确，教学思路清晰。先教重点：east，south，west，north——东南西北四个方位名词，后教难点：southeast，northeast，southwest，northwest——东南、东北、西南、西北。由浅入深，步步推进，训练形式灵活多样，有两两活动，有小组活动，有全班活动，有表演，有竞赛夺标等，人均活动量大、次数多，练得到位，在大量的训练中突破了难点。

3. 从教学程序上看，本课体现了一个“清”字。Revision—Presentation—Drill—Practice—Consolidation 五个环节紧密相连，过渡自然，严谨有序。

4. 从教学方法上看，本课呈现了一个“活”字：教师的教法活；学生的学法活。

（1）教师的教法活集中表现在充分利用电教手段及实物和图表等创设情境上。如：用幻灯片呈现中国地图和八个方位名词；用幻灯片呈现 Uncle Wang 与 Wei Hua and Ann 的对话背景；用半导体收音机教“turn on”和“turn off”等词组；用图表进行填词竞赛等。另外，操练形式也灵活多样，如波浪式和连锁式等。

（2）学生的学法活，如：学生自制表演道具，自编自演对话等。学生生龙活虎，活动丰富多彩。

5. 从教学技能方面看，本课体现了一个“强”字。教师自始至终用英语授课，显示了较强的外语教学基本功和驾驭课堂、教材的能力。

6. 从教学效果上看，得出了一个“好”字，即课堂教学效果好，密度大。学生人均活动 6—8 次以上，课堂无死角，人人参与活动，真正体现了面向全体学生的教育思想，全面推行了素质教育。

7. 从教学特色上看，本课展现了一个“谐”字，即师生双边关系和谐融洽，这点与第四点给我留下了最深刻的印象。教师笑容可掬，亲切自然、和颜悦色的体态语言和面部语言无疑为学生营造了轻松愉快、宽松祥和的气氛，而这种气氛的形成为师生的教与学双边活动的顺利完成打下了良好基础。正是：笑迎八方教学精英，笑送学子“知”和“情”。

最后，我谈一点意见，仅供参考。如果教师在课堂上能适当纠正学生在表演过程中的语法错误，我想会更加有利于学生口头表达能力的培养。

实施整体评析法时，不一定一开始就从七个方面逐一分析评价，而首先应对所听的课理出个头绪来：第一步，从整体入手，粗粗地看一看，全课的教学过程是怎样安排的，有几个大的教学步骤；第二步，由整体到部分，逐步分析各个教学步骤，要分别理出上面的几个内容；第三步从部分到整体，将从各个教学步骤理出的内容汇总起来，然后再按照一定的顺序，从全课的角度逐个分析评价。

（二）归纳分析法

归纳分析法不像第一种方法那样，从七个方面逐一对一节课做评析，而是对整节课做归纳总结，从而找出优点、缺点。如下面栗莹对王涛老师教的《爱莲说》一课的评课采用的就是归纳分析法。

《爱莲说》选自新教材八年级上册，本文借花喻人，托物言志，巧妙地把莲花的生长环境、特殊性状和君子的高尚品德联系起来，表达了作者的洁身自好，及对恶浊世风的鄙弃。

我认为本课最大的优点是“培养创新性阅读”的习惯，而突出表现在处理好了三种关系上。

1. 学生与老师的关系

学生是学习的主人，教师是学习活动的引导者和组织者。王老师贯穿在课堂中的一条主线就是把阅读的主动权交给学生，让学生去品读，而老师发挥帮学作用。一是让学生质疑，二是教给学生必要的阅读方法。比如在品味探究这个环节中，采用了“个人思考”“集体讨论”“师生合作”“教师点拨”等几种方式，老师就不再是作者的“传声筒”，也不再是高高在上的主宰者，而是学生阅读的伙伴，是阅读集体中能力略强的一员。

2. 师生与作者的关系

阅读是一种创造性的劳动，读者若只是咀嚼作者口中之食，岂不索然寡味？只有个性化的阅读，才会读出新的信息，许多好作品不是作者写出来的，而是作者和读者共同劳动的结果。所以，无论是老师还是学生，都不应该把迎合当做尊重，也不要把阅读的主动权交给作者，须知书在谁的手里，谁就是书的主人。所以，我认为王老师让学生多读课文，这本身就是一种个性化的阅读和创造性的劳动。

3. 阅读和生活的关系

文字是生活的反映，阅读是生活的组成部分，阅读和生活的关系是非常密切的，所以，应当树立为人生而阅读的观念，既要关照别人的生活，又要关注自己的生活，既要为今天的应试去认知和理解，更要为明天的发展去批判和创新。王老师让学生写读后感正是连接阅读和生活的一条有效的途径。

当然我认为本课也有不足的地方，如上好一堂课教师的激情非常重要，假如任课教师的教学激情再多一些，效果会更好。

（三）片段评课法

这种方法是从课堂教学中选取有代表性的教学片段进行评析。这种评析可以将一节课分成若干片段进行全程评价，然后再做一个综合评析，也可以从一节课中选择一两个片段进行评析。下面是江苏徐州师范学校王俊辉老师的分析案例，他分析的是北京市特级教师吴正宪老师执教的“分数的初步认识”。

片段一（“分数的初步认识”）

（本节课吴老师在讲授完分数的产生及概念时，为巩固分数要领中的“平均分”，设计了三道判断题，第三道题是“把一张圆纸片分成两份，其中一份占1/2”，学生的回答截然不同，教师没有作出评判。）

师：认为这句话正确的同学请到我的左边排队，认为错误的同学请到我的右边排队。

（学生到台上后，还争议不休，教师示意停下。）

师：我们对这个问题有不同意见，可以辩论嘛！好，认为正确的同学为正方，认为错误的同学为反方。先请正方同学推选出两名代表，向反方说明自己的理由；然后，再请反方同学推选出两名代表向正方说明自己的理由。

（正方派出两名同学，吴老师给他们一张圆纸片。一名同学从中间对折，撕开，拿出一片向反方振振有词地说：“我们把一张圆纸片分成两份，这其中的一份难道不占1/2吗？反方同学沉不住气了，急着要表达，吴老师也给反方两名代表一张圆纸片。反方同学把纸片撕成大小不等的两片，拿出一小片，向正方同学示意：“我们也把圆纸片分成两份，这一小片难道是1/2吗？”吴老师补充：“占其中的1/2。”两方僵持不下。）

师：认为对方正确的同学，可以站到对方队伍里去。

（正方的一些同学站到了反方那边，只剩2名代表坚持刚才的判断。）

师：你们不服？说明理由啊。

生（正方，出示自己的分法）：这题是说把一张圆纸片分成两份，我们把圆片平均分成两份，难道不占1/2吗？

生（反方，也出示自己的分法）：你们是平均分成两份。可是题目并没有说平均分啊，难道我们不是分成两片吗？你们说，这一小片能是1/2吗？

生（正方）：……

师：正方还有话说吗？好，看来是否是“平均分”很关键，能不能占1/2要看是否把圆纸片“平均分”了。

评析：新课程标准强调指出：要鼓励学生独立思考，自主探索，要为学生提供各种思考与合作交流的空间。对学生的两种截然不同的答案，吴老师并没有简单地指出谁对谁错，而是创设了辩论这一活动，使学生在合作中与同伴进行交流，反思和修正自己的思维方式、认知策略、对问题的解释，并为自己的策略进行辩解。

（四）寻找特点法

上述单项分析法的目的在于化整为零，化难为易，突出重点。但这种分析可能评析到执教者的教学特点，也可能评析不到。而寻找特点法，可以采取综合分析法，也可以采取单项分析法。它的目的在于：千方百计地寻找执教者的教学特点或教学风格，即亮点。

什么是特点？从哲学上讲，即一事物区别于他事物的规定性。执教者在一节课中的教学特点，既可能是他教学的闪光之处，又可能是他科学实验的创新之处，所以作为校长要善于发现它，捕捉它，总结它。能够抓住一节课中执教者的教学特点和风格，也就为评好一节课打下了良好的基础。例如下面这位老师的评课：

在今天的课堂上，我们充分领略了执教者的教学风格与魅力：沈老师的教学亲切、温馨，如冬日的暖阳；徐老师的语言幽默风趣，不疾不徐，如洪钟般的声音富有磁性，不知不觉把我们带进了精神的殿堂……同时，在今天的课堂上，我们也看到了智慧课堂的八字特征：真实、简约、灵动、深刻。

（五）以果溯因法

所谓以果溯因法，就是以一节课成与败的效果，去探寻其产生的原因，从中总结出规律性的东西。以果溯因法可以采取以下几个步骤进行：

第一，判定效果。有两种方法：一是对现场教学进行观察，如看学生的神态，课堂气氛，学生对问题的回答，学生在课堂教学中的参与面和参与率等。二是采取出题测试的办法，在即将结束课程的时候，由评课者依据教学内容当场出题，当场测试。有了这种测试成绩，分析就有了依据。

第二，以果溯因。课堂教学效果判定了，那么这种效果是怎样产生的呢？这就可以从教师对教学目标的确定，教学重点、难点的把握，教学方法的选择，教学手段的运用，教学过程的设计诸方面作出分析，查找原因。

第三，总结规律。在这个步骤里，要借助教学理论对执教者的课堂教学活动进行理性思考，即透过现象看本质，丢开枝节抓规律：看执教者的教学活动——从对教材的处理到对教法的选择，从对课堂结构、教学环节的安排到对现代化教学手段的运用，哪些做得好，符合规律，哪些做得不好，不符合规律，最后得出科学的结论。

思 考 题

1. 当前评课中有哪些误区?
2. 校长评课应遵循哪些原则?
3. 常见的分析一节课的方法有哪些?

第7章

校长怎样有效组织指导公开课

提到公开课，有人褒之，有人贬之，有人爱之，有人恨之。那么，我们到底应该怎样看待和对待公开课呢？诚然，由于目前有些公开课确实存在着虚假和浮躁现象，导致了人们对公开课的不信任和批评，但完全否定公开课，也有失公允。作为一种教研形式，公开课有积极的一面，也可能有消极的一面，但这不是公开课本身的罪过。对待公开课我们要有理性态度。

一、让教师理性看待公开课

条条大路通罗马，但坐飞机总要比坐火车快。教师的专业化成长道路有千万条，但实践证明，通过经常上公开课，教师教学能力的提高最大，专业化成长最快。那些脱颖而出的名师，也正是在无数次的公开课的成功和失败中成长起来的。校长一定要让每个教师都明白这一点，让他们能够理性地看待公开课。

（一）压力就是动力

表面上看来，上公开课给教师增加了压力，但这种压力对教师是必要的。因为有压力才有动力，有动力，教师才能利用一切可利用的时间资源、教学资源和才智资源，才能更快地提升自己的专业能力。

（二）准备就是提高

丁风良老师说：“5年中，我参加了若干次不同范围的评优课。在评优课活动中，我感触最深的是评优课的准备过程是一个不断反复、不断积累、不断提升的过程。”的确是这样，教师为上公开课做准备的过程是一个最好的学习过程。教师为此不知要查多少资料，不知要请教多少人，教案不知要写多少遍。一次次的试讲，一次次的创新，一次次的反思。这是从那些四平八稳的“家常课”中无法得到的收获。

（三）群言就是智慧

一个教师如果完全把自己封闭在“自我”的小天地里，其专业成长一定是缓慢的。平时上课，因为少了别人的评判，教师很难发现自己教学中的缺点和错误，而公开课则不同，在听课老师的评判中，执教者能够得到脱胎换骨的变化。

窦桂梅老师说：“8年前参加全国教学比赛前‘练课’的情景，至今我还记忆犹新。我试教二年级的《初冬》。课后，11位专家把我这只麻雀解剖得体无完肤，无论是教态、声调、组织教学的能力，还是对教材的挖掘，等等，我都存在着严重缺陷。又是整整一个下午，在学校的那间小会议室中，我蜷缩在沙发的一角，接受‘批评’。坐在回家的公共汽车上，眼望着窗外闪过的一排排杨树，好像它们因我的不可爱都要离我而去，不争气的泪水，直在眼眶中打转，我多么痛恨自己的没出息。但我终于成功了，手捧金灿灿的奖杯，浮上心头的都是那一次次被挑剔、被指责的画面——这是多么让我刻骨铭心但又值得珍藏的经历啊！”

二、公开课的组织

（一）避免公开课的误区

由于种种原因，目前公开课还存在许多误区。

1. 目的不明确

有些学校组织公开课的目的不明确，以一学期有多少教师上了多少公开课为工作成绩，课后也不认真组织评议，整个活动缺乏理论指导。教师不知道上公开课要研究什么问题，解决什么问题，听课者也不知道此次观摩活动的目的，不知道施教者的教学意图和教学思路。

2. 背离教材体系

有的教师为了扬长避短，为了有“戏”可唱，确定观摩课的内容时，往往随意挑选课文。于是，原本是后半学期教的课文被挪到了前半学期。这样做表面上看起来无关紧要，其实则不然。因为教材的编排是循序渐进的，如果提前讲授，那么该篇课文应该落实的训练点因学生还未训练过而不能落实，这样执教者不得不改变该课文的重点和难点，导致训练不到位。

3. 神秘化

什么是公开课？公开课由谁来上？多年来，一些学校领导和教师把公开课神秘化了。他们认为公开课是“观摩课”“样板课”，是专供别人“取经”效仿的，公开课只能由教学经验丰富的优秀教师和骨干教师来上，普通教师没有资格上公开课。其实，这是一种误解。

从广义上说，公开课可以分为两种：一种是为推广典型经验而上的示范课，如为了某项教改专题研究而上的专题研究课，这可以由少数优秀教师来上。另一种是教师之间为了切磋教艺，交流经验，取长补短，加强锻炼而上的课。这种公开课人人都可以上，这样每个教师才会有锻炼的机会。

4. 华而不实

目前，有些公开课大有偏离正确轨道的趋势。其突出问题是：虚假、华而不实。

诚然，为了更好地交流教学经验，提高教学水平，执教者在课前多做一点准备工作也是应该的。但是这种准备应该着眼于对课标的学习、教材的钻研，着眼于对学生的深入了解，着眼于优化课堂教学设计，而不是把工夫下在“反复排练”上，更不应该老师串演，学生背台词，让公开课成为演戏。上这样弄虚作假的公开课，表面看上去轰轰烈烈、热热闹闹，但没有实际效果，又有什么意义呢？

5. 电化教具做装潢

现代信息技术的发展和应用，使课堂教学手段大大丰富了。但现代电化教学手段的运用也不是越多越好，过多过乱的运用反而会造成课堂的污染。

（二）坚持正确导向，保证公开课的真实性

为什么会出现上公开课弄虚作假的情况呢？首先，近些年来许多地区把上公开课和职称评定密切结合起来，有的学校还把上公开课和评先获奖结合起来。这些政策导向有积极的一面，即引导教师去积极上好公开课，但是也出现了为上公开课而上公开课的倾向。其次，有些公开课是教师代表学校上的，学校领导怕丢学校的面子，于是有意无意地暗示执教者“做准备”。再次，从执教者本身看，由于上公开课时比较紧张，压力大，怕出丑，于是反复排练课。第四，从导课上看，应该说有些虚假课完全是导出来的。有些校长给教师导课时，完全脱离执教者自身的实际，强行让执教者走他们的“路子”。因为执教者无法驾驭这种方法，只能是依葫芦画瓢搞“花式品种”，所以这些课也是假的。

鉴于上述情况，校长必须对公开课进行正确导向，保证公开课的实用性。

1. 淡化公开课的评优意识，强化交流作用。评价教师的教学水平要着眼于平时教学，而不能简单地通过一两节公开课来评定，不要把“公开课”“大奖赛”之类的东西搞得太多、太滥。

2. 改进评课方法。看课从根本上说是看实效，看教师的教学个性和创新，而不是看表面形式。

3. 坚决制止弄虚作假现象的发生，引导教师实事求是地对待公开课。对那些排练出来的假课，决不能提倡和表扬。

（三）科学组织

上公开课应该是学校中的一项经常性的工作，学校应该把它当做大事来抓好，必要时，校长等学校领导与教研组长要参与备课、试讲和听课，帮助执教者提高教艺。一次公开课成功与否，取决于准备工作是否充分。准备工作包括：

1. 制订计划，选好题目

学校、教研组应根据自己的实际情况，制订出既有指导意义又有一定研究价值和系统性的公开课计划。如围绕如何创造性使用新材，如何开发课程资源，如何优化学习方式，实现课堂生生、师生互动，如何进行学习方法指导，如何创设教学情境等定计划。

2. 备课，优化教学设计

主讲教师和教学内容确定后，应要求大家深入钻研教材，仔细研究这次课的教学目的和教学方法，然后组织集体讨论。讨论时要充分听主讲教师谈准备情况，如教学设计的目的和教学的基本思路等，最后大家帮助订正、补充、完善。在集体讨论的基础上，主讲人应写好教案，并在上课前印好，发给参加听课的人。

3. 试讲

公开课的试讲是必要的，但一般不能在准备上课的班级进行，而应借班上课。周刘仓老师的意见很有参考价值，他认为试讲可以采取这样几个步骤：朗读——背诵——讲授。

朗读——主要是体会声音与内容相结合的节奏，恰当地运用语调的变化。

背诵——把教材内容熟练地背诵下来，当然，应该有主有次。从课堂讲授的情况看，教材内容有不变和变化两种情况。试讲时对“不变”的内容要下工夫死记硬背，达到滚瓜烂熟的程度，对“变化”的内容可以进行一般性背诵，以理解为主。

讲授——完全脱离教案，模拟正式上课。把音、声、情、态等有机结合起来，把内容准确、生动地表达出来。

试讲的方法：

(1) 独自试讲。一个人讲，用以记忆、体会教材内容，对语气、语调、手势及演示实验等进行反复练习。对着镜子练习，效果更佳。这是由备到讲的最基本的也是最有效的方法。

(2) 录音试讲。在背诵的基础上，将试讲内容录制下来，自己通过听录音进行分析，找出问题，加以改正。

(3) 登台试讲。请来领导、同事或学生，自己按照正式上课的要求进行试讲，这是上讲台前的彩排，要用心体会讲课时的心境，驱除胆怯心理，以增强讲课成功的信心。

(四) 让大家都来上公开课

让大多数教师上公开课，就是不分老教师与青年教师，不分主科与副科，让全校教师“八仙过海，各显其能”地上公开课，校长等学校领导和教师采取各种形式对授课教师的课进行评议。这能增强教师的参与意识和竞争意识，使全体教师的教学能力得到提高。

(五) 组织研讨、交流

上完公开课后应认真组织研讨和交流。通常应先由执教者作介绍，而后听课者认真评议。校长要善于引导大家充分发扬民主，要善于发现闪光点，及时总结交流。对一些一时争论不休的问题可暂不定论，让大家进一步研究，对于教师教学的薄弱环节，应坦诚而恰当地给以帮助，以促进其提高。

三、公开课的评估方法

评课具有导向作用，尤其是在对课堂教学进行宏观管理的过程中，可以通过一定的规范的公开课教学评价活动，为教学指明方向，使之不断得到改进和提高。因此，对于典型的公开课的评价一定要准确，真正发挥公开课的正确导向作用。通常，对典型公开课有这样几种评估类型。

（一）专题研究课的评估

研究课重在对教学问题的研究，为此执教者和校长等评课者都要从研究的角度来上课和评课。

1. 明确所研究的问题

为了集中一点，突破所研究的问题，执教者和校长等评课者要明确所研究的问题是什么和研究此问题的意义是什么。

2. 创设宽松的研究气氛

既然是研究课，就要努力创设一种探讨、切磋问题的气氛。通常，在讨论问题时校长要充分发扬民主，鼓励大家充分发表自己的见解，允许不同意见的争论，应注意保护授课者的积极性，不要把授课者搞得狼狈不堪。

3. 概括总结

在充分讨论的基础上，校长要做归纳概括，把大家的认识整理加工，使之系统化、理性化，这正是研究课所必需的。

（二）示范课的评估

示范课重在示范，它要起到典型引路和榜样示范的作用。因此，对示范课的评价也要略严格一些。示范课的评估过程如下：

1. 明确示范内容。执教者和校长等评课者要明确本课示范什么：是专题示范，还是全课示范？如果是专题示范，是什么专题？是板书设计，还是练习设计？是导入设计，还是结课设计？其评价标准是什么？如果是全课示范，其评价标准和方案是什么？等等。不管是专题示范还是全课示范，都应有评课标准或细则。

2. 执教者发言。为了更好地把握示范课的精神和减少评课的盲目性，评课前应让执教者介绍一下自己的教学指导思想和教学设计意图。

3. 听课者评估。听课者展开讨论，对本节课的优缺点尤其是教学特点从不同角度和侧面进行评析。

4. 总结概括。校长应在最后作画龙点睛的概括总结，指出哪些做法和思想值得学习和推广，应该怎样去学习借鉴。

（三）评优课的评估

评优课虽然有多种类型。但大体有两种情况：

1. 绝对评优

这是在不定各等级名额的前提下，严格依据统一的评价标准或评价方案评出优秀课或分出等级。这类评优要求每一位评价者细致考察教学活动的全过程，作出有理有据的价值判断，然后在集体讨论的基础上确定评价结果。所评出的优秀课应是出类拔萃堪为楷模的，否则不如空缺，以保证评优的严肃性。

2. 相对评优

这是根据参评的情况，按一定的比例评出相应的等级。这类评优需防止两个问题：一是以偏概全，只看突出的优点而忽略对全课的综合考察；二是置标准于不顾，草率分类。

思 考 题

1. 目前公开课存在哪些问题？
2. 怎样组织公开课？
3. 怎样评估公开课？

第三篇　队伍建设领导力

教师是学校永恒的资源，现在的学校不缺大楼，缺的是名师。先有名师，后有名校。一个具有远见卓识的校长，一定是一个十分重视教师专业化成长的校长。

那么教师的成长规律是什么，应怎样依据教师的成长规律去开展各类教师培养教育？在本篇中校长可以找到一些答案。

第 8 章

校长应关注教师的专业成长

在学校里，学生与教师孰轻孰重？如果把教师放在第一位，你会同意吗？其实，这是颇有道理的。对一所学校来说，教师资源是不变的，学生资源却是一届又一届不断变动的，所以教师才是学校永恒的资源。如果每个教师事业心、责任心都很强，都能尽心尽力地工作，你还会怕学校竞争力不强吗？如果教师是优秀的，那么你还担心培养不出好学生吗？

一、教师高素质，教学高质量

当前我们要特别重视教师队伍建设，其意义在于：

1. 专业成长是教师自身的需要。进入 21 世纪，教师面对着更多挑战和危机：一是本领危机。面对开放的世界、科技的进步和社会的发展，国家对人才培养提出了新的要求，尤其是实施新课程、新观念、新教材、新方法以来，客观上都对教师的岗位技能提出了更高的要求。二是生存危机。“户口是空饭碗，文凭是泥饭碗，能力是铁饭碗，创新能力是金饭碗。”如今生源负增长，教师人事制度不断改革，教师的优胜劣汰已成为不争的事实，每个教师都面临着新的选择。

那么，面对危机，教师该如何应对呢？有位学者说：“在未来，你所拥有的唯一持久的竞争力就是有能力比对手学习得更快。”关键在于教师能不能和如何去提高自身素质，让自己更加职业化、专业化。

2. 教师成长是学生一生的幸运。在家长中流传着这样一句话：一个学生在一生中能遇见一个好老师是这辈子最幸运的事。这话确实不假，虽然教师并非是万能的，但一个有能力的教师和无能力的教师确实不一样。教师可能成就一个学生，也可能贻误一个学生。

3. 是提高教学质量的需要。当前，教师可分为三类：第一类，责任心很强，业务水平较高，受教于他的门下，学生负担轻，学习质量高；第二类，责任心较强，但业务水平一般，或者教学经验欠缺，受教于他的门下，学生负担重，学习效果一般；第三类，没有责任心，也没有业务水平，受教于他的门下，学生没负担，自然也没有学习质量。教师的质量就是学生的质量，要提高学校的教学质量，减轻学生负担，其根本出路在于提高教师的业务水平和加强教师的责任心。

20世纪80年代兴起的教师专业化运动，对世界产生了深远的影响。现如今，教师的专业化成长，对一个民族的复兴、一个国家的强盛，乃至对一所学校的发展、一个教师的生存都是一件势在必行、刻不容缓的事情，这是时代的呼唤。任何一名有胆识的校长都不会忽略教师队伍建设，都会拿出一定的时间和精力认真去抓教师的专业化成长。

二、揭开教师专业成长的规律

一把坚实的大锁挂在大门上，一根铁杆费了九牛二虎之力，还是无法将它撬开。钥匙来了，它瘦小的身子钻进锁孔，只轻轻一转，大锁就“啪”的一声打开了。铁杆奇怪地问：“为什么我费了那么大力气也打不开，而你却轻而易举地就把它打开了呢？”钥匙说：“因为我最了解它的心。”

这个故事能在教师的专业成长方面给校长以什么启示呢？教师是有自主性的个体，既不是随意灌注的容器，也不是任意锻造的坯子。教师教育必须依据教师成长的规律，教师的专业化成长规律就是一把锁，校长在教师教育中要做一把钥匙，而不是铁杆。

那么教师成长的规律是什么呢？可以概括为：一个过程，两种力量，六种意识，六道关，八种方法。

（一）关注教师成长过程

所谓关注教师成长过程，就是从教师成长过程的角度去研究他的专业发展。这个过程包括两层含义：一是研究教师专业化成长的全过程，并关注其阶段性特点；二是研究教师专业化的职业理想和生活理想如何有机结合。

教师专业化成长具有阶段性的规律，即教师专业化成长是一个由低级到高级、由不成熟到成熟的不断发展的过程。这个过程可分为以下五个阶段：准备期（从教前的在校学习），适应期（1—3年），发展期（5—10年），创造期（10年以后），消退期（不进则退）。

在成长的每个阶段教师有着不同的专业水平和特点，教师也会有不同的心理状态。研究教师专业化成长的阶段性规律，目的在于使教师教育有针对性——针对教师专业化成长呈现的阶段性特点，即不同时期教师会产生的不同心理状态等特点。为此校长在实施教师教育时应关注以下四个问题。

1. 关注关键期

研究表明，某些动物生下来以后母子之间最初的接触时间决定了它们后来的亲情关系，这被称为关键期。那么，教师专业成长的进程有没有阶段性规律，存不存在关键期？回答是肯定的。教师专业成长的进程不仅存在阶段性，而且有关键期。

青年教师初出茅庐，踌躇满志，有期待、有渴望、有激情、有锐气、有个性。一句话，青年教师走上工作岗位的前几年是最富有冲击力、爆发力和活力的。这一步走得好不好直接影响新教师知识的广度和厚度，思维方法与思维品质的养成，创造性精神的形成，直接影响教师生涯发展进程和水平，教师自身潜能的挖掘、自我价值的实现、职业乐趣的体验等。我们常看到一些青年教师因工作之初走得顺，很快脱颖而出，而有的教师则因受到挫折而从此沉沦下去。

一个优秀教师的成长经历应是：一年有适应力；三年有爆发力；四年有冲击力；六年有创造力。

2. 关注“高原期”

教师在专业成长中常常会遇到“高原期”。帮助教师正确认识“高原现象”，早日逾越“高原平台”，对教师的专业成长具有非常重要的现实意义。

“高原期”在这里是指教师发展到一定阶段后出现的相对平寂、止步不前的情况，即教师在一个时期里由于受理论水平、实践经验、知识水平等制约，要再突破自己、超越自己已经很难。一个名师的成长常常要经历这样一个周期：资格预备期→角色适应期→胜任成熟期→高原滞后期→突破超越期→平稳过渡期。

“高原现象”的成因主要来自主客观两个方面：

主观上：（1）思维习惯的桎梏（心理定势）；（2）努力方向的迷失（不知下一个奋斗目标在哪里）；（3）知识能力底蕴不足；（4）小进即安、停滞不前（或没有更高的追求，或懒惰、不善学习）。

客观上：（1）难度加大；（2）学校学习研究氛围差；（3）展示锻炼的机会稀缺；（4）学校环境差、暗藏羁绊等。

3. 关注倦怠期

什么是教师职业倦怠？心理学界广泛认为职业倦怠包括三个核心成分：(1) 情绪衰竭，指个体情绪情感处于极度疲劳状态，工作热情完全丧失；(2) 非人性化，指个体以消极、否定或麻木不仁的态度对待工作；(3) 个人成就感低，指个体评价自我意义与价值的倾向降低。

教师职业倦怠产生的原因是多方面的，有外部客观因素，也有教师主观心理因素。从外部客观因素看，包括三方面：(1) 工作负担重，工作时间长；(2) 工作单一枯燥，简单重复；(3) 学校缺少激励机制。

4. 关注失落期

教师进入中年以后会面临什么呢？首先，从教师本人来讲，随着时间的推移，一方面他们可能会产生职业倦怠、"审美疲劳"等现象，另一方面这时教师大多数已评上了中高级职称，大有职称到手革命到头的思想。其次，从学校管理者来看，他们此时往往把关注的目光更多地投向青年教师，在无形中冷落了中年教师。因此，这个阶段的中年教师必然产生失落心理，他们会感到迷茫、苦闷、困惑。其实对于大多数中年教师来讲，他们的内心同样渴望管理者的支持和关注，他们对未来还满怀着希望和期待。

所以，从教师专业成长的阶段性规律看，作为学校的管理者，还必须关注中年教师的成长。一方面指导他们选择新的成长目标，继续保持进取的热情，另一方面给他们创造良好的发展空间和机会，绝不能冷落和放弃他们。

总之，校长必须研究教师每个阶段的心理特点，并抓住这些特点有针对性地开展教师教育工作。

(二) 发挥两种"力"的作用

追求成功是每个教师都曾有过的梦想，可是若干年以后，为什么有的人成功了、优秀了、杰出了，甚至成为了专家型名师，而有的人却落后了、平庸了，成为了一般型、经验型的教师，甚至有的成为淘汰型的教师？

从总体上说，教师的专业成长受两种"力"的制约：一是自主成长的内力（内动力、目标、方法等），许多教师不知道这条路怎么走；二是帮助成长的外力（体制、环境、措施、机会等）。

教师从教后的专业化成长有两条路可走：一条是盲目被动地依赖培训，由别人拉着、推着，内容由别人来规定，时间、方法由别人来控制。不能说这种培训对教师的成长没有帮助，但总体看投入大、收效小。我们常看到许多教师经常参加各种培训，书没少看，钱没少花，力没少出，就是专业化水平提高不快。从这条路走出来的个性化的杰出教师更是凤毛麟角。另一条路是教师自己主动出击，自主选择内容、时间和方法，紧密结合自己工作实际和成长目标，边工作，边学习，边思考，边总结，这就是教师的自主学习。这是一条投入就有回报的教师高速成长之路。钱梦龙、魏书生、窦桂梅、吴正宪、李吉林等名师，无一例外地都有一段孜孜以求的自主学习经历。

从上述分析可见，教师成长固然有赖于好的环境，但更重要的是自己的态度和作为，即内动力。只要务实肯干，积极进取，开拓创新，教师就会在现实的生活土壤中找到自己的生长点。

当然，"外在培训"与"自主成长"并不是对立的，二者相辅相成。我们知道，人是有惰性的。如果在专业成长中，教师仅仅靠自主学习，既没有利益驱动，也没有制度约束，学校开展的教科研活动又很少，就自然会影响教师的专业化成长，特别是对一些进取心不强、自主学习能力差的教师更是不利。"环境能影响人，环境也能教育人"，"蓬生麻中，不扶自直"，讲的就是这个道理。

通过上面的分析我们可得出这样的结论：一是教师专业成长既要抓学校研修工作的外力，更要抓教师成长的内力。最有效的策略是内力、外力两手抓，两手都要硬，让内力与外力和谐统一，相得益彰。二是学校研修工作的外力要依据教师成长的内在规律。三是学校研修工作的外力应尽可能通过教师成长的内力来发挥作用。

（三）引导教师树立六种意识

要引导教师走专业化成长的道路，校长应该让教师树立以下六种意识：

1. 我想发展，有成长意识

现在有些教师存在某些消极的思维方式：第一类是麻木抵触型。这类教师大多数年纪较大，一般觉得改革和自己关系不大，所以当学校有什么创新思路的时候便无动于衷或本能地抵触。第二类是稳如泰山型。这类教师对外界漠不关心，认为自己的职位稳如泰山，顺从领导而无冒险精神。第三类是嫉妒同行型。自己不学习上进，还嫉妒别人成功。第四类是倚老卖老型。这类教师年轻时曾经奋斗过，获得过一些荣誉，他们自认为自己的成绩足够吃一辈子了，所以无需再学习进步。校长找到了教师的"病根"，就应该对症下药，激发教师成长的内动力。

2. 我能成长，有潜能意识

在谈到专业化成长，特别是在谈到追求优秀的时候，许多教师会有顾虑：“我是不是那块料?”“我能行吗?”殊不知恰是这种不自信的思想成了他们的桎梏。

世界上有两种发现：一种是发现外部世界；一种是发现自己。人生最大的遗憾莫过于始终没能利用自身潜能和特长去创造本能出现的奇迹。教师要想发展自己，就应该从心理学、人才学、创造学等角度科学地认识自己，从而发现和开发自己。

3. 我向哪里发展，有目标意识

目标是人做事的内在动因，目标越具体，做事的自觉性和积极性就越高，效率也越高。打个比方，同是赶火车，一个人不知道火车站在哪里，另一个人知道火车站在哪里，他们的行路速度与效率情况会怎样呢？显而易见，那位知道火车站地点的人的速度和效率要高一些，这是因为他目标明确。教师成长也是同样的道理。一个有明确成长目标、奋斗目标和研究目标的人和一个没有目标或者目标模糊的人，其成长速度和成果肯定是大不一样的。

4. 我要更新，有学习意识

没有厚积就没有薄发，没有深入就没有浅出。火山爆发之所以壮丽强劲，是因为它聚集了巨大的能量。同样，教师要想获得专业成长，就要不断学习积累：专业成长＝读书＋思考＋实践＋总结＋写作。教师要成长就要设法改变，要改变就要学习。没有智慧的头脑，就像没有蜡烛的灯笼。教师怎样让学生更爱学习？最好的办法就是：让读书成为我们的必需。欲求教书好，先做读书人。

5. 我想改变，有研究意识

教师每天都在从事教育教学工作，不同的工作心态、目的，可能导致教师走向不同的职业境界。如果只是把每一天的工作看做赚工资，就可能把每一天的有意义的事看做负担；反之，从心底里热爱每一天的工作，不仅会给教师带来无穷的乐趣，还可能使他们成为教育专家。

6. 我常回头看，有反思意识

对教师的成长来说，最重要的有两条：一是对外学习吸纳；二是对内总结反思。一个教师仅仅满足于获得经验而不对经验进行深入思考，那么即使有 20 年的教学经验，也只是一年工作的 20 年重复。教师否定自己是痛苦的，但是只有敢于否定自己，才能超越自己，才能创造一个崭新的自己。

（四）鼓励教师闯过六道关

人们容易看到的是成功、顺境，其实在掌声、鲜花的背后是艰辛、汗水、曲折……教师专业成长的道路也一样，学校应鼓励教师闯过以下“六关”。

1. 信念关——追求大目标，不计较眼前小利益（大气）

成长始于信念，人为信念而活。东北抗联英雄杨靖宇在密林中与敌人周旋数日，宁肯吃棉絮、野草而不投降为的是信念；大学生徐本宇主动放弃城市舒适的生活而甘愿到偏远山区去支教为的是信念。一个教师要在专业发展上有所成就，就必须建立自己的信念，有信念人才能激情不老。

特级教师张思明说：“我常常这样告诫自己：当你站在讲台上时，你的知识和优点就放大了约 50 倍，同时你的缺点和不足也被放大了 50 倍。”常常这样想，就会不断发现自己的不足，从而不断给自己“留作业”，用身边的榜样为自己不断重建一个又一个向前发展的目标系。

2. 寂寞关——在专业成长中找到快乐（卧薪尝胆）

俗话说：有所得必有所失。如果教师在专业发展上选择了追求优秀，那么，也就选择了寂寞。因为无论是进行业务钻研，还是参与教研、科研课题研究，都需要一定的时间和精力，必须要能耐住寂寞，不浮躁，不功利。这就如同把太阳光通过放大镜聚焦在一个点上才能使被照物燃烧起来。同样，教师只有在冷静、专一、平静中潜心研究，才能取得成果。

3. 困难关——没有超人的付出，就没有超人的成绩

任何一个成功者都会遇到困难，包括家庭负担上的困难，工作与学习矛盾的困难，缺少资料或教研指导上的困难，等等。

4. 挫折关——不经风雨，怎能见彩虹

失败的意义，不仅在于引领我们走向成功，更重要的是它磨砺、锤炼了我们的意志，使我们告别虚浮、骄躁而变得深沉、坚强。从这个意义上说，我们要感谢失败。特级教师张富对这一点体会特别深，他说：“教改不能指望一蹴而就，要做长期打算，当效果暂时显现不出时要坚持下去，不能半途而废。我从 1960 年开始就向报刊投寄教改文章，十多年时间寄出了几十篇，只登出过短短的几百字，我没有罢休，一直坚持实验，深入思考，认真撰写，直到 1980 年——这是写文章的第 20 个年头，才正式发表了阐述教改观

点的论文，此后便一发不可收。”

5. 非议关——你说你的，我干我的

有句话说得很有道理：“请不要为追求崇高的目标带来的苦恼而苦恼，假如没有这种苦恼，也就没有追求。”教师突破“传统型”“经验型”的工作方式，走“研究型”的成长之路，肯定会出现三多，即困难多、闲话多、挫折多。其实一个人成长中遭遇非议、闲言碎语是不足为怪的，关键是怎样对待它，如何突破它。特级教师张富说：“搞教改必须要过好‘挫折关’，不能遇到麻烦、受到打击就撒手。我因教改两次被取消加工资的资格，就这样我也没有放弃，因为我坚信自己的追求是有价值的，放弃追求才是最大的损失，最后终于守得云开见月明。”

6. 自我关——平常心，低调做人，高调做事

有人说，人最不能战胜的不是别人，而是自己。一个人的真正价值，决定于他在什么程度上和什么意义上把自我解放出来。还有人说，前进包含无数次的超越，首先应超越自己，然后才能超越别人。超越自我应该着重做好三个战胜：战胜惰性，战胜满足感，战胜高原期。

以上“六关”虽然在教师专业化成长中很难回避，但是只要有勇气闯过去，就没有过不去的坎。正如一位哲人所说：“所有的坚忍不拔，迟早会得到回报的。”努力可能成功，也可能不成功，但是不努力肯定不能成功。

（五）提倡教师常用八种方法

1. 读书法

条条大路通罗马，但是乘坐飞机就比乘坐火车快。教师成长的路有千万条，但是读书学习是教师专业成长最直接、最简便、最有效的途径之一。窦桂梅、吴正宪、张思明、魏书生等名师之所以能在教学、科研方面取得突出成绩，是因为他们大都视书如命，都有数十年如一日不间断地读书学习和积累知识的习惯。

2. 经验移植法

什么是移植法？移植指把一株植物从一个地点转移到另一个地点栽培，人们常用来比喻写作方法、精神风格等的摹仿性转移。这里的经验移植法是指教师将别人的教育教学经验和方法用在自己的教育教学工作中，进行模仿尝试。在追寻名师成功轨迹的过程中，我们发现了一个共同的现象：他们无一例外都有一个“从听课起步”，模仿和学习他人，博采众家之长的成长历程。

3. 备课研究法

实践证明，备课能力不仅是教师教学的一种基本能力，也是教师成长之桥，是教师教学能力提升的一个重要方面。在教学备课中，教师应学会利用备课促使自己迅速成长。从科研角度讲，备课研究法是一种真正的行动研究。因为教师在工作中研究，在研究中学习，在学习中提高，其结果是自己得到成长，教学取得好成绩，还能获得研究成果。

4. 叙事研究法

教师通过讲自己的故事，谈自己的经历，诉自己的情感，说自己的感悟，从而反思自己的教育教学工作，肯定成功的方法，纠正错误的方法，从中发现规律。叙事研究可以理解为一种研究方式，也可以理解为研究的表述形式。

5. 网络利用法

一台电脑，一根网络连接线，就能让你足不出户便知天下事，与素未谋面的同行交流……如今，越来越多的教师正在利用网络拓展交往范围，增强自己的专业能力，同时让自己的生活更加丰富多彩。

6. 公开课历练法

对教师来说，压力就是动力，准备就是提高，群言就是智慧，所以教师应该转变观念，勇于上公开课。当机会来临时，要敢于面对；当机会没有到来时，要去准备和争取。聪明的教师平时会经常约请学校领导和年级组长及同事来听自己的课，一方面提高自己，另一方面加强对自我的了解。

7. 结交师友法

有所成就的教师大多是过来人，在漫长的探索过程中他们经历了成功，也遇到了挫折，他们的警告和建议，他们的经验和教训，特别是他们经过实践检验的教学理念、教育方法是一种宝贵财富，学到手以后马上就可以运用。历史证明，拜师求艺是各行各业有所成就者的一条成功经验。教师的迅速成长没有捷径，但拜师求艺可以使教师少走弯路，或不走弯路，尽快成才。

“你有一个苹果，我有一个苹果，彼此交换我们各自还是一个苹果，你有一个思想，我有一个思想，彼此交换我们就各自有了两个思想。”学友之间的信息交流、相互切磋乃至辩论，有利于互相补充、丰富知识、开阔视野。

8. 个性提升法

所谓个性提升法，就是教师在教育教学中努力发现和挖掘自身潜质，在总结提高中，形成个性化的工作方式和教学特点或风格。这也是教师迅速成长的又一种途径和方法。每个教师都具有一定的发展潜能，为什么有的教师能够得以很好的发展，而有的教师却不能得以很好的发展呢？大量的人才成长实践证明：进步与落后与擅不擅于开发自己、能否打造自己的长处有密切关系。

思 考 题

1. 怎样理解教师专业化成长的过程？
2. 为什么说教师成长要发挥两个力的作用？
3. 教师专业成长的六种意识是什么？
4. 谈谈教师成长最实用的八种方法。

第 9 章

指导青年教师快速成长

有这样一个故事：小男孩问爸爸："是不是做父亲的总比做儿子的知道得多?"爸爸回答："当然啦!"小男孩问："电灯是谁发明的?"爸爸："是爱迪生。"小男孩又问："那爱迪生的爸爸怎么没有发明电灯?"

长江后浪推前浪，青年教师是新生代，是最富有生机与活力的后备力量，是学校的未来和希望。能否促进青年教师的快速成长，能否帮助青年教师缩短适应期，关系到一所学校教学质量的稳定与提高，关系到学校的发展前景，这是一件具有战略意义的事情。

一、高度重视青年教师的专业成长

青年教师是学校教育工作的希望和未来，重视青年教师的培养具有战略意义。

首先，从青年教师自身看，需要重视对他们的培养。

青年教师大都刚从师范院校毕业，他们满腔热忱，有强烈的上进心，有比较扎实的文化知识基础和一定的教育理论知识。但是"纸上得来终觉浅，绝知此事要躬行"。青年教师缺乏实践经验，不能自觉地、有意识地把文化知识和教育理论灵活运用到教学实践中去。这就需要帮助、指导、扶植他们，使他们能尽快地适应教育教学工作，成为骨干和优秀教师。

其次，从教育事业的发展来看，也需要重视对青年教师的培训。

随着时间的推移，一批批老教师退居二线或者离开教育岗位，一批批青年教师必然要走上重要的教育教学岗位，他们的素质决定了学校工作的未来。如果站在未来发展的高度来思考，我们就会感到他们是希望，同时也会感到我们的责任重大。只要重视对他们的培养，他们中间肯定会产生先进工作者、骨干教师和特级教师。所以说，重视对他们的培养，就是重视我们未来的学校教育。

教育改革的顺利实施与教育质量的提高，关键在于教师，作为教师队伍的后备军和希望，青年教师的专业成长成了教育可持续发展的关键。加强青年教师的培训，是当前刻不容缓的大事。

二、新教师专业水平透析与指导

通常，每所学校每个学年都可能新进几名大学生。这些新教师的专业状态如何，有什么特点？怎样对他们实施有针对性的指导和培养？

（一）新教师工作初期的专业状态分析

刚走上工作岗位的新教师有其优势，也有其劣势。了解这一点，对新教师扬长避短，减少失误，缩短专业适应期至关重要。

1. 新教师的心理优势

新教师血气方刚、风华正茂、朝气蓬勃，工作之初有很多心理优势。

（1）工作有热情、激情

新教师对什么都感到新鲜，第一次拿起教案备课，第一次走上讲台，第一次批改作业，第一次听到学生喊自己“老师”……他们都会感到特别兴奋，有成就感和幸福感，学校布置和要求做的每一件事他们都能够认真去做。作为教师，就应珍惜并保留这份热情和感觉，它本是人类原生态的一种财富，应让它永远成为促进专业成长的一种力量。

（2）纯真，有亲和力与同情心

新教师纯真、热情，有较强的亲和力，乐于与学生做朋友。学生肯与新教师交流感情，敢对新教师表达自己的想法，所以新教师更能了解学生的愿望、学生的思想、学生的问题，更方便去主动引导和帮助学生。教师一个信任的期盼、一个爱护的眼神、一句温暖的话语、一声真挚的鼓励，都会在学生心中掀起感情的波涛，引起共鸣。这种共鸣可以增强学生学习的信心，激发学生的学习动力。

对刚刚参加工作的新教师来说，教学生涯就好比是一张白纸，每个学生都是他们手中最美的色彩，可以用来描绘最美的图画。所以，新教师更能尊重、赏识学生。面对自己的第一批学生，新教师会眉飞色舞、手舞足蹈地谈论学生的好，会在批错作业后写个“sorry”，学生从中能感受到来自老师的尊重与赏识。对学生来讲，哪怕是表扬他最不起眼的一个闪光点、最不易被察觉的一点微小进步，也足以驱散他们沉积在心底的自卑阴影，让他们找回失落已久的宝贵的自尊和迷失了的价值追求的方向，唤醒他们早已尘封的潜质和潜能，诱发他们创造的冲动。而老教师往往只会感叹学生越来越不如前、教不会，感叹自己不会教。

(3) 更容易接受新事物

工作多年的老教师尽管教育教学经验丰富，但是他们在教育教学思想和方法上容易形成模式化的东西，而这恰恰容易束缚和桎梏他们的头脑；而且他们的工作积极性容易受社会的影响，沉淀下来一些消极的因素，乃至产生职业倦怠心理。

而新教师恰恰在这方面有着优势，他们框子少，接受新事物快。他们很少保守，有个性、有锐气、有激情，也有冲击力和爆发力。这是教师专业化成长过程中一种最宝贵的资源。

2. 新教师的心理劣势

新教师走上工作岗位以后难免出现这样那样一些偏差和失误，这又因每个人的潜质不同而存在差异。

通常，新教师走上工作岗位容易产生的偏差失误有如下一些：

(1) 人际适应方面的问题

从角色角度上看，新教师在学生时期是一个被别人监督、照顾，服从别人安排的人，走上工作岗位以后，角色发生了“天翻地覆”的变化。这时不是别人去照顾他、安排他，而是他去照顾别人、尊重别人、安排别人、监督别人。而有些新教师恰恰在这种角色转变中出现了不适应，乃至出现了重大失误。

有一位从师范大学毕业的新教师工作一年以后，因为不能适应新的工作环境，惧怕与学校领导、同事、家长、学生交往，患上了抑郁症，长期失眠、身心疲惫，最后不得不停止工作，回家治病。还有一位新教师被分配到县高中负责电教工作，因为太自负和任性而把与校领导的关系搞得很僵，后来工作中出现失误被该校退回人事部门。从中我们可以看出新教师的人际适应很重要。

(2) 备课中的偏差与失误

教师“备课”，即理解教材，处理教材，优化教学设计，选择教法。有的新教师备课时会陷入“背课”的误区，即背书、讲书，而不是备课，他们在备课中往往会出现以下问题：一是备教材不备学生，由于对教材不熟悉，新教师往往会花费过多的时间在教材上，而对教学的主体——学生却考虑不周。二是备章节不备体系，备课内不备课外，教案仅仅是为了方便讲课。三是教学预见性和针对性不强，教学目标常常过大或过小，教学设计有时不能达成所定的教学目标。

(3) 课堂上的偏差与失误

新教师初登讲台，最容易产生下面一些问题：

①对教学内容重点、难点的把握不十分准确，缺乏经验。

②以自己为核心，忽视学生的认识特点，教学成人化。

③往往不注意学生的主体活动，重讲轻练满堂灌。

④教学容易“一刀切”，忽略因材施教，课堂上容易出现“对牛弹琴”的现象。

⑤上课的提问一般过大过难，让学生无法回答，不会把大问题化小问题、由易到难、循序渐进。

⑥在组织课堂教学时，易冲动、粗暴，不会用暗示法、说服教育和冷处理。

(4) 作业批改的偏差与失误

批改作业也是一种对话。教师从作业中可以读到学生的思维过程，体会到学生的情感变化。因此，教师应在作业本上尽可能多地留下反馈信息，把作业本当做私人之间的交往场所，把批改作业当做师生心灵对话的一个过程。能这样做的教师是深受学生喜爱的教师，能这样做的教师也是深刻理解教学本质的教师；这样的作业是学生喜欢的作业，这样的作业往往是学生学习新知识的起点，学生会渴望下一次作业，渴望下一段对话。但新教师容易把教学简单地理解为上课、批改作业，往往忽视通过作业来与学生进行沟通和对话。

(5) 在教科研活动中的偏差

通常，新教师更关心的是如何把课上好，而对教科研工作、对教学反思不够重视，他们参与活动也是随大流，只是为了完成任务，而很少是为了提高自己。

新教师应从单纯的听课转到教学比较中来，主要是将自己与优秀教师进行比较。在去听优秀教师的课之前，新教师要自己备好同一堂课，课后进行比较，分析自己的教学设计同优秀教师有何不同，找出差距及形成差距的原因，也要试着分析自己的优势，发现自己的闪光点。课后要与上课老师交换意见，也可做些简单的调查，如询问学生的反映，最后还要写出听课后的感想。

（6）在班主任管理上的偏差

通常，新教师在班主任班级管理工作上满腔热情，但热情有余，方法不足。他们时常会感到困惑：对学生那么好，可是学生却不领情不买账。于是他们不是心灰意冷，就是从一个极端走向另一个极端，即从过去的苦口婆心转变为高压政策甚至采取打骂、体罚等简单、粗暴的做法。

新教师的专业成长的优势和劣势不局限于这些，有些偏差和失误是很难避免的，就如同孩子学走路总要摔几个跟头一样，新教师要不怕摔跤，并在摔跤中总结经验教训，少走弯路，这样才能使自己成长得更快一些。

（二）对新教师的工作指导

针对新教师的专业状态，学校应该给予针对性指导，让新教师充分利用自己的优势去弥补自己的劣势，缩短摸索历程，少走弯路。通常学校应指导新教师做好如下工作。

1. 指导角色转换

新教师从大学校园走出来，迈向人生的一个新舞台——讲台，要完成由学生角色向教师角色的转换。学生与教师角色有什么不同呢?

首先从任务上看，学生以学习为天职，有其个体性，不用管别人学不学，学会没学会。教师则不然，教师以教书育人为天职，具有社会性。也就是说，当学生想学就学，学会了就行；而当教师则不然，要让别人学，别人不一定就学，而且教了学生，学生也不一定就会。因此新教师就有一个由学的角色向教的角色转变的过程。

其次从活动的自主性上看，当学生时由学校老师指导照顾，许多活动由老师安排，自己只要遵照执行就行。当教师则不同，学校排的课，交给自己的班，大多数要由自己去独立管理；遇到难题要靠自己去处理；过去有别人关心照顾，而现在需要去关心照顾别人。因此新教师要脱离依赖性，学会独立自主地处理问题。

2. 指导知识更新

一直以来，我们都认为，以大学学历和学识去教授中学某一学科是绰绰有余的，这种想法早已跟不上时代的发展。

（1）21世纪是信息时代，科学技术飞速发展，知识更新速度惊人。据一些学者研究，近年来，新知识以每三年时间就被淘汰的速度在更新着。如此快的更新速度，单凭我们在大学里学的“确定”的知识，是不能适应新时代的需要的。

(2) 大学问家不一定都是大教育家。大学问家想把自己的学问传授给学生，还必须掌握一定的传授知识的技能与方法，即必须掌握教育教学专业知识与技能。教育教学专业知识与技能是无法从书本上习得的，须从实践中得来。这就要求我们在工作中不断地学习与反思，形成自己的工作经验。

(3) 学习为人处世、处理人际关系等。教师不是生活在真空中，而要与学生、家长及社会上的相关人员打交道，要与同事进行交流、合作。人际关系不仅会影响一个人工作的心情与积极性，还决定着工作的成效。

3. 指导熟悉环境

对环境的陌生会给工作带来诸多不便，还会影响工作效果，所以校长应尽快帮助新教师熟悉学校的自然环境和人际环境。

三、培养青年教师

怎样培养任用青年教师？校长应有一种战略眼光，不仅要重视对青年教师的培养，更应该把它作为一种育人工程，分阶段、有步骤地做好以下几方面工作。

(一) 真诚帮助

青年教师的进取心都比较强，有把工作做好的良好愿望。为此校长要诚心诚意地帮助他们，研究他们的各种心理需要，并给以恰当的满足。

首先，在专业思想上帮助青年教师。为了加强青年教师的事业心，巩固其专业思想，可以向他们介绍校史，宣讲“师德”，谈忠于教育事业的先进事迹，并在必要时召开座谈会，个别谈心，鼓励他们立志当好教师。

其次，在业务上帮助。拟订师徒帮学合同，为青年教师创造外出学习和进修的机会，提供业务学习资料，开展业务竞赛大练基础功，如进行朗读、演讲、钢笔字、粉笔字、查字典、板书等竞赛活动。

再次，在生活上帮助青年教师。校长要真心实意地爱护和理解青年教师，用赤诚的心去感染他们，通过多种形式了解他们在想什么，需要什么，在工作、生活中有什么困难需要解决。在可能的情况下，校长要根据不同的心理需要，给不同人以不同方式、不同程度的关怀和满足。青年教师的不同生活经历，决定了他们的性格、思维方式、发展变化都各不相同，我们要了解他们的个性差异，对他们尽量多一份信任和尊重，努力树立以人为本的观念，充分发挥青年教师的主体性，像解放学生一样解放青年教师。在工作中不要求全责备，而要及时捕捉他们身上的闪光点，一旦发现就牢牢地抓住，赏识、强化，在全体教师会议上表扬他们，在周工作情况表上公布……

总之，我们要竭尽全力帮助青年教师树立自信心，让他们以优势方面带动弱势方面，让他们初尝工作中的些许进步与成功带来的喜悦。我们要采用“一把钥匙开一把锁”的方法，对不同的青年教师进行具体分析，努力寻找开启每一把“锁”的“钥匙”。

（二）大胆任用

青年教师有朝气，争胜好强，有青春的活力，对做好教育工作有一定的理想和抱负，这正是他们成长的基础。校长应充分理解和信任他们，敢于让他们承担担子，把他们推到教育教学的第一线，经风雨见世面，在实践中磨炼、成长。

当然，在任用上要注意每个青年教师的特性和差别。对经验不足、教育教学能力稍差的教师应给一定的担子；而对于那些事业心强、基本素质好的教师可大胆使用，并进行重点培养，如让他们承担公开课的教学任务，担任备课组长、教研组长，承担教研、科研的研究课题等，让他们在实践中跌打磨炼，尽快成长起来。

（三）悉心指导

把青年教师推到第一线去工作，并不是放手不管，让他们“自然生长”。在大胆使用青年教师的同时，校长还要对他们进行悉心的指导，把“放”和“扶”结合起来，采取先扶后放、扶扶放放、扶中有放、放中有扶的方法。“放”是给他们胆子，“扶”是加强对他们的指导。比如：(1) 创造条件让他们跟班观察有经验的老师是如何开展教育教学工作的。(2) 在指导老师和校方的帮助下开展备课上课活动。(3) 在指导老师和校方的重视下开展各项工作：对可能会产生的困难，进行提示；当他们遇到疑难时，进行指点；在他们做出成绩时，及时加以肯定，并帮助他们巩固提高，在指导中要注意言传身教和授之以法。

当青年教师怀着对新工作的满腔热情，渴望把每件事都做好的时候，如果事与愿违，他们就会怀疑自己的能力，思想容易波动，情绪也不稳定，随之出现紧张、焦虑、烦恼、忧郁。针对青年教师的种种心态，校长要帮助他们进行调节，建议他们通过适当的渠道把胸中的郁闷释放出来，使情绪得到缓解，找到问题的症结，有效地解决问题，把事情做得更好。要让他们知道：有经验的老师在初涉工作岗位时也遇到过许多障碍和坎坷，也有类似的心态，但只要目标明确，有理想有志向，定能获得成功。

在指导青年教师提高的过程中要耐心、客观。当青年教师取得成绩时，表扬要适度，不拔高。对工作一时上不去的青年教师，不仅要着眼于方法指导，更要重视对他们微小进步的鼓励，当他们在工作中出现差错、失误时，要主动为他们分担责任，减轻其心理压力，鼓励他们做好工作。

（四）严格要求

对青年教师的培养，目标要“高”，要求要“严”，训练要“实”，这样才能取得好效果。

严格要求就是要求他们在从事每一项工作时，一定要认真，一丝不苟，如上课要在充分理解大纲、教材的基础上写出正规教案，上正规的课，对学生进行正规教育等。

严格要求就是当青年教师取得成绩后，帮助他们树立新的目标继续努力；而当他们出现骄傲的苗头时，应及时引导他们不要自满；当他们看到不足时，要鼓励他们不要松懈。

（五）求实历练

青年教师教学能力的提高，没有训练是无法达成的，特别是教学基本功的训练，需要有一个求实历练的过程，为此，学校应创造条件对他们进行训练，如开展教学基本功的比赛活动等。训练一定要从青年教师的实际需要出发，讲究实效，反对形式主义。

求实历练贵在求实的基础上，大胆突破框框，走出新路子。如在组织青年教师听老教师讲课时，既要向老教师学习，同时也应提醒他们不要机械模仿、照抄照搬，应发挥自己的特长，形成自己的教学特色。

四、帮助青年教师规划成长目标

为了加快青年教师的专业化成长速度，校长应帮助青年教师规划成长目标。清华大学的一位校长曾在毕业典礼上这样告诫学子：方向比努力重要，能力比知识重要，健康比成绩重要，生活比文凭重要，情商比智商重要。

“方向比努力重要”这句话是值得回味的。教师的专业成长与目标定向是否是同样的道理？天道酬勤，亦酬术。人不怕走得远、走得累，就怕走错了方向，所以方向比努力更重要，目标比勤奋更有效。

什么是目标？目标是人想达到的目的地。这里说的教师目标定向，是指教师根据工作和专业成长需要，从自身实际出发来确定自己的成长目标和研究方向。心理学研究表明：“人的行为的源泉是需要，而需要总是指向某种目标的。”因此，目标最能激发人的行为动机。110米栏世界冠军刘翔的自传中有一章叫《我的对手》，在这章，他谈到了自己的成功诀窍：“我心里始终为自己制订一个赶超目标——一个目标接着一个目标往前超越。”从十几岁刚开始训练起，他就不断为自己锁定赶超目标，这个阶段要超过谁，下个阶段又要超过哪个对手，心里始终有一本账，一个接一个的目标激励着他坚持不懈地刻苦训练，不断超越极限。

现在许多教师成长得慢与成长目标模糊有密切关系。那么，校长应该怎样帮助青年教师规划成长目标呢？

首先，要激发青年教师专业成长的内动力，让他们有成长的愿望。有梦想才有追求。学校要通过名师讲座、个别谈心、校本研修等各种方式引导青年教师树立成长目标。

其次，帮助青年教师分析自己的优势、劣势。宝贝放错地方便是废物。在这个世界上，每个人都有自己的长处和短处，每个人都有自己的潜在优势，每个人的才智也各不相同，要想取得成功，关键是认识自己的长处，发掘自己的创造潜力，发挥自己独具的才能，走出一条最适合自己的发展道路。人生需要找准自己的坐标：我是谁，我应该在哪里，哪里是我人生的最佳坐标。

再次，帮助青年教师对自己的成长进行规划。教师成长目标的规划应是多元的，从时间上看，包括远期目标、近期目标、阶段目标和日、周、月单元目标等；从内容上看，包括学习、工作、研究、健康、兴趣、生活等几个方面。

下面介绍辽宁省本溪满族自治县小市镇中心学校赵爽老师的一个成长规划。

时间总是在不经意间悄然流逝，一转眼已经从教八个年头了，在这八年来的工作中有过欢笑、有过泪水、有过甘甜、有过心酸。我从初为人师的新奇、喜悦逐渐走向成熟、平稳，也逐渐退却了许多的激情、想法，逐渐甘于平淡。每天忙碌着：备课、上课、批改作业，每天急急忙忙地应付着各项任务，每天下班回家时总觉得这一天的工作留下许多遗憾，需要明天抓紧时间补一补……似乎从没静下心来思考过“我要成为一个什么样的老师”。

这次有幸成为“专家智力联动创优”活动的一员，能够成为徐世贵校长的徒弟，我深感荣幸，我也希望，趁着自己还只是新手，如同那春天刚破土的嫩芽，即使在成长中存在不足之处，还可以在不断学习中查缺补漏，弥补自身的缺陷。我将十分珍惜这来之不易的学习、锻炼机会。在未来的三年中，我将不断提高自己的教育理论和学术水平，增强教育教学能力，从各方面不断完善自己。三年的时间看似长远，实则很可能从指缝中不经意地溜走，为使自己能够有所提高、学有所成，特制订个人成长规划，时时提醒鞭策自己向更高更远的目标循序迈进。

在规划蓝图之前，我认为，应首先明确自己的现状，看清自己的优势和劣势，而后制订有效的计划，方为上策。

一、自我剖析

（一）优势

1. 具有强烈的责任心，工作作风踏实、认真。

2. 与同事相处融洽，能虚心向他人学习，也能将自己的所学所思与同事交流互补。

3. 有八年的课堂教学实践经验，能够胜任小学数学教学工作。敏于发现，勤于思考，容易接受新事物与新观点。

4. 有一颗热爱学生的心，能与学生互相沟通。

5. 能够熟练地掌握现代信息技术，并灵活有效地为教学所需服务。

6. 能积极参加学校的各项活动。

（二）弱势

1. 在专业知识、专业素养方面还不够，尤其是教育专著读得较少。

2. 缺少教科研的能力，还没有掌握教科研的方法，离研究型教师的目标还很远。

3. 个性中缺少一些张扬，适度张扬有助于教学。

4. 虽然参与了新课程的实践，但因理论功底不足，对课程开发研究的能力还只是停在较浅的层次。课堂还没有形成自己独特的教学风格，虽掌握了一些方法，但不能做到游刃有余。

5. 作为一个老师，书读得还不够多，没有一定的文化积淀。虽敏于思，但惰于笔，不善于总结与整理。

二、个人发展计划

1. 学习方面：做一个爱读书的老师

定期阅读数学教学刊物，不定期阅读其他领域的专著，博览群书，了解更多著名教育专家、行家的观点，了解当前的教改动态，这对自己今后的教育教学工作具有指导意义。要做好读书笔记，写好学习心得，养成多思多想多写的好习惯，并经营好自己的博客。养成天天至少阅读半小时的好习惯，在不断阅读中提升自己的文化品位，让自己成为一名有较高文化素养的数学教师。

2. 教学方面：做一个勇于实践的老师

课堂是检验教师能力的一个大舞台，认认真真地上好每一节课，不仅是学生的需要，也是教育发展的最终目标。发展教育就是要让教师的发展带动学生的发展。我要不断地实践、探索、总结自己的教育行为，把自己打造成一个科研型、学者型的教师：大力提高数学教学能力，以求具备独立设计工作方案的能力，课堂上要注重设想学生的发展，从而促进教学的发展；练就较高的语言表达能力以及课堂交往能力，注重与学生沟通和合作，具备较高的组织管理能力，随时捕捉课内外学生出现的状况，并具有一定的调控驾驭能力，三年后使我所带班级的数学质量达到县一流水平。

3. 科研方面：做一个爱反思、勤笔耕的老师

积极参与课题研究，坚持写“教学反思”。积极撰写有质量的教学论文，坚持写教学反思、随笔，争取在市级以上评比中获奖，并有3—5篇论文在国家级刊物上发表，向市名师、市学科带头人迈进。

4. 师德方面：做一个爱学生、懂教育规律的老师

注重自身修养，发挥榜样的潜移默化的作用。构建科学的教学管理模式，学会用心去爱每一位学生，用民主和智慧赢得学生的爱戴、家长的信赖和社会的肯定，让自己成为学生心中的榜样。提高职业道德水准和数学修养，形成健康的高尚的品格，具有现代教育的新理念，有良好的数学教养。三年里，要不断积累教学经验，加强自身修养，有远大抱负。具有刻苦钻研、勇于奉献的精神，使自己在原有基础上尽快地上一个台阶。三年内，使自己在教学方面具有一定的技巧，具有课堂教学的艺术性，具有较高的教育教学水平。通过向特级教师、专家学习的机会，使自己的数学知识具有一定的深度和广度，有一定的理解、应用、分析能力，有一定的数学修养。

“路漫漫其修远兮，吾将上下而求索!”计划在上路之初，权当一种鼓励、一份鞭策、几许督促。我会一直朝着心中的梦想迎风起航，虽一路风风雨雨，但是我一定坚持不懈，尽心尽力。

思考题

1. 你对新教师的培训有什么见解?
2. 在青年教师成长中，校长应给予哪些方面的帮助和指导?

第 10 章

培养、指导骨干教师

被誉为“世界第一CEO”的韦尔奇，曾提出一个著名的“活动曲线”理论。他认为：任何一个组织中，必有20%的人是最好的，70%的人是中间状态的，10%的人是差的。这是一个动态的曲线，即每个部分所包含的具体的人一定是不断变化的。一个合格的领导者，必须随时掌握那20%的优秀者的动向，并制订相应的机制，从70%的“中间者”中，发掘出有特长的人才，从而不断补充与更新20%的优秀者。这样，才能保证组织的持续发展。所以校长在抓教师队伍建设时必须重视抓好骨干教师的专业成长。

一、骨干教师的诠释

什么是骨干教师？骨干教师是指教师群体中的那些职业素养相对优异，在教育教学活动中能发挥骨干作用的教师。

骨干教师是多层次、多类型的。从级别看有校级、县级（区级）、地级（市级）、省级、国家级骨干教师。从功能看可分为三种类型：教学类型，如教学能手、学科带头人等；教育类型，如优秀班主任、优秀团队辅导员、德育专家等；教研科研类型，如优秀教研员、科研员、电教人员等。骨干中的骨干通常又称为名师。

可以通过选拔培养来获得骨干教师，但真正的骨干教师，特别是名师，都是通过多年的教育教学实践打拼出来的。所以骨干教师和名师的成长应该是组织上的培养和教师自主发展的结合。

（一）骨干教师的特质

1. 崇高的教育理想

历史证明，有什么样的理想信念就会成就什么样的事业。所有骨干教师、名师都有一个共同的特性，那就是挚爱自己的事业。他们把为国家培养合格的人才作为己任，他们热爱学生，一生追求教育教学工作的成功。有人曾对120个优秀教师进行问卷调查："您一生最大的追求是什么?"119人（占99.2%）认为自己一生最大的追求是"工作成功，作出贡献"。拥有崇高教育理想的教师大多都有奉献精神，肯吃苦。与之相反，我们很难想象一个不热爱教育工作和学生的人，一个没有崇高教育理想的人，没有吃苦耐劳和奉献精神的人，能成为骨干教师。

2. 高尚的师德修养

爱因斯坦说："智力上的成就在很大程度上依赖于性格的伟大。"名师之所以成为名师，一个重要特质就是人格高尚，胸襟宽广，品端行正，令人敬慕，堪为人师。调查表明，骨干教师都有较强的"为人师表"意识，在日常工作和生活中，能做到严于律己、以身作则、讲道理、有风格，这使他们在师生中树立了良好的形象。一般骨干教师在个人道德和行为规范方面，达"优良"的为78%，"一般"的为22%，而名师达到"优良"的比例会更高。

3. 厚重的文化底蕴

扎实而广博的文化底蕴，术业有专攻的特长应该是骨干教师和名师的又一个特征。很难想象一位"以其昏昏，使人昭昭"的教师能成为骨干教师。名师往往一方面对所学的知识比较精通，另一方面对相关学科知识也有所涉猎。

4. 良好的学习态度

有人认为，有些教师之所以能成为骨干教师或名师，可能与他们的聪明或高学历有关。其实不然，智力好和学历高固然是成为名师的有利条件，但并非是根本因素。从名师的成长经历看，主要还是与他们的勤奋和拼搏精神有关。酷爱读书，潜心钻研，吸纳百家，重视反思和积累，是骨干教师和名师的又一个特质。如果你仔细观察研究就会发现，几乎所有的名师在他们成名之前，都有一个刻苦学习、惨淡经营、艰苦奋斗的过程。特级教师窦桂梅老师之所以取得令人瞩目的教学成绩，正是她多年奋斗的结果。（1）向书本学习。几年来阅读量达300多万字，记下30多万字的读书笔记，500多万字的文摘卡片，10余万字的教后记。（2）向同行学习。听校内外教师的课1000多节。(3）为了上好课，精心备课，曾把45分钟分成2700秒来准备。

5. 可贵的探索精神

不满足于传统和常规教学，积极参与各种教研活动和承担科研课题研究，并不畏艰险和曲折，寻求教育上新的突破和创新，最终成为学科带头人或教科研的“领头雁”，这是骨干教师的又一个共同特点。常州市教科所研究员邱学华从一名乡村小学代课教师成长为享誉国内外的教育专家。在创立“尝试教学法”的过程中，他曾遭受了不少困难和挫折，先是在“文革”中因为家庭出身不好而被迫中断了小学数学教学法的研究，后是开展这项研究遭到非议，以致他在各地组织的实验纷纷下马。可是他坚定不移，“用冷静的态度面对压力”，终于使“尝试教学法”走出了困境，走向了全国和世界。

6. 独特的教学个性

是否是骨干教师，不在于他年龄有多大，也不在于他教龄有多长，而在于他有没有独特的教育思想，有没有较为系统的思考，有没有鲜明的教学个性。鲜明的教学个性能形成一种独特的教学风格，而教学风格是属于教学艺术范畴的。如有人上课宛若一篇散文诗，流畅自然，有韵律美，有抒情性；有人上课就像讲故事，让生动的情节把学生引入知识殿堂；有人上课似一篇哲学论文，条分缕析，逻辑严谨，内容深刻，无懈可击；有人上课“思”字领先，善于调动学生的思维，释疑解惑，组织讨论，培养学生的自学能力……

（二）骨干教师的作用

1. 表率作用

榜样的力量是无穷的。上面介绍的骨干教师的六种特征，其实就是一种表率，给全体教师树立了榜样。骨干教师不仅给教师起到一种表率作用，而且也给学生起到一种表率作用。

2. 示范作用

骨干教师在教师群体的专业成长中起着重要的引领作用。每一个骨干教师的成长史都是一部好教材，它记录了名师的奋斗过程和打拼精神，记录了他们不畏艰难和困苦、挫折和失败，百折不挠和锲而不舍的精神，记录了他们对教育教学的不断感悟及各个时期的成果。要知水深浅，须问过河人。作为成功者，骨干教师也算过来人，他们在专业成长中，有成功的经验，也有失败的教训。经验也好，教训也好，方法也好，策略也好，都是一笔宝贵的财富，对于一般教师来讲有着极其重要的借鉴意义。要使其他教师在探索中少走弯路，乃至不走弯路，骨干教师已研究总结出来的教学方法、教学经验、教学个性等科研成果都值得广大教师学习和借鉴。所谓拨亮一盏灯，照亮一大片，说的就是这个道理。

3. 激励作用

骨干教师是一面旗帜，他们的成功可能给正在摸索中的教师一种希望和激励，使他们体会到名师离自己并不遥远，努力不一定都能成功，但不努力一定不会成功。

4. 打造名校

古语有云，山不在高，有仙则名；水不在深，有龙则灵。骨干教师、名师与名校是互为因果、相得益彰的，学校有了骨干教师和名师则易成为名校，所以学校培养骨干教师和名师的过程，也是打造名校的过程。一所学校、一个地区有几个乃至十几个名师，就有可能把这个学校或地区带动起来。

二、骨干教师的选拔与评定

通常骨干教师资源的开发和利用可采取以下程序：骨干教师选拔评定——骨干教师教学经验开发——骨干教师教学经验、科研成果的交流与推广。

骨干教师教研资源的开发和利用，首先取决于骨干教师的选拔评定。这项工作做得好，后面的工作就有了基础。如果骨干教师没有选拔确定好或者降低了骨干教师选拔评定的标准，那么研究他们的成长经历和教学经验的意义就不大了，有时反而会起副作用，销蚀教师专业成长的积极性。

骨干教师的选拔评定是要慎重的工作，一定要坚持标准，运用合理的程序，并坚持公正、公开、公平的原则。在指标控制上，既不能搞神秘化，把标准定得高不可攀，也不能降低标准来凑数，应坚持面向全体，优中选优，不搞平衡。

名师选拔通常应坚持以下程序：个人申请——群众评议（评议前可让申请者作一次演讲）——组织考核（听课，审查材料包括各类证书原件等，座谈听取学生、教师、家长等各方面的意见）——领导集中确定。最终确定时要慎重，必要时可反复听取各方面的意见。在考核名师时，必要时可制订量化考核量表，下面这个选拔和评定骨干教师的资料可供参考。

资料1：某校2005—2006学年“校骨干教师”评选及管理办法

一、评选条件（以下四个条件同时具备）

1. 近三年内有以下称号中的任何一项：校级“骨干教师培养”考核合

格，校级以上“骨干教师”“优秀青年教师”“优秀教师”“教坛能手”“学科带头人”“年度综合考核优秀”等。

2. 至少有五年教学经历。

3. 近三年内有文章发表或获区级一等或市级二等（含）以上的奖励。

4. 近三年内有校级以上（含校级）的公开课或校级以上（含校级）的赛课获奖。

二、评选办法

1. 满足以上条件者本人提出书面申请，内容包括：本人意愿、业绩说明（附证明材料）、学年科研计划、专题培训指导计划。

2. 邀请校外教学业务的专门人员进行评选。步骤是：自我业绩陈述——回答评选人员的现场提问——评选人员综合这几方面的信息进行集体合议——提出评选建议。

3. 由行政会讨论并正式确定。

三、校骨干教师人数及工作期限

首批校骨干教师人数不超过 10 名，工作期限为一学年。

四、义务

1. 发表一篇文章或获得区三等以上的奖励。

2. 承担一项课题的主要研究任务。

3. 讲一节示范课。

4. 进行一次公开专题讲座。

5. 参与科研的评价指导活动。

6. 指导校级骨干教师培养对象。

五、待遇

1. 每期人均 300 元基本津贴（不含上级部门给予的津贴），每期人均 450 元考核金，按分值计奖。

2. 校级以上骨干教师推荐人选从校级骨干教师中产生，同等条件下评优晋职晋级优先，外出学习考察机会优先。

六、管理考核办法

1. 由“骨干教师培养管理小组”统一管理考核。

2. 完成 1、2、3、4 义务每项 5 分，按要求参加 5、6 项活动一次 2 分，有迟到的扣 1 分；享受待遇期间总分未达到 20 分者，次学年不得再次参与评选。

三、骨干教师资源的利用

无论是骨干教师个人的专业成长经历，还是其教学特色、科研成果经验，都是一笔宝贵的财富。这是学校潜在的“生产力”，校长应设法把这些潜在的生产力通过推广、应用转化为现实的“生产力”。这就是骨干教师教研资源的利用。

怎样利用名师的教研资源呢？多年来一些中小学在推广骨干教师的教学经验方面有许多好的做法，如组织观摩研讨骨干教师的课堂教学，组织听取骨干教师的经验介绍或学术报告，印发并组织学习骨干教师介绍经验的材料等，但无论用哪种形式，都应注意以下几个问题。

（一）立足本校，倡导自我推广

名师的科研成果应先“自产自销”，以坚持研究和扩展取得的成果。例如：辽宁凤城市东方红小学的作文循序训练实验研究，先是由几位教师进行实验，取得经验以后，推广到全校，全校推广后，才向本地区和省内外推广。

（二）先易后难，边研究边推广

中小学教师学习应用新的科研成果，是一个由浅入深、循序渐进的过程。为此，推广先进科研成果应先抓试点，通过现场观摩或成果展示让学习者能看得见、摸得着，从而增强学习者学习应用新成果的信心。

（三）既学习又不简单照搬

推广应用教育科研成果不应简单照搬，重在因地制宜。学习别人的教育教学经验和成果往往有三种态度：一种情况是照猫画虎，全盘照搬；一种是不以为然，百般挑剔；还有一种是取其精华，灵活运用。显而易见，第三种态度和做法是值得提倡的。

根据一些优秀教师的经验，在学习别人的教学经验时可采取下面三个步骤。

第一步，认真思索，体会精神。对别人的教学经验既不能一概排斥，也不要盲目吸收，贵在认真思索筛选，进行思维加工，目的在于抓住经验的实质，找到规律性的东西。

第二步，对比分析，寻找差距。学习他人经验，关键是要找出自己与别人的差距：别人好，好在什么地方；自己差，差在什么地方。这样就会知道自己该学什么，不该学什么。

第三步，消化吸收，发展创新。学习借鉴古今中外优秀的经验成果，然后才能去创新。从这个意义上说，没有借鉴就没有创新，借鉴的目的就在于创新。著名画家齐白石老先生谆谆告诫后人“学我者活，似我者死”，说的也是这个道理。

四、骨干教师的培养

下面是某校 2005—2006 学年校骨干教师后备人选培养方案，希望能对校长培养骨干教师有所指导。

一、培养目标及内容

1. 修养与知识。在思想道德、教书育人等方面严格要求自己，提升师德修养，心态年轻，关爱学生，更新知识结构和拓展专业知识，学习其他前沿性、边缘性学科知识和社会人文知识，自身教学业务素质明显提高。

2. 教育研究与指导。熟悉现代教育理论，能用现代教育理论指导教育教学实践，积极投身教改实验，总结、推广、应用教改成果获得显著成效，在学校教育教学研究中起指导、示范作用。

3. 教育方法与业绩。具有独特的教育教学方法，善于教会学生学习、生活、创造，具备娴熟的教育教学职业技能和应用现代教育技术的能力。课堂教学在区内外有一定的知名度，教学成绩位于全区前列，让学生满意、家长放心，在学校教育教学中起主导作用。

二、必备条件

1. 师德好，学生满意程度高，近三年内无体罚学生、歧视差生的现象发生，前一学期期末学生评教满意率不低于 60%。

2. 40 岁以下满一个教学周期的中青年教师；有指导青年教师的热情和愿望。

3. 前一学年末年级学科平均成绩居全区前 3 名。

4. 近三年内有一篇文章发表或获奖，或有课堂展示并获得较好反响。

三、选拔办法

1. 每学年选拔一次，人数不超过 20 人，培训周期 1 年，根据被指导教师人数确定各学科入选人数，各学科入选教师相对平衡。

2. 选拔步骤：符合必备条件者提出书面申请（内容为：已获得的绩效及科研成果、学习计划及青年教师培养计划）——申请教师演讲——由骨干教师培养管理小组成员和校骨干教师共同投票决定各学科培养人选——行政会通过。

3. 入选原则：学科均衡，教学业绩优，指导热情高，指导能力强，发展潜力大，课堂教学效果好。

四、培养办法

1. 成立专家指导组。专家指导组由区各科教研员老师和外选专家 3—5 名组成，定期到学校指导培训。

2. 师徒结对子。主要指导不满一个教学周期的青年教师的备课、上课、教学组织管理，具体办法见《青年教师培养方案》。

3. 外出学习培训。每期组织 1—2 次外出学习培训。

4. 开展课题研究和专题研究。积极推广应用已有科研成果，参与一项课题研究，在研究中学习，在学习中成长；举办专题研究活动，提高理论水平和指导能力。

5. 组织示范课。每学年组织一次示范课活动。

6. 校内学习交流活动。每月组织一次学习交流活动，交流教育教学及指导心得；每学期组织一次成果汇报。主题交流活动要有发言提纲和学习记录。

7. 个人自修。提高部分教师学历；每学期阅读教育教学专著一部，写一万字的读书笔记或读书心得。

五、培养管理办法

1. 组织机构及分工

成立骨干教师培养管理小组。

2. 骨干教师后备人选考核制度

(1) 按要求参加活动的加 2 分，有迟到现象的扣 1 分；

(2) 每学期完成一万字的读书笔记及心得体会的加 5 分；

(3) 每周听一节青年教师的课，完成任务加 5 分；

(4) 文章获奖，专题讲座、课题研究、公开课、赛课获奖按《校本研修考核评价标准》执行加分；由指导教师指导，被指导教师赛课、说课、文章获奖，指导教师享有同等的加分待遇；

(5) 根据学习与指导表现，管理小组进行集体评定，分 A 等（计 20

分)、B等（计15分)、C等（计10分)。评定分加考核分作为期末学分和奖励依据，按分值计奖；每学期考核一次，上学期未达到40学分的，下学期取消骨干教师培养对象资格。

3. 工作制度

每学期初向管理小组提出学习与指导计划，每周听一节青年教师的课，每月举办一次主题活动，每学期末进行一次总结。

六、待遇

1. 骨干教师培养对象培训学习费每期人均200元，考核金每学期人均400元，按分值计奖。

2. 外出学习考察机会优先，同等条件下评优晋级晋职优先。

思考题

1. 怎样理解骨干教师？骨干教师都有哪些特质？

2. 你校在骨干教师的选拔和培训方面有哪些好的做法？

3. 你认为怎样做才能更好地发挥骨干教师的带头和示范作用？

第11章

指导班主任的专业成长

班主任工作在学校教育教学的前沿，它不仅关系到教学质量的提高，而且关系到学生的成长，关系到学校的正常教学秩序。班主任工作是一门科学，是一门艺术，也是一种专业。校长怎样帮助班主任提升自己的专业水平呢？

一、指导班主任的角色定位

班主任制是在实行集体教学或班级教学以后建立起来的。17 世纪的捷克教育家夸美纽斯总结了前人和自己的教育实践经验，于 1632 年发表了《大教学论》，对班级教学作出理论上的概括，奠定了班级教学的理论基础。此后，又经过许多教育家的研究和推广，班级授课制逐渐为人们普遍接受。

在我国，班主任制产生于 20 世纪初。新中国成立后，国务院、中央教育部对班主任工作十分重视，相继颁发了许多文件，对班主任的地位、作用、任务、职责，班主任的工作原则、方法、条件、待遇、奖励、培训和领导等，都作了明确的阐述和规定。目前班主任工作越来越受到重视。

概括起来，班主任的职责和作用主要包括以下几个方面。

（一）班集体的组织者和指导者

班集体是一个“小社会”，是一个大熔炉。同学们在一起学习、生活、交往……有苦、有乐、有悲、有喜。正是在这个集体中大家走向进步、走向成熟、走向社会，在此期间会有许多事情让人终生不忘。

班集体就像一只乘风破浪的船，航船没有舵手不行，掌舵的就是班主任。班主任是学生人生的领航者。

（二）教育方针的执行者和落实者

班主任不仅是教师中的骨干，还是校长的助手。党的教育方针只有通过班主任的教育教学活动和大量的组织、指导、协调工作，才能有效地在全校学生中贯彻实施，并具体落实到每一个学生身上。学生的成长，家长的要求，学校各项教育计划的实施，最后也都得由班主任具体操作，所以说，班主任是教育方针的执行者和落实者。

（三）家庭、学校、社会的联系者和协调者

教育不是孤立的学校教育，而是由家庭、学校、社会形成的立体化教育。那么，怎样才能把家庭、学校、社会三者结合起来，发挥整体功能呢？这就需要班主任的联系、协调。

（四）学生的人师与导师

有人曾对中小学的几百名学生进行问卷调查，其中有两个问题令人关注：其一："请你说说，班主任是什么人？"回答有："是最爱我的人。""最盼我有出息的人。""对我恨铁不成钢的人。""是我最亲的人。""我每天最想见到的人。"类似的回答比例占总人数的76％。其二："班主任是对你影响最大的人吗？"同意的人数占总人数的96％。

学高为师，身正为范。班主任的一言一行、一举一动无不给学生带来深远的影响，班主任是学生做人的偶像和典范。班主任对学生的影响不仅在于言语行为，更在于人生的理想、信念、追求、世界观、性格等这些内在因素，这是一种人格魅力的影响。

韩愈说："师者，所以传道授业解惑也。"班主任不仅要给学生做人的指导，还要关心指导学生的学习，帮助学生培养学习兴趣，让他们树立正确的学习观，特别要给学生学习方法的指导，帮助学生解决学习中的困难。

（五）学生的生活顾问与心理医生

班主任不仅要关心学生的思想、学习，还要关心学生的日常生活、心理变化，当学生产生各种心理障碍和心理疾病时，班主任要及时给予指导，帮助他们进行调整和排解，从而保证学生生理和心理上的健康。

二、指导班主任的班级日常管理

班级管理主要指班级日常管理，它既是大量的、琐碎的工作，又是复杂的、细致的工作。"班级无小事，事事都育人"，教书育人，管理也育人。班级管理得如何，直接影响每个学生的健康成长，所以校长必须指导班主任做

好班级的日常管理。

班主任的日常工作千头万绪，应该抓什么，应该怎样去抓？尤其是一个新任班主任，应该用什么样的办法抓好班级的日常管理？校长应要求班主任从以下几方面展开工作。

（一）尽快记住学生的名字

作为班主任，如果能够在第一时间记住学生的名字，并能亲切地喊出来，会让学生觉得你非常重视他，他就会有一种被格外关注的温暖感和安全感。这对师生关系的建立和学生良好心态的形成很有帮助。

（二）让学生进行自我介绍

新班级组建以后，怎样让学生之间相互了解呢？自我介绍是一个很好的开始。班主任接下一个新班级，可以组织学生在黑板上写下自己的名字，然后做自我介绍。通过这样的活动，老师和学生既可以了解某位同学的言行举止，又可以感受到他的言行举止中表现出来的心理素质。

（三）抓好第一次活动

心理研究表明：第一印象在人的认识和行为活动中是至关重要的。所以，班主任应注意抓好第一次班级活动，打下一个好的基础。比如说抓好第一次升旗仪式，上好第一个早自习，上好第一节课，做好第一次眼保健操，做好第一次课间操，完成好第一次作业，保证好第一个课间秩序，开好第一个主题班会，等等。

（四）多了解学生

善游泳者多识水性，善教者多了解孩子的心理。班主任要管理好班级必须要了解学生的心理。本溪市第二十五中学的优秀班主任谢娟老师曾说过："多少年来，我习惯于给入学的新生发一张贴心问卷，上面的项目可以随意设置，比如：你的生日，你最喜欢的颜色，你的座右铭，你的理想，你最喜欢的运动，你最喜欢的学科，你的特长，你喜欢什么样的老师，你希望拥有一个什么样的班级，你在家里能帮父母做什么家务，等等。然后结合不同学生的不同特点，有针对性地建立成长记录册，有针对性地加深自己对学生的了解，这对拉近师生关系有很好的作用。"

（五）建立学生成长记录册

记录册通常是那种活页文件夹，前十页统一设计，后面的留给学生自己设计。让学生自己收集自己成长过程中的所有有价值的信息，比如他的完美的试卷，优秀的作业卡，收获的果实，主持班会或读书时间的记录，等等。

（六）选好用好班干部

班主任要想给自己减负，培养一批敢管、会管的小干部非常关键。为了培养学生的主人翁意识和竞争意识，在选举班级干部前可以让学生自愿报名，然后发表竞聘演说，最后由全体同学选举产生。这样选出的班干部一方面学生认同，另一方面这些干部也会更加珍惜他们的职务，能更主动、更自愿地为同学们服务，同时也构建了班级的民主氛围。

（七）设立班级记事本

在班级常规管理中，有几个记事本是必要的。比如，作业完成情况记事本，好人好事记事本等。设置记事本，既可以让班级的各项事情都有录在案，又可以促进学生的积极性。

（八）适当的家访

在通讯极其方便的现代社会，家访的班主任越来越少了。但如果有时间，我们还是提倡亲自去学生家里走走、看看。因为亲自上门家访，跟家长面对面谈话与打几个电话的效果是截然不同的。

（九）加强组织纪律教育

没有规矩不成方圆。要管理好一个班级，必须以严格的纪律为基础，所以班主任必须对学生作必要的纪律教育，并建立必要的规章制度。

（十）抓学习指导，提高学习效率

班主任的一切活动必须在保证学生学业的基础上进行，不然对学校、对学生、对家长都没办法交代。班主任要协调好各任课教师之间的关系，协调好教师与学生之间的关系，要有侧重地协助各科教师抓好各学科的成绩，让学生的各学科均衡发展，绝不能只顾自己这一门学科。实践证明，有经验的班主任往往会让自己的学科稍稍让路，以确保其他学科都能均衡发展。班主任要有效调动学生学习的积极性，要分配好课余时间，督促检查学生各学科的学习质量。

（十一）抓班集体建设，培养学生的自我管理能力

全国优秀班主任、特级教师魏书生说：“我想最低级的管理水平莫过于用人看着人。管理水平的提高应该体现在规章、制度、法律的科学性上。这

些规章、制度、法律如果制订得科学，符合人们的心理，那么，不用人盯着、看着、监视着，人们也能自觉遵守了。”

“十几年来，我一直跟学生讲，老师之所以不管班级中具体的事，之所以做甩手班主任，主要不是因为我的事多，为了节省时间，而是为了培养学生的能力，增强学生管理班级的能力，增强学生协调自己与他人、自己与集体关系的能力。”

根据魏书生老师的经验，班主任老师应逐步学会民主管理，培养学生的自我管理能力，这既减轻了自身负担，又锻炼了学生。

（十二）抓好班级日常生活管理

生活管理涉及班级的物资、劳动、杂务等。一个班级的教室的布置、寝室的管理、物品的摆放、桌椅板凳玻璃门窗等的维护，也是班级管理的一个重要组成部分，班主任应将这些纳入班级日常管理的范围之内。许多优秀班主任利用承包责任制的方法进行物品及生活管理，取得了较好的效果，应大力提倡。

三、指导班主任制订工作计划

制订班主任工作计划，这是班主任的一项重要常规工作。校长要特别注意培养班主任这方面的能力。

（一）为什么要重视制订班主任工作计划

凡事预则立，不预则废，做好任何一件事都应事先有计划。班主任工作涉及的面广，头绪多，思想性强，要求具体、细致，没有一个周密、科学的工作计划是不行的。有了工作计划就可以使目标明确，使工作有条不紊地进行；有了计划也有助于得到学校领导的帮助指导，协调与检查，保证工作的顺利开展。

（二）班主任工作计划的一般结构

1. 前言。主要说明制订计划的依据。通常从党的教育方针、学校的总体工作任务和班级的实际情况提出本学期的目标，即计划要达到的要求，这部分内容要简要。

2. 工作目标。具体说明本学期的工作目标，即针对班级目前带有共性或倾向性的问题所提出的活动任务。工作目标的制订一方面要具体，不要空洞，另一方面要突出重点，抓主要矛盾，抓主要问题，以举纲带目。

3. 主要措施。措施是实现目标的具体活动安排，一定要具体，还要符合学生的年龄特征和心理特征，生动活泼，形式多样，避免“成人化”“政治主题”，要注重实效，不搞形式主义。

4. 时间安排。为保证计划切实落实，对具体的活动安排时间，应标明周次及起止日期，时间安排要注意与学校的教育教学活动相协调。另外，时间安排要注意科学性，一周内活动不能太多。时间安排可以用文字说明，也可以用列表表述。

下面介绍一个班级工作计划案例：

班级工作学期计划

大连市第五中学×年级×班　苑秀丽

一、工作目标

1. 打造和谐的班集体。

2. 指导学生在竞争中上进，保持良好的心态，挑战自我。

二、工作重点

1. 以小组为单位，在班级展开学习、道德、卫生、活动等方面的评比。

2. 打造和谐的氛围，形成良好的班风。

三、主要工作措施

1. 进行竞争心态指导，鼓励学生在挑战中超越自我。

2. 加强晨会的思想教育力度，在晨会时鼓励学生参与德育教育活动，让学生教育学生。

3. 每周突出抓好一件事情。

4. 提高班干部例会质量，充分调动班干部的积极性。

5. 扩大班干部队伍，增加学习、纪律、卫生、活动小组。

四、班会主题构思（每月一次）

1. 讲效率。

2. 超越从细节开始。

3. 有志者事竟成。

4. 不要成为习惯的奴隶。

5. 学习要有好心态。

五、晨会主题构思（每周周一）

1. 责任　2. 友谊　3. 诚信　4. 乐观　5. 理解　6. 宽容　7. 孝心

8. 尊师　9. 勤劳　10. 志向　11. 忍耐　12. 坚持　13. 合作
14. 沟通　15. 爱国　16. 坚韧

六、班干部例会（每周周五）

1. 回顾本周工作情况。

2. 安排下周晨会内容。

3. 强调下周工作重点。

4. 开展批评与自我批评。

5. 给老师提建议。

七、家长会

1. 让心灵享受阳光——用好心态来面对孩子。

2. 帮助孩子扬起理想的风帆。

3. 部分家长座谈会：如何利用周末时间？

4. 家教经验交流会。

八、家长到校听课计划

第一个月（语文、外语）

第二个月（数学、政治）

第三个月（物理、化学）

第四个月（历史、地理）

四、指导班主任组织召开主题班（团、队）会

组织各种形式的班（团、队）会既是班主任的一项经常性工作，也是对班主任素质和工作技能的基本要求。新任班主任必须要学会组织召开主题班（团、队）会。在这一方面，校长要注重对班主任的指导。

实践证明，主题班（团、队）会是学校德育教育的主课堂，是实施素质教育的主阵地之一。在主题班（团、队）会上，班主任围绕特定的主题对学生进行思想、品德、心理教育，这与在其他场合、采用其他形式的德育教育相比，更能促进形成正确的班集体舆论，推进学生的自我教育、自我管理，能在学生中实现更广泛的思想交流，达到思想碰撞后的包容，能较好地利用学生的从众心理进行德育教育。同时还有利于学生口头表达能力、思辨能力、组织能力以及创造性思维的发展。因此，主题班（团、队）会具有很高的教育效率。

但是在实际中，有些主题班（团、队）会存在两种不良倾向：有的流于形式，开主题班（团、队）会，无非让学生唱歌、跳舞或做游戏等，忽视了道德教育的内涵；有的则形式呆板，无法调动学生的积极性，效果不好。

那么，班主任应怎样组织召开主题班（团、队）会呢？

（一）主题班（团、队）会重在选好主题

主题班（团、队）会必须选择好主题。主题班（团、队）会的设计如同备课，主题设计就是确定目标，它没有现成的教学参考书可以参考，需要我们从日常教育工作中来发掘。

1. 主题要有针对性

这是主题班（团、队）会的生命力所在。要以学生共同关心的社会现象，学校重大事件，班级里具有普遍性、倾向性的问题等为主题，以引起学生的注意，激发学生的兴趣。主题班（团、队）会的步骤、形式要切合学生的年龄特点、认知水平及其心理特征，否则即使学生对主题有兴趣，也难以展开思维，无法参与其中，起不到教育效果。为使主题班（团、队）会有针对性，班主任务必调查研究，掌握班级情况，清楚学生近期关注的热点，了解学生对什么感兴趣，知道学生的需要、情感等。

2. 主题要有系统性

一个学期，一个学年，班级要举行多少次主题班（团、队）会，主题内容是什么，班主任应有全盘计划。一个主题班（团、队）会，无论组织得多么好，都不可能将问题全部都解决，更不能认为一个主题班（团、队）会结束，就是某个方面教育的终结。因此，班（团、队）会主题要有连续性、系统性。

3. 选题要抓住时机

要善于发现并把握有利因素，使主题班（团、队）会的内容更切合学生当时的心理；要真正发挥主题班（团、队）会的教育作用，切忌把主题班（团、队）会开成“检讨会”或“批评会”。

（二）主题班（团、队）会内容的确定

主题班（团、队）会活动内容的设计，实际上是在确定主题和活动目标的基础上，进行材料的选择及活动程序的安排。

设计时主要应解决以下几个问题：

1. 为了完成活动目标将设计哪几个活动？

2. 每个活动要安排哪几个活动程序？

3. 每个程序安排什么内容？采取什么形式？

4. 哪些活动安排什么话题？这些话题学生能怎样回答？可能出现什么问题？教师应该怎样处理？

5. 各个活动如何连接（主持词）？

6. 在每个活动中教师扮演什么角色？

（三）主题班（团、队）会要重过程

开会是手段，教育是目的。主题班（团、队）会要达到预期的教育效果，最关键的是让学生积极参与，所以班主任在主题班（团、队）会中的角色应是指导者、策划者、组织者，是教练而不是运动员，万万不可唱独角戏，凡事不可越俎代庖。

通常在主题班（团、队）会上，学生不能做一个旁观者。一节成功的主题班（团、队）会，应是师生之间就共同关心的话题进行频繁交流、双向互动的过程。如果主题班（团、队）会只是班主任的说教或少数班干部的演讲，大多数学生没有表达自我的机会，那么，就不可能真正触及他们的心灵深处，其教育力的苍白是可想而知的。如果能让每个学生参与主题班（团、队）会的全过程，不仅能满足他们自我表现的需要，更主要的是营造了开放的环境，通过思想交流、撞击、对接，让他们产生深刻体验和情感共鸣，从而很自然地把德育要求内化为自己的信念。因此，班主任要注意整个主题班（团、队）会过程中的民主与平等，要给学生参与的机会，要激励每一位学生投入活动。

（四）主题班（团、队）会的形式应多样化

学生喜欢求新求异、生动活泼，单调古板、一味灌输、说教式的主题班（团、队）会早已让学生厌烦。班主任应动脑筋、想办法，设计出多种多样、新颖别致的班（团、队）会形式，如：模拟式——模拟某种具体生活情境，由学生扮演一组生活角色，让学生身临其境，受到感染和启迪；咨询式——请科任教师、学生代表、资深领导、心理专家为学生释疑解难、排除心理障碍。还有其他形式，如演讲、讨论、座谈、辩论、讲故事、散文（或诗）朗诵、合唱、舞蹈等。

（五）主题班（团、队）会的成果要沉淀

主题班（团、队）会是一个时期的教育专题，也是一个教育高潮。班主任老师应审时度势地抓住这个教育契机，把班（团、队）会中学生表现出来的热情引向学习或思想进步，以巩固主题班（团、队）会的成果，真正促进学生的成长。

下面介绍一个家长会设计案例。

家长会设计方案

辽宁省本溪满族自治县高级中学　张波

目的：通过家长会，增进学校和社会、教师和学生家庭的沟通。汇报班级各科成绩，与家长一起找寻推进班级建设的途径。

参会人员：学生、家长、班主任。

宗旨：坦诚相待，打破一言堂，让家长全面了解孩子，明确孩子是家长的希望和未来，家长是孩子的精神支柱。

方法：多媒体演示，学生代表发言，家长代表发言。

会前准备：发放成绩单，准备家长代表和学生代表的讲话稿，安排班干部购买奖品和布置会场，填写家长签到簿，安排人员到校门口迎接家长，安排家长就座。

过程：

一、年级大会。

二、班主任总结本学期班级各方面的工作情况，展示学生期中考试成绩。家长了解学生的学习成绩、进步名次等。

三、颁奖

1. 方式：由家长代表颁发奖品给学生，然后学生代表和家长代表讲话。

2. 目的：

（1）让家长感受孩子带给自己的荣誉和由此产生的自豪感，拉近家长和孩子之间的距离。

（2）增强学生的自信，激励和鞭策学生取得更大的进步，力争全面发展，以先进带后进。

3. 奖项：（1）单科优胜奖；（2）学习进步奖；（3）劳动积极奖；（4）活动积极奖；（5）运动积极奖；（6）优秀班委奖；（7）持续进步奖；（8）最具潜力奖。

四、班主任讲班级存在的问题及解决措施

存在的问题：

1. 个别学生没有养成良好的学习习惯；

2. 懒惰；

3. 贪玩；

4. 缺少自信；

5. 学生欠缺主动性；

6. 学习上存在畏难情绪等。

解决措施：

1. 由学习委员和科代表每周检查学生作业。

目的：

(1) 让学生养成良好的学习习惯；

(2) 让学生增强自主学习的意识；

(3) 为高考做准备，增强学生的自信。

2. 通过班会和背诵古诗等培养学生积极健康的情操。

3. 加强班干部队伍建设，为班级营造一个积极向上的氛围，使每个学生都能融入集体。

五、班主任讲话（提醒家长应注意的几个问题）

针对目前学生的情况，要做到因势利导，及时和孩子交流沟通，及时纠正孩子前进的方向，真正让孩子增强自主学习、不断进取的意识，培养孩子的处事能力、交往能力、学习能力。家长能做的只是期望和要求，而孩子是最终的实施者和承受者。家长切忌只注重孩子的成绩，而忽视孩子的全面发展；要放手让孩子去品尝生活的酸甜苦辣，并善于帮助孩子总结、改进，当好引路人。

六、师生与家长互动

方法：

1. 家长提出有关自己孩子的各种问题，老师回答，谈该生在学校的表现。

2. 家长介绍学生在家的表现。

目的：

1. 让家长全方位地了解孩子在校的表现，以便有的放矢地进行教育。

2. 缩短师生与家长的距离。

效果：场面热烈，家长迫切期望从其他孩子和老师口中了解自己孩子在校的表现。家长会历时两个半小时，还不能满足有些家长的要求。

七、总结，宣布家长会结束

再次强调家长会的宗旨，要求家长用正确的方法与孩子交流，正确对待孩子的成绩。

五、指导班主任写评语

给学生写评语是班主任的又一项常规工作。一个合格的班主任老师能客观公正地写出有个性化的评语。但传统的评语存在很多误区，主要表现在：(1) 一个模式，泛泛而论；(2) 搞绝对化，以偏概全；(3) 怕麻烦，让学生“代疱”；(4) 闭门造车，印象主义；(5) 文辞欠通，书写不工整；(6) 不写真实情况，失去家长信任。

写好评语通常应注意以下几个方面的要求。

1. 以党的教育方针和培养目标为指针，根据“学生守则”，全面衡量每一个学生的思想和行为发展。

2. 用语巧妙，以引导、教育为主，不搞秋后“算总账”。

3. 全面地、历史地、辩证地、发展地分析学生，客观公正，一视同仁。既看过去，又看未来，既要看到缺点，更要看到优点，要肯定学生一点一滴的优点和进步。

4. 对有严重缺点的学生，要慎重地、冷静地、客观地分析，要区分偶然的和一贯的、一般的道德品质问题和道德败坏等。

5. 评价内容，首先是总体印象，其次是学习态度、学习方法、特长爱好等。评价内容要力求全面具体，体现每个学生的特点，防止模式化，不能泛泛而谈。

6. 文字简明扼要，措词准确恰当，字迹工整，不写错别字。在语言描述上，要注意下面几个问题：(1) 表扬不夸大其词；(2) 批评不尖锐、尖刻；(3) 评价不必面面俱到；(4) 希望应切合实际。

7. 听取任课教师的意见。

8. 评语写好后保留一份，最好同本人见面一次。

9. 评语最好能在个人总结、小组总结、班级总结的基础上去写。

10. 班主任平时应做好材料积累，如在班主任手册上及时对学生的一些情况做记录。

下面是某位老师给学生写的几则评语：

例一：写给张权生

你知道吗？其实老师和同学都说你很聪明、很机灵，全班同学不是都很喜欢同你一起玩耍、一起游戏吗？大家都说你厉害，你总是笑着，扑闪着一双美丽的大眼睛，这时，你多么讨人喜欢！但你总把你的聪明过多地用错了地方，假如你能上课专心一点，假如你做作业认真一点，假如……你将是一个多么出众的学生，我们将拭目以待。

例二：写给王超

生活总是会给我们很多考验，成功的人能勇敢地面对它。我记得在拔河比赛过后，班级总结的时候，你对我和同学说过“死也要在绳上”；我也还记得在班级失利的情况下，你把同学们聚在一起紧紧地握手以鼓励他们的画面。我不允许任何人怀疑你作为体育委员的能力和荣誉感以及你对班级的责任心！

你知道吗？多少次我都为你是我的学生而感到骄傲和自豪！我把对你的爱和期待都寄托于2005年的高考中，虽然你还需要为你的成绩付出很多，但我相信坚持的力量、认真的结果。你该知道，我期待着你会给我信心，其实我也需要你的鼓励！

例三：写给刘颖

小巧如你，秀外慧中，当班级的月季花在你的浇灌下含苞待放时，当春节返校你把那一大盆怒放的君子兰摆在全体同学的面前时，我就在想：你的灵气就在那花里，就在全体学生赞许的眼神里！而你那偶尔一扭头的倔强和好强，又让我看到了年轻时候的自己，所以虽然现在你的基础还有待提高，你的注意力还有待加强，我却不很担忧，因为我知道你一定能行，一个像她老师的小女孩不会错的，我相信你，就像相信我自己一样！

给学生写好评语，有助于让学生有积极健康的情感体验，并充满学习兴趣、求知欲和自信心。所以班主任应重视给学生写的评语，以免出现下面这篇学生作文所反映的问题。

老师，今天，我拿到了《学生评价手册》，看到您对我的评价，我觉得非常难过，您是这样写的：“原本你可以学得很好，你的好动，使你处处落后于班级同学，老师希望你在暑假中好好反省一下……”

老师，您为什么说我处处落后于班级同学呢？虽然我有时上课做小动作，作业做得慢，我有许多缺点，但是，我身上还是有闪光点的，您没有发现吗？

我竖笛吹得很好，那是我的一个闪光点。老师您一定不会忘记我的笛声吧！刚开始学吹竖笛的那年里，我的水平很糟糕，但我每天一有空就练，终于有一天，美妙的音乐从笛孔中飘了出来，我成功啦！我不但会吹老师教过的曲子，也会吹老师没有教过的曲子。同学们惊讶地问我："你怎么会吹这么多曲子?"我说："因为我练得多，所以就熟能生巧了。"我现在的水平在班级中是数一数二的，我从一只"丑小鸭"变成了一只"白天鹅"。

老师，您一定还记得我写的小诗《我的妈妈》吧！

我的妈妈是老师，学生一批又一批。

记得有一次，您要我们写一篇《龙年畅想》的作文，我写了这首小诗交给您。因为我的妈妈是老师，她常常把没批完的作业和考卷带到家里，批到很晚才睡觉，我觉得妈妈很辛苦，希望她和我们一样"减负"，我就写了这首小诗。您读完后，在班里表扬了我，还叫全班每人都写一首《龙年小诗》，使班里涌起了写诗的热潮。您把写得好的诗贴在墙上，我的诗被贴在第一行。您知道，我心里有多么自豪啊！

我还会朗诵，您让我主持过主题班会；我的双手也灵巧，我会剪窗花、折飞机、做"糖纸人"……

老师，这些好的地方都是我用功练出来的，您能说我"处处落后于班级同学"吗？我一定要多加努力，改正缺点，做一个像成人一样的小学生。

（选自《教师博览》2001年第2期）

在新课程改革的今天，要想写好评语，应突破千人一面的、政治说教式的、套话连篇的旧模式，要站在学生的角度，将评价改为融合着关心与爱心的寄语，采用第二人称的谈心式，突出个人特点，变静态的终结性评价为动态的发展性评价。

第一，抓特点，评个性。

苏霍姆林斯基说："每个学生都有独一无二的个性。"所以班主任写评语时要摒弃共性，设法从"似乎""差不多"的共性中挖掘学生身上不同于他人的个性。只有在评语中准确地描绘出每个学生的面貌，抓住其闪光点，中肯地指出他们的不足，做到有的放矢，才能"扬其善，抑其恶"，促其进步。如对学生来说，热爱祖国、思想进步、尊敬师长等方面都差不多，在这里就无需多着笔；而学生在学习方法、习惯、智力、自信心、性格等方面会有鲜明特点和个性差异，这里就需要浓墨重彩地写。一句话，每一则评语都应力求最充分地体现学生的个性，突出学生在某一阶段具有鲜明个性的东西，这样才有针对性，才能激发学生向着明确的目标发展。如下面这组评语就写得很有个性特点，可供班主任参考。

评语表

基础情况	评　　语
父母离异，缺少母爱，愿意上学，但学得不认真，没有好的学习习惯。	不要总悄悄地在一旁，离大家那么远，把老师当做妈妈好吗？考不好没关系，没有人责怪你，因为还有下次，你这么聪明，只要上课专心听讲，多动脑筋，不明白的来问老师，你一定会成为优秀的学生！
头脑虽然聪明，但没有良好的学习习惯，较懒惰，学习成绩不佳。	有一次小测验，全班只有你一个人得了100分，说明你是个多么聪明、细心的孩子啊！老师和同学们都为你感到高兴。如果你每节课都能专心听讲，管住自己的小手，安安静静地放在桌上，而且天天早起早睡，精神百倍，你一定能得更多的100分！祝你成功！
聪明、要强，成绩优异，有点娇气，字写得不太好，有些自私。	“小红花”你得的最多！课上听讲数你最认真！回答问题数你声音最响亮！因为你的功劳，咱们班的板报每次评比都得第一，老师和同学们多么佩服你呀！要是你能多帮助其他同学共同进步，不总掉“金豆”，再把字写得漂亮点，那你就是班里的“全能”冠军啦！
聪明，成绩较好，但总是副懒洋洋的样子，胆小，不爱举手。	你的100分可真不少，班里有多少同学羡慕你呀！可是上课抢着回答问题的小手里面总是没有你的那只。老师盼望着你能高高地举起手，用你响亮、动听的声音，告诉老师和同学们你是一个勇敢的孩子！
智商班里排第一，成绩优良，字写得漂亮，课上不爱举手，回答问题声音小。	老师最爱改你的作业，因为它干净漂亮；老师也爱翻看你的卷子，因为100分那么多。可是你知道吗，你是这么优秀的一个好学生，大家却不知道你，你想知道为什么吗？老师悄悄地告诉你：因为你很少举手回答问题，而且声音小了点儿，同学们以为你是一个胆小的学生哩。老师知道你不是！多举手，大声讲，证明给大家看好吗？

第二，谈心式，情理交融。

评语如果是政治说教的套话，冷漠的字眼，学生自然就会以冷对冷，漠然置之。教师的评语应是一束鲜花，应是一缕阳光，能让学生受到鼓励，能给学生带来希望。也就是说，评语不该只让学生了解文字中的逻辑意义，而应该让学生用心灵来感悟老师的爱，只有有情感的东西才能触动心灵。教师写评语要亲切、满怀热情，就如同和学生面对面谈心，就像长辈抚头叮咛，像朋友促膝谈心。因此，教师写评语时要力求把理性的内容转化为充满情感的话语，以情感人，让学生从评语中感受到老师的爱心，从而激发学生追求进步、追求发展的热情。

下面是天津的马志国老师写的几则评语片段，充分体现了情理交融的特点。

之一：眼神中透露出的是懂事和聪明，跑道上展示出的是坚定与成功的风采。以这样的精神风貌，在人生跑道上一样能奔向成功。小小的挫折算什么？走过去，前面天更蓝，路更宽。

之二：你不是“坏孩子”，绝不是，在老师眼里没有一个坏学生，你只是需要改的毛病多一些。你是个好孩子，因为你在努力拿“大我”战胜“小我”。大家的掌声告诉你：跟自己比，你是进步最大的。你也知道，跟别人比，你的差距挺大。只要你把决心化为行动，肯定能追上大家前进的步伐。敢吗？好孩子！

之三：国旗下的讲话，你在两千师生面前展示了自己，也展示了我们这个班集体。“敢”字当头，是成功的宝贵条件。如果再“敢”于叫“谦让”和“宽容”在自己心中成长，“敢”于把他人放在心中更重要的位置，你会看到更完美的成功在向你招手。

思 考 题

1. 班主任的日常管理都包括哪些内容？
2. 检查指导班主任的主题班（团、队）会应从哪些方面去要求？
3. 怎样指导班主任写好评语？

第12章 指导教师战胜职业倦怠心理

据调查，如今86%的教师对自己的职业产生了不同程度的倦怠心理，而教师职业倦怠心理的增强必然会成为阻碍教师专业成长的杀手。那么，什么是教师职业倦怠心理，它是怎样产生的，校长又应该怎样对待和处理教师的职业倦怠心理呢?

一、值得关注的教师职业倦怠心理

最近，30岁的高中教师戴丽丽将一份辞职报告递交给校长，准备一放寒假就走人。她对自己的同事说："当老师太没有成就感了。以前我干什么都要争个第一，但当了老师以后，我学会了混日子。"7年前，从师范学校毕业后，戴丽丽怀揣着"教书育人"的理想，进入一所中学当语文老师，每天加班加点，从不懈怠。但不知从何时起，戴丽丽开始出现头疼、失眠、情绪低落的症状，对工作越来越心不在焉。"一走进课堂我就感到很烦躁，特别是看着学生卷子上那一个个刺眼的不及格，我觉得自己所做的一切都是在浪费时间。"

据调查，有戴丽丽这种心理的教师不在少数，而且这种心理问题正在部分年轻教师中日益蔓延。请听以下老师的心声：

作为一名工作了8年且当了8年班主任的小学教师，我的心里只有一种感觉——累！这比八年抗战还要辛苦，一年至少4次的统考，学生的懒惰，家长过高的期望……年轻教师上课多，压力大，工资比那些不上课的老教师少三分之一，我的老天，谁来拯救一下我们这些可怜人啊!!!!!!

作为一名工作了8年的农村中学教师，我的职业倦怠感越来越重。尤其是最近两年，中学的外围环境、内部的人际关系趋于混乱，再加上农村教师的工资拖欠现象时有发生，从教的心境别提多么矛盾。眼睁睁地看着城市和乡镇的教师逐年在涨工资，而我们却原地不动，真的感到很辛酸。你说我们能不倦怠吗？

天天得跟孩子扯着嗓子说话，班里40个孩子，说话声稍微小点儿后边的孩子就听不见了。前些日子去医院检查，医生说我得了慢性咽炎，现在我一上班就头晕。

我感觉工作压力特别大，名目繁多的教案压得我喘不过气来，即便是平时活动，也要提起十二分心来，唯恐自己班上的孩子出事故。回到家也不爱说话，家人说我脑袋出了问题，我所在幼儿园的老师哪一个不和我一样有问题？

当教师没有幸福只有悲哀，我不怕苦，不怕累，也不怕穷，只怕社会对教师歧视的态度和目光。学生成绩好，学校奖家长、奖学生，家长认为自己的孩子本就聪明；学生成绩差了，领导得惩罚，家长也怪罪，一切都是老师的错。

据了解，国家中小学心理健康教育课题组曾对14个地区168所中小学的教师进行抽样调查，调查显示，51.23%的教师存在不同程度的心理问题，其中32.18%的教师属于“轻度心理障碍”，16.56%的教师属于“中度心理障碍”，2.49%的教师已构成“心理疾病”。而在中国人民大学公共管理学院组织与人力资源研究所和新浪教育频道联合启动的“中国教师职业压力和心理健康调查”中，填写问卷的8699名教师，有90%存在工作倦怠，超过60%的被调查者对工作不满意，并表示有跳槽的意向。从上面列举的事实和调查可以看出，教师存在的职业倦怠心理很严重，而且具有一定的普遍性。

什么是教师职业倦怠？教师职业倦怠通常表现为：精神疲惫，体力明显透支，对工作失去兴趣，缺乏工作热情和创新力；无成就感，感觉工作时付出不少，但成绩不大，丧失职业理想；在工作上安于现状，不思进取，得过且过；在情绪上常常表现为焦躁不安、紧张、萎靡不振，效能感降低，猜疑、自责……

从时间上看，教师职业倦怠在教师生涯的最初几年就开始显现，而后随着教学时间的增加开始不断加重，特别是从第10年起急剧严重化，第16年至第21年达到高峰。

据北京教育学院崇文分院的赵晓颖、夏珺对北京市崇文区四所小学的273名教职员工进行的应对方式问卷和自编问卷的测量、统计与分析，小学教师的压力的主观感受如下：

全体教职员工压力主观感受统计表

项目	完全没有		中度		较大	
	人数	百分比（%）	人数	百分比（%）	人数	百分比（%）
压力感觉	15	5.7	74	28.14	174	66.16
负面影响	28	11.02	152	59.84	74	29.13

从上表可以看出，自感承受着中度以上压力的教职员工占被调查总数的94.3%，其中有较大压力感的人占66.16%，有中度压力感的人占28.14%，完全没有压力感的人只占5.7%。

对于压力的影响，经调查显示，88.97%的教职员工认为压力对自己有一定程度的负面影响，其中29.13%的人认为影响较大，59.84%的人认为影响轻微，只有11.02%的人认为压力对自己完全没有负面影响。由此可见，教师确实承受着很大的压力，而且这些压力对他们的身心健康有较大的影响。关注教师就是关注教育，关注教育就是关注未来，对教师压力的深入研究不仅必要，而且非常迫切。

没有教师生命质量的提升，哪有学生学习质量的提升？教师的职业倦怠心理必然影响工作效率，导致教师消极否定、麻木不仁；容易给学生造成伤害，因为教师可能以冷漠的情绪去对待学生，如冷嘲热讽，肆意贬损学生，攻击、打骂学生等；如果教师的学习进取心、工作积极性都没有了，哪还有心思去学习钻研；有些情况下还会引起教师的自伤或自杀。

二、教师职业倦怠产生的原因

引起教师职业倦怠的原因是多方面的，有外部客观因素，有内部主观因素，概括起来主要包括以下几个方面。

（一）工作负担重，时间长

北京教育学院崇文分院赵晓颖、夏珺的调查表明，教职员工的压力源分布如下：

全体教职员工压力源主观评价频数分布表

项目	社会压力	学校压力	工作压力	家庭压力	需求压力	人际压力
频数	13	50	111	60	28	14
百分比（%）	4.71	18.12	40.22	21.74	10.15	5.07

从频数分布表可以看出，工作压力是小学教师的最大压力源，然后依次是家庭压力、学校压力、需求压力、人际压力、社会压力。如下图所示：

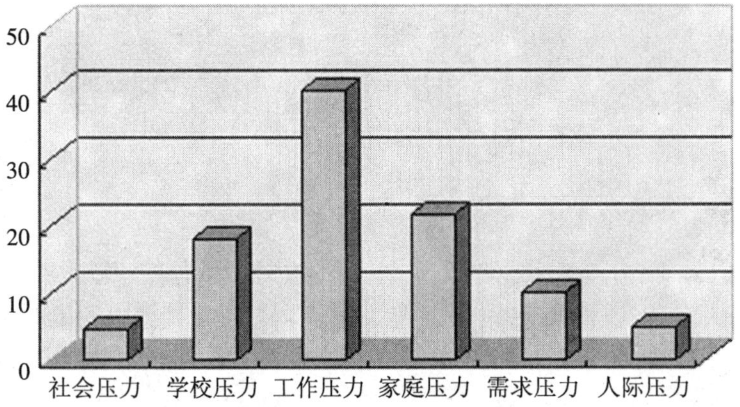

全体教职员工压力源分布图

（二）应试教育导致升学压力大

现在不少学校仍然以“升学率”“重点录取率”为考核核心；单元考、月考、期中期末考等各种考试，让教师应接不暇；领导“以分数论教师”的评估办法，加重了教师间的不当竞争，迫使教师处于高负荷运转之中。一系列工作和精神上的重负，极易导致教师心理和情绪上的疲劳，并出现强迫症以及焦虑症。

（三）学生教育难度加大

现在的中小学生几乎都是独生子女，依赖性较强、自私、娇气、不愿意吃苦、有个性，部分单亲家庭的学生还可能存在心理问题，这都需要教师花费更多的时间和精力来教导他们。另外，随着社会的发展，校园暴力、顶撞师长等不良行为时有发生，教育对象日趋复杂。这都直接加大了教师的工作难度，使教师感到精疲力竭，对工作产生倦怠。

“现在的家长越来越挑剔，老师越来越难当。”有不少教师这样抱怨过。

教师对班上几十个学生确实很难做到百分之百的公平，在诸如安排座位、选任班干部等问题上考虑稍有不周，一些过于敏感的家长就会指责老师不公平，认为“伤了自尊心”“造成了心灵伤害”等，让老师们“战战兢兢”。教师的付出往往得不到学生和家长的理解与支持，师生对立事件时有发生，教师感到心力交瘁，毫无成就感可言。课堂教学困难，厌学情绪蔓延，学生纪律涣散，使教师产生挫折感；学生品行不端，对学习缺乏热情，使教师产生职业倦怠。

（四）工作单一枯燥，简单重复

在应试教育的影响下，教师工作的主动性和创造性受到限制，教师每天既要围绕考分转，还要看领导眼色行事。而从备课、上课到批改作业、辅导学生，几年、十几年机械而简单地重复工作，使教师感到枯燥无味，丧失了激情和新鲜感。一般来说，工作十来年的教师，最容易产生职业倦怠心理。正如一个语文老师所说：“同一篇文章讲了无数遍，真的感觉很乏味，但几十年就这么过来了，实在无奈得很。”除此之外，教师的工作和生活也很单调。他们除了上课就是批改作业，督促学生完成学习任务，劝诫学生回家休息，他们几乎失去了与社会沟通的机会和能力，整天简单、机械的忙碌使他们内心孤寂。长此以往，教师必然会失去工作热情。

（五）学校在管理和激励机制上的缺失

教师职业厌倦还与学校缺少激励机制和有效的思想工作有关。学校是一个复杂的社会组织，其组织氛围不仅影响教师工作的效率，而且直接影响教师工作的情绪状态。如果同事之间互相配合、互相尊重、互相支持，教师就会获得安全感、自尊感和归属感，就会觉得工作轻松愉快，工作积极性就高。反之，如果领导独断专行，教师无权参与学校的各项决策，或者同事之间明争暗斗、处处防范、人际关系紧张，教师就会感到紧张、压抑、烦躁、郁闷，导致心理压力增加，诱发职业倦怠。另外，评价机制的不合理也会极大地挫伤教师的工作热情，因为评价的结果往往与奖金、荣誉、职称、续聘等直接挂钩，如果教师干好干坏一个样，学校风气不好，领导处事不公，久而久之，教师就会感到身心疲惫，倦怠心理由此产生。

（六）教师自身素质方面的缺失

教师职业倦怠心理的产生不都是因为客观的外部环境，还与教师自身主观素养方面有密切的关系。如存在职业倦怠心理的教师中，缺失理想和工作责任心、事业心的人较多，他们大多数是为了混日子，认为教师工作没有什么前途，教得再好也不过是一个教书匠，这种思想表现在教学工作中，则是不求创新，不求上进，教学方法单一、陈旧，不努力学习，得过且过……

三、战胜教师职业倦怠心理的对策

缓解教师职业倦怠心理需要做许多方面的工作，这里给校长提出以下建议。

（一）引领教师的职业追求，发展教师的高级需要

引领教师成长的最重要的方面是引领其职业理想和职业精神。站在不同的理想层面上的教师，若干年以后其发展的结果肯定是不一样的。如果教师仅仅把自己的岗位作为谋生手段，仅仅满足于当个“教书匠”，就很难走上优秀教师这个层面，也很容易产生职业倦怠心理；如果教师不仅将教师职位作为谋生手段，更作为一种事业和乐趣，那么就是再苦再累，他也会乐此不疲，自然也就很少会产生职业倦怠心理。

根据马斯洛的需要层次理论，人的最高需要是自我实现，它处于人生基本需要的宝塔尖。自我实现就是一种成就感，是人生的最高境界。实现了自我价值，有了成就感，这是一个人最快乐最幸福的事。

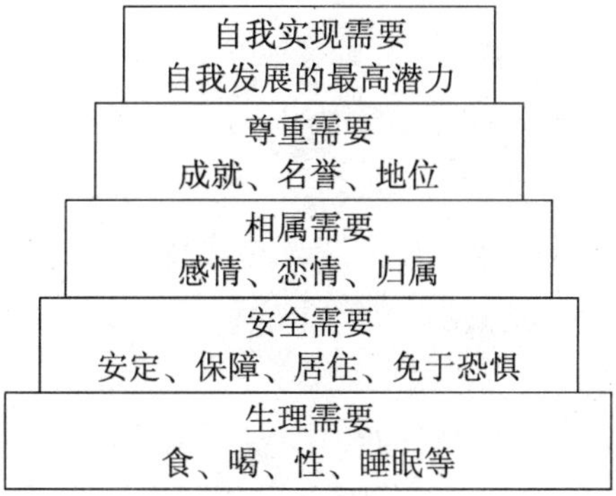

马斯洛的需要层次图

校长在学校管理工作中要引领教师的职业追求，发展教师的高级需要，尤其要激发教师的职业成就感。所谓成就感是指一个人事业上（或一个人做某种事）有了成绩后那种引以为自豪的感觉。例如教师上完课后的舒心是一种成就感，得到同事的肯定后有一种成就感，文章发表了有一种成就感，看

到学生对教学满意则更是一种成就感……

所以，校长引导教师的职业追求和发展教师的高级需要，是医治教师职业倦怠心理的一剂良药。

（二）注重人性化管理，让教师轻轻松松上班

对教师实施“人性化”管理，就是在整个学校管理过程中，充分尊重教师的人格、价值和合理利益，提供给教师展示个性的机会，促使他们实现自我价值，最终达到实现学校发展的目的。由此可见，这种管理模式既是为了教师的发展，更是为了学校的发展，是教师和学校的“双赢”。

要缓解教师的职业倦怠心理，学校领导要给教师减压，让教师高高兴兴上班来，轻轻松松下班去。对每一个校长而言，每天清晨踏进校园的时刻，首先应当考虑的问题是：今天我能为老师做些什么？所以，为了缓解教师的职业倦怠心理，校长应做到“六会”：

1. 会爱护教师：在给学生减负的同时，也给教师减负，努力改变教师工作项目繁多、工作时间过长的现状。

2. 会感激教师：学校获得各种荣誉是每个教师努力的结果，校长不要揽功，要树立“功劳是大家的，过错是领导的”的意识。

3. 会赏识教师：每个教师身上都会有很多闪光点，校长要做个有心人，善于观察、乐于交流、勤于记录、富于表达。一句赞赏的话语，一个灿烂的微笑，一个称赞的动作，都会给教师带来工作上的动力和心理上的愉悦。

4. 会关心教师：不仅要关心教师的工作，也要适当关心教师的生活。教师只有安居才能乐业。

5. 会要求教师：对教师像对待自己的兄弟姐妹一样，原则性问题不姑息迁就，严要求也是一种情感投入。有了成绩要肯定，有了进步要关注，对后进教师要呵护、帮助。

6. 会指导教师：对缓解教师职业倦怠心理，校长应该给出以下八种减压指导。

第一法，课前勤一点，课上懒一点。

有些教师教学负担重，主要是因为课堂教学效率低。而课堂教学效率低，与备课质量差有直接关系，即备课时间少——备课质量差——课堂质量差——学生问题多——学生作业多——教师辅导多——师生负担重。要改变这种局面，教师备课时应充分一点，上课时可精讲一点，让学生多练一点。

这可使课堂教学效率由恶性循环转变为良性循环。

第二法，写教案思考多一点，撰写少一点。

教师可以用80%的时间去查找资料、了解学生、思考思路，而用20%的时间写教案。在写教案时有三个利用：一是利用旧教案。教师首次写教案应留有填补修改的空白，下次备课写教案可在原教案上修改。二是利用网络备课。现在网上可利用的资料相当多，用好了可节省时间和精力。三是写简案或课本教案。

第三法，教育学生宽心多一点，生气少一点。

学生的顽皮和捣蛋是不可避免的，有时候确实让教师哭笑不得，有时候教师也不得不拉下脸来让学生明白他们的行为过分到了让老师生气的程度，需要收敛、反思、改正。但转过身来，我们就应让生气的心绪飞往九霄云外，不要跟学生较真，非要想方设法把学生收拾得服服帖帖方肯罢休，那样做不仅对自己的身心健康不利，而且无助于学生问题的解决。

另外，教师总是会恨铁不成钢，总是会以自己的成熟指责学生的幼稚，其实，教师也都是从学生过来的，也曾像他们那样幼稚。

第四法——对待名利看开一点，少计较一点。

教师不要被荣誉所累，不要总想着自己比别人干得多，比别人干得好，可领导看不见，同事不买账等。人无奢望心自静，平常心是身体健康的良药。

第五法——体育锻炼多一点，办公室静坐少一点。

工作再忙，学校的规定再严，教师也还是可以在早操、课间操、课外活动时锻炼一下身体的，早去几分钟，晚走几分钟，每天挤出一个小时用于锻炼身体是可行的。坚持锻炼身体，对于教师愉悦身心、缓解紧张的工作压力、提高工作效率都是十分有利的。

第六法——参与集体活动多一点，交酒肉和牌场朋友少一点。

一些教师对学校和社会的集体活动不感兴趣，常觉得是浪费时间，不大愿意参加，也正是这种心态，使他们失去了很多缓释疲劳的机会。集体活动基本上都能得到学校的支持，只要积极参与，至少可以使教师从紧张的工作氛围中得以解脱一段时间，使身心得以休息。另外，有些教师结交了一些酒肉朋友或牌友，常常喝得酩酊大醉，或打牌打得整夜不睡，这不是愉悦身心，而是自我摧残身体。

第七法——课余时间工作少一点，和家人朋友活动多一点。

不会休息就不会工作，与家人、朋友一起开开心心地活动，使身心从工作中彻底解脱出来，得到完整的休整、全面的恢复。

第八法——家庭温馨多一点，心中郁闷少一点。

舒心温暖的家庭是每个人解除疲劳、休憩身心的最佳处所。教师必须用心、用爱来“经营”家庭，爱和付出是家庭稳定的支柱，只要用心呵护，就能够建立起一个温馨的避风港湾。

（三）建立可行的制度，让教师有所遵循

讲人情味，注重人性化管理，不是不要制度。俗话说，没有规矩不成方圆。人性化管理处理得不好，容易让员工滋生惰性，乃至造成学校管理的松散和混乱。所以，建立一套科学的、完备的、行之有效的管理制度是必要的。

（四）让教师学习充电，找到工作的创新点

怎样帮助教师从每天的备课、上课、批改作业等机械而简单的重复工作中获得工作激情和新鲜感呢？或者说怎样重新唤醒教师沉睡已久的工作激情和教学创造力呢？有两种有效措施：一是让教师不断学习充电，二是让教师不断创新探索。有这么一个故事：

有一位青年充满抱负，曾立志要把青春献给教育事业。在刚参加工作的前几年里，他对自己要求很高，工作勤勤恳恳，取得了非常优异的成绩，在全市也小有名气。几年后，他便开始有些倦怠了。有一次，他乡下的老父亲他问：“你最近在学校感觉怎么样呀？”他说：“每天都在重复同样的工作，真没劲。”父亲是个铁匠，听了儿子的话之后，沉默了一会儿。然后，他操了一把大铁钳，从火炉中夹起一块烧红的铁块，放在铁垫上用锤子猛锤了几下，随之把它丢入身边的冷水中。只听见“哧”的一声响，水马上就沸腾起来了。父亲对儿子说：“你看，铁是热的，水是凉的，我把铁丢进水里，水和铁就进行了较量，水想让铁冷却，铁却想让水沸腾。我们的生活就像这盆冷水，你就是这块热铁，你如果不想被水冷却，你就得让水沸腾。”没想到，一向敦厚朴实的父亲竟能说出这么有哲理的话。这个青年听后感到很羞愧，开始反省自己。于是，他重新制订了目标，并朝着这个目标不断努力，工作和学习都有了新的方向，生活也变得越来越充实了。

其实，生活就像一盆冷水，许多教师本来也是块热铁，但在与冷水的较量中慢慢地冷却了，失去了当初的热量，甘愿静静地躺在那里。如果不想让平庸的生活冷却斗志，那么就得找回当初的激情，把自己加热，重新把生活这盆冷水煮沸！

任何事物都具有两面性，教育工作也是这样，教师每天都在做相同的工作，日复一日，年复一年，难免倦怠。但如果用不同的眼光和研究的心理去看待它，就有可能给教师带来兴奋和无限乐趣。教育教学本身是极具创造性和艺术性的，不仅教学内容和方法是动态的，而且所面对的学生也是有血有肉有情感的，在这充满活力的教学环境中，每一天都不可能是单一重复的。生活可以是苦的，也可以是甜的，但不能没有味道。因此，教师要善于发现新的兴奋点，以此来刺激自己的精神、唤起自己的兴趣和热情。

校长要设法给教师多创造学习充电和不断创新探索的机会，让教师多一份才情，少一份匠气，多一份沉静，少一份虚浮，多一点激情和神奇，少一点平淡和惰性。

（五）让教师调整心态，保持心理健康

在这个世界上，存在着两种完全相反的人：一种人生活在冬天，他们却很乐观，因为他们认为冬天已经来了，春天还会远吗？一种人生活在春天，可他们却很悲观，因为他们认为好花不常开、好景不长在，春天总是要过去的，冬天迟早要来。这两种人中哪种人更快乐些呢？这是不言而喻的。

有两位年届70的老太太，一位认为到了这个年纪可以算是人生的尽头，于是便开始料理后事。另一位却认为一个人能做什么事不在于年龄的大小，而在于有什么样的想法。于是，她在70岁高龄时开始练习登山，在95岁高龄时登上了日本的富士山，成为了登上这座山的年龄最大的人。她就是著名的胡达·克鲁斯老太太。

70岁开始练习登山，这真是一大奇迹。这个奇迹是怎样创造出来的？是因为胡达·克鲁斯老太太有一个积极阳光的心态。乐观者在灾祸中看到机会，悲观者在机会中看到灾祸。

心态决定成败，心态影响人的事业、生命、心理、生理、能力等，进而影响人的命运。

学校不仅要建立针对学生的心理咨询机构，还要设立针对教师的心理咨询机构。在教师的培训过程中，要开设心理卫生课，帮助教师建立健康的心理，学会调整自己的心态。学校应将对教师的心理教育纳入学校的工作计划。只有如此，才能解除教师的各种心理困扰，还教师一个轻松、舒畅的工作心情。

（六）体验幸福，引导教师做一个阳光的、快乐的人

人们口中的教师，总是给人一种悲壮的感觉。你看，多少年来，人们常把教师喻为“春蚕”“红烛”，赞扬他们照亮了别人，牺牲了自己。这让人很难把教师与幸福和快乐联系在一起，做教师就只能讲牺牲和奉献吗？就不能讲阳光、幸福和快乐吗？其实不然。

有位优秀教师说：“有人说，教师像燃烧的蜡烛，照亮了别人，毁灭了自己。然而从教三十年的我非但没毁灭，反而随着一批批学生的成长也在不断地成长，生命价值不仅在课堂上得到了体现，而且通过学生得到了延伸。燃烧永不熄灭的生活激情，点亮的不仅仅是学生，还有自己的人生之路，优化的不只是学生的素质，还优化着自己的生命。”

教师是社会中的普通一员，他们既有普通人的情感世界和生活，也有自己独特的职业人生价值。在人人追求生活质量、生命质量的今天，教师不仅要追求职业理想，也应该追求生活理想。幸福并不神秘，也不陌生，它既不是高官的专利，也不是有钱人的独享，所以校长要指导教师在工作中寻找、体验生命中的幸福和快乐。

思 考 题

1. 你怎样理解教师职业倦怠心理，又怎样估计你校教师职业倦怠心理的现状？

2. 你认为教师职业倦怠心理产生的原因是什么？

3. 怎样帮助教师战胜职业倦怠心理？

第四篇　校本研修领导力

校本研修是教师专业化成长的一个载体，一个平台，一艘航船。这个载体怎样打造，这个平台怎样搭建，这艘航船又该驶向何方？这就涉及校本研修的策略、方法、途径、形式等技术和心理问题。本篇依据心理学原理，探索校长如何提升校本研修的方法和技能。

第 13 章

校长应树立的教研理念

教研、科研是学校发展的双翼，也是提高学校教学质量和教师专业水平的两件法宝。校长组织指导校本研修是校长教学领导的重要组成部分。

一、教研的诠释

（一）什么是教研

简单来说，教研就是开展教学研究工作，可以概括为四个字“思、做、写、传”，缺一不可。所谓思，就是对所从事工作中存在的问题进行系统思考，通过假设寻找解决问题的路径，筹划解决问题的方案；所谓做，就是结合实际，将假设与方案付诸实践；所谓写，就是将所思、所做通过载体，特别是用书面文字表现出来；所谓传，就是交流与传播，与理论工作者和同事交流，与被服务对象沟通，对所思所写再一次升华的过程。它的最终目的是总结教学工作的得与失，从而认识教育规律，提高教学效率。

（二）教研的功能

1. 交流功能

教师常年关门教书，闭门批改，老死不相往来，这大大限制了他们的专业发展，也会造成他们知识智慧的枯竭。那么，怎样才能把教师与教师、教师与领导、教师与教研人员连接起来呢？教研就是一种连接的纽带，因研究、切磋、相识，彼此成为朋友，这等于建立了可持续的教研平台。信息传递，交流感情，互赠材料，相互听评，切磋经验，正是教研把大家连接在了一起。

2. 传播功能

教研是连接先进教育理念与实际教学行为的桥梁。国内外的一些先进的教育思想、教改经验正是依靠这座桥梁传递给每一位教师的。新中国成立后我国基础教育课堂教学所走过的路，从知识本位到智力本位再到人本位，从传统教学的重知识传授到新课程下的重学生发展，教研在其中发挥了至关重要的作用。

教研工作在传播先进教学思想的同时，也传播了先进的教学方法和经验。20 世纪七八十年代北京幸福路小学的马芯兰、刘梦湘，90 年代以后的钱梦龙、宁鸿彬、魏书生、邱学华、关正宪、窦桂梅等一批批教改精英正是依靠教研这座桥梁，把他们的教育思想、教学方法传播到了各个学校、各位教师那里。除此之外，一些教研成果、科研成果，如小学的集中识字、分散识字、注意识字、韵语识字、随文识字等，也正是依靠教研这座桥梁传播到全国各地的。

3. 研究功能

问题就是课题，教室就是研究室。教师在教育教学中会遇到大量这样或那样的问题，这些问题仅靠一般性的常规教学是无法解决的，而教研却给教师提供了解决问题的阵地。学生启而不发怎么办？怎样减少学生识字的遗忘率？怎样创设课堂情境？怎样进行板书设计？怎样进行导入设计？有了教研这块阵地，教学中的一个个难题得到了解决，随着对教学规律的认识，教学从肤浅走向深刻，从经验型走向科研型。

4. 提升功能

天下极少蠢材，世上应多良师，无能的教师很难教出有能的学生，所以教师的专业成长很重要。那么教师成长的方法途径有哪些呢？教研活动就是教师专业成长的一个摇篮。

以教研为平台，教师通过集体备课、说课、听课、评课等，既交流了思想和经验，同时也展示了自己的智慧和才华。一批批教师正是在各种教研活动中成长起来的，一个个名师也正是在各种教研活动中脱颖而出的。

5. 管理功能

教研工作实际上就是一个加强教学管理的过程。通过开展教研工作能督促、拉动教师钻研业务、改进教学。

（三）教研的误区

新中国成立以来，我们在稳定正常教学秩序、执行国家课程计划、加强教学业务管理、提高教师业务能力等方面做了大量工作，起到了一定作用。但是，我们也应该看到，今天的教研工作还有很多不尽如人意的地方，还存在着许多误区。为了帮助校长改进教研工作，提高教研工作质量，有必要对教研工作的误区作出分析。

1. 畏难的教研

从领导来看。有的学校领导每当提到教研就头疼，并总结了三句话："一缺人才，没人搞教研；二缺时间，没法搞教研；三缺方法，不会搞教研。"言外之意，要"等"（等人家干出经验，我们去当"小贩"）、"靠"（靠上级派人）、"换"（调整换班）。从教师来看。一是忙，在应试教育的大背景下，学校一线教师工作繁重，每天忙于教学、批改作业、测试等，缺少教研时间；二是累，开展教研肯定要增加教师的时间和精力的投入，学校工作本已很累了，许多教师因此不愿进行教研；三是变，许多教师尤其是中老年教师的教学已经形成了一套模式，取得了一定成绩，甚至已经小有名气，教学已经得心应手，他们担心改变教学方式会吃力不讨好，搞不好会邯郸学步，新的没学会，旧的又丢了。

2. 装门面的教研

在大大小小的总结和表彰会上，尽管各级教育行政部门总是将教研放在不可或缺的位置予以强调，但是我们仍然能够从文字报告的背后窥见教研处境的尴尬和无奈。即使学校将教研计划赫然张贴在墙上，俨然写在学校的教学管理条例中，公然挂在校长的嘴上，可是现实情况往往是"徒有其名"的教科室主任一个人在"奋战"。另外，有的学校教研活动材料搞得很精美和规范，但教师应用不实。许多教研材料并不是真实的教研活动的记录，而是后补编造出来的。课堂教学重表面，"公开课上精彩纷呈，常态课上涛声依旧"的做法只会增加教师的负担和失去教师的信任。

3. 异化的教研

在应试的重压下，为考而教，为考而学，现在的教研也是为考而研，是对考试题型的积极应对与孜孜"揣测"。在升学率的重压下，教育已经弱化为师生共同营造的"题海战"的单一"操作"行为，教研自然而然地也就沦落为对应试技巧的年终总结了。某中学的教科室先是公布成果认定标准和实施细则，然后由各科室和教师上报当年的教研成果，最后由教科室对照评比标准定出奖励等级。认定的内容非常简单明了，一是对各类统考成绩或开学率的认定，二是对课题完成情况的认定，三是对教师发表在教育类核心刊物的论文的认定。其他诸如辅导学生参加一些课外竞赛活动获奖、指导学生的作品发表以及教师在非核心教育报刊发表的文章，皆不在认定之列。

4. 变味的教研

有人问一位教师最近在忙什么。这位教师坦率地回答说："忙考核，忙写论文，忙赚钱。"这人又问他为什么不忙教学、教研。他回答说："如今谁还忙这个呀，坦率地说，上面抓什么我就忙什么。"这位教师的话是很值得我们深深反省的。在市场经济的影响下，在学校领导不能认真抓教学和教研工作的情况下，一些教师的专业成长偏离了轨道。

5. 肤浅的教研

有些学校虽然也搞教研活动，但是效果并不理想，教师不买账，没兴趣，收获甚微。这种教研活动产生的原因是多方面的。一是活动缺少精心设计。二是缺少有引领作用的骨干教师。三是缺少宽松民主的教研氛围。任何一项活动都是社会性的，活动的气氛越浓厚，活动进行得就越顺利。为什么名校的教师成长快？一个很重要的原因就是名校有着浓厚的教研氛围。而有的学校教研工作搞得不好，是因为缺少宽松民主的教研氛围。四是活动内容的设计创造性不强，或教师缺少参与意识。五是缺少资料。有些学校有图书室，但图书的质量不高，都是一些过期的杂志和教学参考书；有的学校 10 多年没有买过一本书，订的教学杂志也少得可怜。这样落后的基础，能有高质量的教研活动吗？

6. 缺乏指导的教研

好的教研活动应有学科专家的指导。学科专家可以是学校的业务领导、教研组长或骨干教师，也可以是外聘的教研部门的教研员。

二、校长教研能力的提升

工欲善其事，必先利其器。校长能不能抓好学校的教研工作，取决于校长是否具有抓教研工作的素质，而这种素质的提升又取决于校长平时是否注重学习和实践。

那么，校长应怎样提升教研专业能力呢？

（一）转变观念增意识

意识是人的头脑对外在客体、状态或事实的内在领悟，对事实的觉察。校长的教研意识就是校长对学校教研工作的功能、内容及其方法的认识和体察。观念决定思路，思路决定出路。校长重不重视教研，能不能提升教研专业能力，要看其是不是树立起了教研意识，对教研工作是否给予了足够的重视。

苏霍姆林斯基说："领导学校，首先是教育思想的领导，其次才是行政的领导。"学校的办学理念、办学目标、育人目标主要是通过课堂来贯彻落实的。简言之，学校最核心的业务、教育最核心的环节就是课堂教学。所以校长必须经常深入一线，参与备课、听课、评课等教研活动。这样才能获得指挥教研工作的主动权和发言权。

另外，在新课程标准下，教研工作面临新的形势与任务，校长也面临新的机遇和挑战。从未经历的思维撞击，从未有过的教研压力，让校长困惑、焦虑、痛苦，也让校长思考、奋进和快乐。总之，校长的教研必须走在教师前面，教师可以困惑、犹豫、徘徊，但校长不能总困惑、犹豫、徘徊。新课程面前校长面临新使命、新选择，校长提高教研能力势在必行。

（二）勤奋好学存底气

图书是知识、技术、情感、理论等的载体，也是人类进步的阶梯。读书是和有经验、有智慧的人的沟通和对话，能使人丰富厚重。读书能医愚，使人聪明，大凡有所作为的人书读得都比较多，而读书对校长来说更有特殊的意义。书籍是学校中的学校，读书能让校长充满智慧。

读书是校长教研专业成长最直接、最简便、最有效的方法之一。如果把一个人的精神比做一条河流的话，阅读、思考就是这条河流保持清洁、保持活力的动力。

上海市静安区航渡路小学校长张雪龙说："我习惯于每天挤点时间来读书、写作，研究学校的现状和发展。我想如果一周抽两个小时看书学习，反思自己的教育实践，一年有52周，就能多学100多个小时。10年、20年就有几千个小时。只有这样日积月累，不断反思，才可能厚积薄发。校长的办公室不需要摆阔，但需要有文化气息。校长在教师眼里、在学生眼里、在家长眼里、在所有人眼里，就是一个读书人。如果一所学校的教师爱读书，那么这所学校的教育一定是成功的教育。因为单是这种浓郁的阅读氛围，就已经可以强烈地影响学生的心灵了！我想，当我们的校园里始终弥漫着浓郁的阅读氛围，当孩子们的心总是被中外名著所深深吸引，当师生共同徜徉在书的海洋里，与大师对话，与一切高尚的灵魂对话，共同吸取人类文化的精华时，这样的校园才是真正的书香校园，这样的教育才是真正的素质教育。"

（三）实践研究练真气

有人说，现代校长的三种能力变强了，这三种能力是组织能力、社会交际能力、沟通协调能力，但也有两种最重要的能力被弱化了，那就是指导课程设计的能力和指导课堂教学的能力。在市场经济影响下，有些校长找不到自己的位置，不知道自己每天最重要的工作是什么，东奔西跑，根本走不进课堂，也不重视教学问题；有的校长不十分懂教学工作，每天忙得不亦乐乎，却抓不到点子上。

实践出真知，体验长智慧。校长要想提升自己的教研能力，必须深入教学一线，静下心来积极参与各种教研活动。

校长应淡化权力意识，参与学校的各项教研活动，带头学习理论，为教研活动出谋划策，成为学校教研工作的一名首席研究员。

1. 行动上带头

校长既是教师的领导，也是教师的老师，是教师学习的榜样，在开展教育科研方面要做出表率。一所学校的教研能力、教研质量，取决于领导的教研意识、重视程度和措施力度。校长带头搞教研，这本身就是一种积极的影响力，就有一种导向作用。

2. 观念上开导

目前，中小学教师参与教研还有这样几个障碍：一是“无关论”，认为教研是研究部门的事，是专家的事，与自己无关；二是神秘感，认为教研高深，自己水平不高，经验少，没有能力搞教研；三是有些教师担心搞教研会影响教学质量。不解除思想顾虑，教师就不能积极主动地参与教研。所以校长应做好教师的思想开导工作，帮助他们提高认识，消除顾虑，转变观念，这样教师才能信心十足地搞教研。

3. 政策上鼓励

教师有了教研的要求，树立了科研意识，但是没有开展教研的良好环境和政策上的保证也不行。为此，校长通过制订规章制度、落实政策来创造良好的教研氛围十分重要。

4. 方法上指导

开展教研活动，教师不可避免会遇到这样那样的困难和障碍。在教师最困难的时候，校长应该给予必要的帮助。拨亮一盏灯，照亮一大片。在教师开展教研活动时，校长应注意抓骨干，让骨干教师先走一步，起到示范引领作用。

海尔集团董事长张瑞敏说："把简单的事做好了就不简单，把平凡的事做精了就不平凡。"校长的教研能力不是一天两天就能培养起来的。认真做事，只能把事做对，用心做事，才能把事做好。

下面是一则教研案例：

初级中学高效校本教研的行动研究

沈阳市第五十中学

一、问题的提出

长期以来，学校的校本教研总是流于形式，集体备课时效性差，指导教学实效性差，"会前不准备、会后不总结、年终交篇纸"！即使是公开展示的校本教研，大多也类似"概念车"，难以常态化，而且没能形成有价值的文字材料和教学材料留给下一届教师，使得每一届教师的教学工作都是"零起点"。即使是比较优秀的教师，自己留存的也基本上是3年前的教学资料，很显然已不适合新课程改革以来教学内容与时俱进的变化。

出现上述现象既有校本教研无章可循、缺乏适切的"带头人"、时间缺乏保障等管理制度的原因，也因一线教师"教会徒弟饿死师傅"的心理在作怪。

开展本研究的目的就是打破上述不良局面，以某一学科的一个备课组为试点，配备专职领导作为"带头人"，建立高效的校本教研机制，既要促进实验年级该学科的教学质量的提升，形成浓厚的教研氛围，又要为下一届开展高效教学留下宝贵经验，同时努力将本研究获得的实践经验向各个年级、各个学科迁移、辐射。

二、问题研究的基本框架

学校校本教研情况调研 { 一线教师问卷 / 领导班子调研情况汇总 }

↓

确定试点学科、年级

↓

配备专职领导、设备，准备材料，召开实验备课组会议

↓

实施与调整

↓

材料的收集与整理

↓

结题

三、解决问题的方法和步骤

（一）准备阶段

步骤 1. 校本教研情况调研

目标：明确我校校本教研的实际情况。调查一线教师愿意在校本教研中付出怎样的劳动，希望通过校本教研得到怎样的收获，以及需要学校提供怎样的帮助，以何种方式进行管理与考评。

方法：对一线教师的问卷调查、领导班子的调研情况进行汇总。

经领导班子研究决定，由教务处副主任张鑫设计并发放“一线教师校本教研问卷调查表”。

发放问卷 66 份，实际收回有效问卷 62 份（另有 4 份没有填写全，无效），覆盖语文、数学、外语、物理、化学、历史、思想品德、体育、音乐、美术等各个学科。

同时，利用领导班子分管各个学科备课的机制，领导班子成员深入各个备课组进行调研。

结果：在收回的有效问卷（问卷内的答案不自相矛盾）中，近 80%的一线教师认为集体备课流于形式，近 60%的一线教师认为教案成文是教学负担，近 40%的一线教师认为备课是可有可无的，近 70%的一线教师认为课堂效率难以提高，近 80%的一线教师在课堂上的角色仍是传道者，近 90%的一线教师认为领着学生大量做题是最有实效性的教学方法，近 70%的一线教师在听课时关注的是授课人的缺点，只有约 10%的一线教师能在听课后不断反思、对比自己的教学行为，只有约 20%的一线教师认为有听课的必要，近 80%的一线教师在评课时都在尽量说好话，近 90%的一线教师不清楚评课标准，完全是跟着自己的感觉进行评课，只有约 10%的一线教师能将评课的关注点落在学生身上，近 90%的一线教师在评课时是针对别人的意见进行辩解，近 90%的一线教师建议尽量不要让备课、听课、评课占用太多的时间，甚至认为能不搞就不搞。

面对上述统计数据，领导班子在吃惊甚至是震惊的同时，结合在一线教师中开展的调研，进行了冷静而细致的分析：种种问题的主要焦点是实效性问题。并不是没有开展备课、听课、评课的必要，而是流于形式的备课、听课、评课没能给一线教师的教学工作带来应有的益处，应该引导、组织有实效性的备课、听课、评课，进而促进一线教师上课的实效性。

同时，为了更好地发动一线教师，明确认识，针对上述问卷结果，校长在全体一线教师大会上作了“有效备课、上课、听课、评课”的专题报告。

步骤2. 确定试点学科、年级、专职领导

目标：明确具体研究的落实群体，形成共同意志。

方法：领导班子研讨，征求备课组长意见、中层干部意见。

结果：经过研究，及与备课组长、中层干部沟通，领导班子最终确定了以七年级数学备课组为试点，以教务处副主任张鑫为专职领导。七年级数学备课组共6名教师，其中高级教师3人，一级教师3人，男教师1人，班主任4人，平均年龄不到40岁。教务处副主任张鑫是沈阳市中考数学学科2006年、2009年两年的命题人，还是辽宁省百名研究型名教师、沈阳市首届一线教师十佳科研明星、大东区数学学科名师，有极强的学科号召力、组织能力以及科研攻关能力。

学校随即召开了课题组全体会议，明确了课题研究的目标：以高效备课为基点，通过听课、评课来促进高效上课；明确了课题研究开展的机制：由校长全面协调、全程参与，由教务处副主任张鑫负责组织，全体七年级数学教师共同落实；明确了试点时限：5月16日（周一）至6月24日（周五）这6周常规授课时段。

步骤3. 健全保障措施

目标：明确硬件，环境，时间，程序，反馈、展示、评价机制，既要确保顺利推进本研究取得实效，又要确保本研究充分激活一线教师的工作热情。

方法：向课题组教师征求意见，领导班子研讨。

结果：建立了如下保障措施。

1. 硬件保障措施：调用了学校的一台录像机，借用了教务处副主任张鑫的一台录像机，配备了信息技术教师王罡提供录像、视频后期处理及刻录服务，将德育处旁的空置教室作为备课、评课的固定活动场所。

2. 时间保障措施：建立长期、近期两套课题日程表。其中的长期日程表将七年级数学备课组的6位教师的相关活动做了时间安排及任务分配；近期日程表明确了具体的校本教研活动时间。这两套日程表既给了相关工作的承担人以足够的时间进行充分的准备，也给各项活动的展开提供了充足的时间预备。

3. 程序保障措施：提前公布校本教研各项活动的相关负责人。

4. 例会反馈措施：随时收集一线教师的意见与建议，每周五召开领导班子会议，进行反思、总结、调整、优化。

5. 优质展示机制：对校本教研各个环节的优质素材（如主备人、示范课、展示课、信息反馈评语、教案、学材等）进行校内公开展示，既可借助学校走廊的宣传板展示，也可借助每周三的全校一线教师业务学习大会进行展示。

6. 评价保障机制：对校本教研的主备人、示范课及展示课的承担教师等进行自评、互评、领导评的等级制考评，汇总反馈，计入教师考评中，并且在晋职考评中予以加分。

（二）实施阶段

步骤 1. 集体备课

目标：以说课形式进行备课，主备人通过互动研讨，明确一个教学周的 5 课时内容的教学目标、重点难点、知识体系结构、教材处理、题型类别、课堂反馈测试、课后巩固强化等内容。

方法：每周四下午集体备课，时长两课时，将次周的 5 课时教学内容分成第 1 至 3 课时和第 3 至 5 课时，分别分配给两位主备教师，其中第 3 课时的重叠意在同课异构。

结果：

尽管第一周的主备教师内心忐忑，但备课质量很高，主备教师使出浑身解数从教材分析、学情分析、教学环节设计、练习题配套、课堂反馈测试等方面详细说明自己的教学目的与设计思路，其余的教师也兴致盎然、积极补充，与以往那种一言堂、蜻蜓点水、连表面都不热烈的毫无实效的集体备课有着天壤之别。主备教师的精心准备体现了高度的责任心与使命感，而其余教师也被充分“激活”了，有着深厚数学学科背景的专职领导张鑫的主持更是强化了思维的碰撞，众人目标一致，为校本教研提供了强大的推动力。

从第二周开始，集体备课愈发成熟，主备教师与其余教师的备课热情不断高涨，而且理性思考的成分也不断增加，思维深度不断加深。在专职领导张鑫的有效调控下，两节课的集体备课充实而圆满。

步骤 2. 集体听评示范课

目标：让示范课发挥为同备课组其他教师“打草稿”的作用，评课时重点探讨“我将怎样开展这节课的教学”。

方法：主备教师按照备课内容进行3课时的公开示范，录像留存；每节课课后立即安排15分钟左右的评课（预留出一节课的时长），录像留存；一周内，主备教师在示范课期间要比同备课组其他教师教学进度提前一节，真正起到“打草稿”的作用。

结果：第一周主备教师的示范课与其备课思路有出入——经常出现拖堂的现象，这表明学情分析不到位，教学设计时的教学密度、容量偏大，出现了一些备课预设之外的状况。课后的评课环节气氛热烈，各位教师热议空前，既充分评析了主备教师的教学亮点，也中肯地指出了主备教师教学中有待完善的内容。但主备教师的示范课的确具有宝贵的借鉴意义，既提供了值得学习的教学环节设计，也让人看到了应该改进的教学步骤，为其他教师对同一节课的教学起到了“打草稿”的作用。

从第二周开始，主备教师吸取了教训，更加重视学情分析，基本都能在展示课中完成教学预设。

本次课题研究的6周中，每次评课少则用时20多分钟，多则45分钟还意犹未尽。由此也表明了七年级数学备课组的校本教研氛围空前高涨。

步骤3. 集体听评展示课

目标：检验主备人的示范课是否真正起到“播下一粒种子”的作用。

方法：在主备教师的每节公开示范课后，随机抽取或是主动申报上同课异构对照课——没课的教师自愿观摩，课后研讨。

结果：第一周是采用随机抽取的形式确定展示课授课教师，后来的各周则需要从多位申请教师中选择还没有展示过的教师来上展示课，各位教师都认识到主备教师公开课后的展示课是一个难得的“升华课”——既可以传承主备教师授课时的亮点，改进主备教师授课时的不足，又可以凸显自己的教学特色，展示自己处理教学内容的过人之处，机会难得！这真正体现了主备教师示范课的抛砖引玉的作用。

步骤4. 教学效果检测

目标：通过测试，反馈成绩，分析教学亮点与不足。

方法：在示范课、展示课后由第三方命制并批阅“教学效果检测卷”，对当堂的基础知识、基本题型进行测试。

结果：从整体上看，这6周中，每节“教学效果检测卷”都是围绕当节的基础知识、基本技能以及基本的数学活动所进行的基础过关考核。从学生的答卷效果上看，授课教师的知识目标、教学重点和教学难点都得以很好地展现，学生基本上是100%过关。更值得关注的是，展示课的课后“教学效果检测卷”的平均分、优秀率几乎都高于示范课的平均成绩，这进一步印证了示范课的“打草稿”作用。

步骤5. 教学素材的后期整理留存

目标：既便于主备人、授课人反观自己的教学设计、教学行为，也有利于资料的传承。

方法：录像后将各课时截成各个视频段落以便按需调阅，将课件、教案、教学材料、作业单的电子稿都一并整理好，最后放到学校网站专栏中，便于教师随时调阅。

结果：各位教师的备课、示范课、听评课、展示课等都已录制，但由于时间关系，没能将各课时截成各个视频段落，但课件、教案、教学材料、作业单的电子稿一并整理好了，留待期末考试后，备课组成员与信息技术教师王罡共同完成后期制作并上传至学校网站专栏中。

（三）结题阶段

目标：整理课题实施阶段所形成的文字、图片、统计图表等数据，分析本研究的实效性，挖掘亮点与不足，提炼经验，总结教训，为本研究的深化与推广打下坚实的基础。

方法：由专职领导完成资料、素材的整理以及初步分析，提交备课组、领导班子进行集体研讨，形成终结性材料。

结果：经过紧锣密鼓的6周课题研究，尽管时间很短，但成果颇丰。

1. 本课题通过校本教研模式的变革，通过激活一线教师校本教研的积极性，实现了校本教研的实效性。以往我们学习借鉴了很多校本教研模式，但由于本末倒置，领导唱主角、一线教师扮演配角，无法形成积极进行教研的局面。而本课题的研究，在专职领导的带动下，充分给一线教师以自主权和展示机会，一线教师成了主角，彻底改变了以往沉闷的、流于形式的集体备课，备课组各个成员充分交流思想、交流体会，积极申请上展示课，积极性空前。

2. 形成了丰富的视频、文档等教学资料。尽管没能及时整理完毕，但可以预见，这些视频、文档等教学材料一定会便于下一届备课组的快速切入，能起到“搭梯子”的作用。从示范课后的展示课的教学指标得以提升就能充分说明“打草稿”“搭梯子”的实效性。

3. 可以预见本课题的推广价值。

（1）数学学科首轮完整地积累一个学年度各年级的材料后，次轮校本教研可以升级为：各个教师集体备课前自主、随时调阅上一年度积累的备课视频、教学视频、教学材料，将集体备课的时长缩短为每周1节课，主备教师提供备课的文字材料供大家会后研读，主备教师的示范课缩减为至少2节，主要是对上一年度相应课时教学的优化。

（2）该校本教研机制可以拓展到数学学科的全部年级，并为其他各个学科的高效校本教研机制的形成提供实践经验，并促成我校独具特色的校本教研模式。

四、问题的反思

1. 以往我们一谈到课改就会想到学生的体会和感受，却忽略了教师的体会和感受。事实表明，只有充分发挥一线教师的主体作用才能激活一线教师参与校本教研的积极性；只有真正适合一线教师的校本教研机制才是受欢迎的，才是有生命力的。因此，在后续的课题深化与拓展中，我们会高度重视一线教师的主体作用，将会出台更有利于一线教师发挥主观能动性的举措，将会给一线教师提供更多的展示机会，与上级教育行政及培训部门联合，为一线教师搭建更高、更大的展示平台。

2. 本课题研究的强度大，就像一部越转越快的发动机，拟在确保质量不降的前提下探索减轻强度的运行机制，让一线教师能够潇潇洒洒、轻松自在、更有尊严地投入快乐的工作中。

3. 原本设计的“步骤6. 考评与展示”没能开展。原因有二：一是课题运行的强度大，几乎没有时间进行考评与展示；二是整个备课组的教师热情高涨，没有采用评价、监督机制进行激励的必要。但反思一下，并非各学科、各年级的所有备课组都能有如此的积极性与自觉性，因此，还是有必要拟定考评与展示的相关措施的。

4. 靠相关教师临时调课来确保参与听评课，在一定程度上冲击了正常的教学秩序，在下学期排课表时应直接调整到位，为各学科开展校本教研提供充分的时间保障。

思 考 题

1. 当前教研存在哪些误区？

2. 校长应从哪些方面提升自己的教研能力？

第 14 章 提升校本研修组织指导技能

教师中间蕴藏着巨大的专业潜能，这种潜能因为学校不能经常开展研修活动，受制于不合理的管理制度而处于沉睡或抑制状态。所以学校必须多开展校本研修活动，解放教师，多给教师一些自主学习的机会。

一、什么是校本研修

校本研修是指为了满足学校和教师的发展目标和需求，由学校发起、组织，以学校为重要的研究基地，以教师为活动主体，学用结合的一种研修活动。有人把校本研修简化为“校内教研”，也有人把校本研修简单理解为教师在岗自学和同事的互帮互学，这都是不全面的。由于受校内师资、资料等条件的限制，校本研修并不排除教师外出学习，请专家和外校有经验的教师到校内来讲学、上课和介绍经验。

通常，校本研修包括教师个人的自我反思、教师集体的同伴互助、专业研究人员的专业引领三个层面。

校本研修有以下几个比较突出的特点：

1. 为了满足、实现学校和教师自身的发展需求、目标，学校和教师缺什么就补什么，学校和教师需要什么就研究什么。

2. 校长是第一责任人，以教师自学自练和教师互学互动为主，兼顾其他学习方式，由学校来组织、管理和考核。

3. 以学校为主要培训基地，充分利用学校现有硬件、软件等教学培训资源。

4. 注重学用结合，即学习与工作结合，学习理论与教学实践结合。学以致用，学用互促。

二、当前教师在专业发展中的问题

当前教师在学校的教育教学和专业发展中，会遇到以下五大难事。

（一）“改革”与“应试”两难

轰轰烈烈搞素质教育，扎扎实实搞应试教育，这是目前我国基础教育存在的一个突出问题。社会日益激烈的竞争与家长望子成龙的愿望最终都压在教师头上，分数几乎成了教师生命的全部，职称评定、评优评先、工作调动都跟分数挂钩。这自然就束缚了教师教学改革的手脚，压抑了他们的创造力。教师某种程度上成为分数的奴隶、应试的牺牲品。

2003年，《教育时报》刊发了“小鲁”老师的来信——刚刚走上讲台的“小鲁”大胆进行教学改革，希望自己的教学得到学生的喜爱。应该说他充满了教育热情，对自己的教育生涯有着美好的憧憬，可是，不幸的是，学校只关心教师的“教学成绩”，很快，“小鲁”老师就在教育理想和现实面前徘徊起来。

其实，“小鲁”老师的遭遇并非个案，很多青年教师起初都对自己的教育人生有着美好的设想，然而时间久了，慢慢产生了职业倦怠心理，放弃了教育理想和追求。

有人说，让教师在应试的体制下搞课改就如同让教师戴着镣铐跳舞。这话不是没道理的。多年来，在应试教育的重压下，教师的创造力被扼杀，教学个性被压抑，性格被异化，为考而教，教师成了教材的奴隶。为什么个性化的课堂教学和个性化的教师越来越少？这不得不从应试教育的体制上去查找一下原因。

（二）“研究”与“琐事”两难

课上一分钟，课下十年功。备好课是上好课的根本和前提，但现在的教师8小时内很少有整块的时间备课。有的教师不得不挤占自己的业余时间来备课。江苏省连云港市朱曹中心小学的王秀梅校长曾在本地区做过一次教师生存状况问卷调查，调查显示，52.3%的教师每天工作时间为8至10小时，30%的教师每天工作时间超过10小时。她所在地区的农村小学，某村小共6个年级123名学生，核定教职工数为5人，不但无法完成基本的教学任务，连规定的课程都无法开全开足；有520名学生的中心小学，共12个教学班，周课时为360节，核定教师数仅为22人，实际投入教学一线的教师18人，人均周课时数达 20 节之多。

教师经常超负荷工作，自由空间被挤压到最小，在忙碌与疲惫中，本身具有无限创造力的教育活动沦落为一种“做”的程序，教师毫无创造的激情和生命的活力。那么，教师的时间哪里去了呢？教师每天要奔波于课堂与办公室之间，要填写一张又一张名目各异、自己永远也搞不清到底有没有实际作用的表格，写一篇又一篇连自己都不知道怎么写的计划、总结、论文，参加一个又一个层次不同、规模不同的会议，还要参加各项比赛和训练……

(三)“求真”与“造假”两难

尊重知识，讲究科学，坚持真理，这是党和国家赋予教师的使命，也是教师应具备的一种品格。但在实际工作中教师已遭遇了困难和尴尬，在“普九”、职称评定、教育科研活动中出现了程度不同的造假。有的教师上报了 100 多页材料，全部造假，但却通过了专家的鉴定，光荣定了级；为应对调研，教师每学期都要准备各种各样的材料，统计各种各样的数据，可惜这些材料和数据绝大多数都是编造的。目前的情况让教师十分为难：实事求是交不了差，还要得罪领导；不实事求是，胡编乱造，明明是在违背教师的良知，违背科学和真理，浪费宝贵的精力和生命。

另外，教师还承担着社会道德的压力，社会对教师职业道德问题过于敏感。体罚、伤害学生的事情一旦见诸媒体，教师就会受到全社会的口诛笔伐。个别教师的过失要由整个教师群体来承担，压力之大可想而知。教师的社会地位越来越低，课堂教学难度越来越大，师生关系越来越糟，这使教师越来越疲惫；而效果不大的教师培训，又加重了教师的心理负担，减弱了教师的职业成就感，从某种意义上说，还加重了教师的疲惫，加深了教师职业倦怠的程度。

(四)“实干”与“巧干”两难

在学校中常常有这样两种人：一种人一心一意埋头在自己的教育教学工作中，他们把时间和精力用在钻研业务、开展教学研究和班主任工作上，他们没有时间，或者是不善于、不愿意去和领导频繁地沟通和交流，甚至和其他教师交流得也少。因此这部分教师虽然工作做得很好，业务能力也很强，他们却没能得到领导的赏识，学校评优评先、职称晋级等一般轮不到他们。另一种人工作很一般，能力水平并不强，但善于做表面文章，他们恰恰容易得到领导的赏识，评优评先、职称晋级等好事他们也容易得到。于是出现了这样一种现象，实干的老师不如巧干的老师，苦干的老师不如会干的老师，甚至干的不如看的、看的不如捣乱的。这种情况的出现与学校领导的工作水平和作风有直接的关系，必将挫伤一部分进取向上的教师的积极性。

（五）“自主”与“他主”两难

一种优化了的教师培训和教研，应使教师个人的需要、规划与学校的发展需求、规划相一致，但现在学校中的许多做法，使得教师的自主成长与学校的计划要求不能有机结合，有时甚至是相悖的。如，学校校本培训的经常性做法是：全校制订培训方案，听报告、听课、写反思、写小结，从教龄一年的青年教师至几十年的老教师，无一例外。“一刀切”的做法和没有新意的培训内容，使相当一部分教师对此类培训产生了应付心理，他们一边听报告一边批考卷，反思、小结也是从网上下载材料拼凑的。他们的想法是反正这些材料装进档案袋就少有人问津。因此，小结中理念先进，但课堂依旧的现象屡见不鲜。类似这样的培训有这样一些特点：首先是培训主题太过宽泛，其次是培训要求缺乏针对性，最后是评价结果失去激励性。

三、校本研修活动的操作

关于校本研修的具体操作，这里提出以下建议供校长参考。

（一）加强规划，给教师相应的自主权

校长怎样调动和培养好教师这个团队呢？一个最重要的方法，就是为他们找到前进的方向和动力。因为人的发展既需要动力，更需要找准方向，制订措施，脚踏实地。学校可以在充分发扬民主、谋划学校共同远景的基础上，引导教师根据自身优势、存在的实际问题和发展的不同需求，做好个人职业生涯规划。

（二）营造良好的文化学习氛围

北京市西城区展览路第一小学从1990年至今，培养出3名特级教师，1名全国十佳优秀辅导员，4名市级骨干教师，22名区兼职教研员，还创下了区评优课3个一等奖、3个二等奖，以及获得其他各种奖项的佳绩。一所普通小学为什么会培养出这么多的优秀教师呢？校长王庆利深有体会地说：“我们的经验是眼睛向内，淘好身边的‘金’。我们的培养理念是学校为我创发展，我为学校求发展。”为此，这所学校以“和”“知”“真”“美”4个字

为切入点，进行教师队伍建设。“和”指氛围和谐，人际和谐；“知”指崇尚知识，博学多才；“真”指讲真话，做真事；“美”指心灵美，语言美，形象美。这4个字就是他们培养教师队伍的指导思想。

（三）建立保障措施

给教师创造良好的学习氛围还不够，还应该为教师建立学习的保障措施。辽宁省沈阳市文化路小学为教师建立的学习保障制度就很值得借鉴。

1. 时间与空间的保障。每周三下午3点学生放学后，教师静下心来以教研组、各学科研究会为单位开展教研活动。每周的周五班会后为大论坛时间，全体教师自愿参加校级教研活动。另外，学校在课程表的安排上最大限度地考虑到了教学与教研的协调。教研活动期间，全校实行“绿色通道”服务，所有领导班子成员参与其中，提供一切保障服务。

2. 心境保障。努力为教师营造一个富有人文情结的工作环境，设法为教师发挥自己的聪明才智创造适宜的条件。让教师心情愉快地、高效率地工作，不走形式，强调工作的有张有弛，合理安排工作的轻重缓急，让教师的身体和心智可以得到休养生息。如各种节日、大型活动期间的教研时间和内容的调整，出现倦怠情绪时的及时帮助，一段辛苦研究后的小小奖励，都会给教师带来颇佳的心情，从而使教研活动始终为广大教师所接受和喜爱，并获得理想的成果。

3. 组织保障。该校树立了一套严谨的校本教研工作运行机制，即校长决策调控——专家咨询指导——教导处具体负责——教研组、各学科研究会落实——一线教师开展实施。在实施管理中各负其责，层层把关。

4. 物质保障。每学期学校固定投资5万元用于购买教育教学书籍、报刊、音像资料、教学软件等，其中有一万元专款用于报销教师自主购买的教学资料。学校还为每位教师配备了一台电脑、一个U盘，全校每间教室、办公室均能全天上网。教学中需要某些物品，只要教师提出来，学校基本都能满足。

5. 管理保障。每次校本教研活动都有严格、规范的教研活动记录，并附相应的解决策略报告，提交大论坛，择优纳入学校资源库。

6. 评价激励。每学期期末学校对校本教研开展专项工作总结，对突出的集体和个人给予物质和精神奖励。

（四）为教师搭建施展才华的平台

教师自身具有自我发展与提高的欲望和自我超越能力。苏霍姆林斯基说："人的内心有种根深蒂固的需要——希望自己是个发现者、研究者、探索者。"哪个教师不希望自己在教学工作中成为一个优秀者、成功者呢？校长应该抓住教师的这种心理，为满足教师自我超越的需要、为他们展示才华搭建平台。具体做法建议如下：

1. 组织公开课。实践是一所最好的学校，在学校里组织公开课是最能展示教师才华和促进教师专业能力迅速提升的平台，所以学校应尽可能多地让中青年教师去上公开课。

2. 开展学术研究活动。如组织教师学术报告会，开展学术沙龙活动，举办教师"露一手"才艺表演活动等。

3. 评选星级教师。学校应鼓励教师用专业眼光看待自己的每项工作，努力成为教学明星。如根据教师特长，可评选"教学星""科研星""教育星"等。

4. 为教师教学法命名。就像李吉林的"情境教学法"、邱学华的"尝试教学法"一样，如果某个教师初步形成了独创的富有成效的教学法，学校就可以为之命名，并帮助其总结和推广经验。

5. 倡导成名立说。许多教师在教育教学工作中积累了丰富的经验，这是一笔巨大财富，但是由于没能及时整理交流，有些宝贵的经验随着老教师退休也就泯灭了，这不能不说是一种智慧的流失。所以学校应倡导教师成名立说，鼓励教师撰写论文，写教学日记，总结和记载教育教学经验，提高自己，启迪别人。久而久之，学校就会拥有一个巨大的资源宝库。

6. 成立教师研究会。从学校的实际出发，根据教师的需求，结合教师的个体优势，成立多个教学研究会，以此搭建教师们合作教研的舞台。教师们根据自己的需求、兴趣、研究特长，自愿组合，自主选题，申报后经学校审批命名。如"班主任工作艺术研究会""校本课程开发研究会""学科教学研究会""学科与信息技术整合研究会"等，这些研究组织就是教师对话的沙龙和舞台，就是给教师创造的展示才华的空间。

7. 发表文章。创办校刊或编辑出版教学经验论文集，为教师发表论文或各种经验材料、课例创造条件。

8. 定期组织论坛交流，用一种大家谈的论坛形式给广大一线教师提供一个交流研究的平台。论坛可以每月一期，主题依据教师的教学思想动态，由学校设计推出，教师全员参与。在大家都来谈、都来听的过程中，让教师对比别人的观点，反思自己的认识，从而受到新思想的启迪，起到相互启发、相互影响、相互激励提高的作用。

（五）为教师成长建章立制

教师的成长如能与学校的教学管理、人事管理结合起来，使其形成机制，制度化、经常化，就能从根本上保障和促进教师的成长。如山东省茌平县杜朗口中学建立的机制，就很有借鉴意义。

这个机制，贯穿着两个要点。

第一点，要立榜样，树典型，让更多的教师成为教改的行家里手。我们每学期要评选校级名师、教学能手、优质课，对获得荣誉的老师，都能给予一定的资金奖励。邓小平曾经说过一句话："让一部分人先富起来。"我们是让一部分同志先成为教改的先锋。现在我们的教师有四个层次，最高层次的叫专家教师，第二层次的叫能手教师，第三层次的叫优秀教师，第四层次的叫进步教师。专家教师每个月有500元的工作补助，能手教师每个月300元，优秀教师每个月150元，进步教师每个月80元。

除了评选不同层次的教师，我们每个月都要组织一次领导班子的观摩课、骨干教师的公开课、普通教师的达标课、薄弱教师的过关课、偏差教师的追踪课。对一而再、再而三不达标的老师，我们提出了一谈二警三停的管理机制：一次不达标的要进行谈话，两次不达标的在教学会上予以警告，三次不达标的要停课一周，到优秀教师的课堂去培训，去学习，去锻炼。

第二点，就是评定。我们现在提出要日清周结，学校领导班子每天要对教师的工作进行反馈。在前一段，我们是上午第一节课前，由分管领导对教师前一天下午的工作进行公开反馈，包括听课、查各种材料和对学生的调查。现在上午第一节课前，分别由语文、数学、外语三个学科的代表老师，结合自己的工作做点评；下午第一节课前，由理化生、政史地、音体美三个综合学科的老师，对自己的工作进行解剖、分析。

学校一贯坚持的业务论坛在每周六下午进行，全体老师要一一登台演讲，结合自己的工作，谈经验、谈教训、谈措施、谈方法，老师既是教育者，也是受教育者。从2002年开始到现在，业务论坛已经组织了70多个专题，稿子如果堆积起来，已经有两米多高了。业务论坛是我们校本研究的一大优势，对教师业务理论的提高，对课堂技能的完善，起到了很大的促进作用。

我们还组织了各种评比。比如，三个年级主任要互评优秀、良好、一般，还要对自己年级的班级评出优秀、良好、一般、待提高。评出来以后，大家要讲自己的亮点，把经验介绍给全校的老师，同时也要讲教训。每个周末进行学科评比，六个学科要评出一个优秀，两个良好，两个进步，一个待提高。学校给评上优秀的教师每人奖励30元，良好的每人奖励20元，进步的每人奖励10元，待提高的不奖励。

在一个阶段内，这个奖励是非常管用的。随着教师素质的提高，奖励对他们的作用会逐渐淡化，这时老师们对自己处在一个什么位置会越来越重视。每次听课后，学校都会给讲课老师打分，并进行简评、反馈。有好几个老师都说："得分高一点低一点我不在乎，给我指出缺点，替我找到需要改正的地方，我觉得才是最大的收获。"还有老师说："这一学期得到的几千块钱奖励我不在乎，可是在我的学科当中、年级当中，我排第几位，这是我人生价值的写照，这是我的尊严。"

另外，杜朗口中学提出的教师十大素质，也是很有借鉴意义的。

1. 登高望远，积极进取的人生追求
2. 脚踏实地，吃苦耐劳的奉献品质
3. 从小事做起，打造精品的质量意识
4. 勤于交流，促优正劣的改革勇气
5. 善于合作，取长补短的进步要求
6. 努力学习，完善自我的探索态度
7. 关心集体，先公后私的奉献精神
8. 关注科研，总结规律的创新思想
9. 尊重学生，关注学生的民主观念
10. 相信学生，调动学生的主体理念

四、校本研修模式举例

校本研修模式是多层次、多形式的，下面介绍几种常见的校本研修模式。

（一）“四课”系列化模式

1. 什么是“四课”系列化模式

所谓“四课”系列化模式教研，是指教师以分析教材、了解学生、研究教法和学法为主体内容，以备课、说课、作课、评课活动为载体，旨在实现课堂教学的优化和提升专业能力的系列教研活动。因为它是由备课、说课、上课、评课四个环节组成，这四个外显环节又环环相扣、层层深入，所以称为“四课”系列化模式教研。

2. “四课”系列化模式的程序

因每一次教学研究的内容、重点不同，又因地区、校情、师情、生情不同，“四课”系列化模式的程序也有所不同，这里列举几例。

（1）五步“四课”系列化模式程序

这种程序比较适合常规的教学研究（可以由同年级几位教师同时选择同一教学内容开展活动）。

备课（个人与集体备课结合）——说课（主讲教师说课，教师集体评议）——上课（主讲教师上课，其他教师听课）——议课（教师集体评课）——结课（对课堂作出总体评价，教师写出心得）。

（2）六步“四课”系列化模式程序

这种程序比较适合专题性创新教学研究（可选择某一侧面或某一专题）。

定标（确定研究专题或重点）——备课（包括收集新的专题性信息资料）——说课（主讲教师说课，教师集体研讨）——上课（主讲教师上课，教师集体听课）——研课（围绕专题讨论）——结课（对课作出小结，教师写出心得）。

（3）八步“四课”系列化教研程序

这种教研程序比较适合重点课题的教学研究（可以选教师普遍关注和困惑的焦点、热点问题）。

选题（确定研究重点）——备课（个人与集体备课，包括收集相关材料及学习理论知识）——说课（主讲教师说课，教师集体研讨）——上课（主讲教师上课，教师集体听课）——研课（教师集体议课、评课、修改教案）——再上课（主讲教师再次上课，其他教师听课）——再研课（教师集体评课）——结课（对课作总体评价，教师撰写心得）。

3.“四课”系列化模式实施要求

(1) 抓住活动本质，突出一个“研”字

目前，一些学校的教研活动存在着“只教不研”“少研”“以教代研”“研而离教”等诸多“教”“研”脱节现象。究其原因，一是教研未能恰当地抓住合理的切入点，二是没有一种恰当合理的教研活动模式。为此，开展“四课”系列化教研活动就应克服教研脱节现象，要紧紧抓住广大一线教师最关心的教材教法学法这个切入点来研讨，突出一个“研”字，从而提高教研活动的实效性。

(2) 落实计划措施，突出一个“实”字

开展“四课”系列化教研活动必须要做好计划，落实措施，争取做到“三定”“四有”。“三定”：①定时间和地点。一般来说，交流教案15分钟左右，说课30分钟左右，讲课40分钟或45分钟，评课60分钟左右，研课根据需要可长可短。②定教学内容和执教者。③定研究专题和中心发言人。“四有”：①有教案。②有执教者的说课材料。③有中心发言人的专题研究材料。④有教研活动全过程的文字记录。

(3) 抓主要人物，突出一个“优”字

“四课”系列化教研活动组织得如何，还要看三个主要人物抓得准不准。一是执教者，既要备好课，又要说好课，还要上好课，责任重大。二是中心发言人，因为专题研究中发言人水平的高低直接影响着参加活动的教师们的态度，所以发言人应是在教学理论、教学经验上有一套，善于学习，掌握了新的教改信息的优秀教师。三是教研活动的组织者，这个人应责任心较强，有一定的组织能力，善于启发引导教师们全身心地参与其中。若能抓住这三个主要人物，“四课”系列化教研活动就能达到预想的教研效果。

(二) 理论学习参与式

你设计我执行，你讲我听，你考核我答卷，在这种校本教研中，多数教师处于被动的状态。如果换一个思路，让教师参与教研活动设计，这既有助于激发教师的教研积极性，也会大大提高研训效果，如下面这个案例。

理论学习未必都枯燥

浙江省温岭市泽国小学　朱圣燧　应才忠　王永德

在教师看来，提高理论水平是重要的，但学校组织教师进行理论学习的效果并不好。在教师培训过程中，许多教师反映理论学习枯燥，不是听不懂，就是听了也没用。现实需要和实际效果之间的矛盾使我们思考：如何改进教师的理论学习？近年来，我们尝试了一项教师心理学培训，让理论学习不再枯燥。

学校发给每位教师一本《教师应用心理学》，原想沿用一般进修学校用的“让老师自学一段时间后，通过闭卷考试督促老师总结”的方法。然而，有些教师提出疑问：能够背诵心理学概念就能达到理论学习的目的吗？针对这种情况，我们提出了一个特别的理论学习计划。

首先组织教师自学，每章确定 3 名重点研读员（全书 12 章安排 36 个重点研读员）。学校每月安排一次集中学习，事先通知全体教师通读某章，学习会上请该章的 3 名重点研读员做辅导发言，每人脱稿谈 15 分钟的学习体会。发言以三方面的内容为重点：(1) 本章主要有哪些观点？(要求发言者有整体把握能力与概括能力) (2) 本章的哪些观点和提法与我们的教育教学行为有联系？(选择一两个角度谈得深刻些) (3) 学完本章后，你对今后的教育教学有哪些建议？(反映教师用理论指导实践的意识和能力) 在 3 名重点研读员分别发表意见后，请现场教师就相关话题提问，发表观点，形成对话。最后由主持人（由学校领导与业务中层干部轮流担任）点评并小结，或请专家综述，并布置与自己岗位相关的小作业。这样逐章的学习，会有半数以上的教师做辅导发言，扩大了参与面。

我们把每一个学习单元的组织分为“自学——自辅——质疑——点评”四个环节，并注意体现以下特点：(1) 敢于让教师自己教自己；(2) 让自我辅导的任务推动教师的成长；(3) 注意理论与实践的联系；(4) 以“少量多次、多层次”来丰富每次的学习活动视角；(5) 将集中的辅导活动与长期学习有机结合起来；(6) 通过让多数教师承担自辅任务，激发教师的参与热情和竞争意识；(7) 通过行政领导率先参与的方式激发广大教师的学习积极性；(8) 即兴的质疑与当场的答辩使教研活动生成了许多新的“火花”。

这项活动让我们体会到，校本培训的意义绝不只是培训场所的转移，而是学习机制的创新。

（选自《人民教育》2007 年第 10 期）

（三）主题研讨式

这种教研方式是从教学中筛选出教师最关心和最困惑的教学问题，并组织教师进行专题研讨，从而达到破解教学疑难问题和促进教师专业能力提升的目的。

这种教研方式的过程是：主题生成——理论学习——课例研究——研讨分析——达成共识——反思。

主题研讨式的研修活动可采取以下程序：

1. 问题的征集。问题的征集应是多渠道和多方式的，比如通过深入教师和学生当中座谈调查，通过设计问卷调查，通过参加听课评课等教研活动时留心观察等。问题征集上来后学校应建一个“问题库”，把搜集来的各种问题分类整理，综合归纳并加以记载。

2. 问题的筛选。研讨主题的确定可以由领导和教学研究人员集体来确定，可以通过征求老师的意见来确定，还可以通过投票选举的方式来确定，如列出 10 个主题让教师投票确定。不管用什么方式，研讨的主题一定要是教师最感兴趣的。

3. 研讨活动的准备。研讨活动的准备包括资料的准备，研讨人员、活动方式、活动时间的确定，主持人的准备等。

4. 认识研讨中的不足。通常研讨会最容易出现的问题是：(1) 主题不突出，话题散乱。(2) 空对空谈理论，不解决实际问题。(3) 就事论事，认识肤浅，收获不大。(4) 氛围死板，形式单一。

5. 研讨后的总结交流。研讨后如不及时总结，就会“水过地皮干”；不及时交流，只能是“点”上受益。所以研讨会之后，一定要及时进行归纳提炼，形成精炼的文字材料，分发给全校教师，实现点上研讨、面上受益、成果共享的效果。

(四) 轮流坐庄式

这种方式简单地讲就是让教研组的所有教师轮流坐庄，主持教研活动。比如语文组，开学伊始，教研组长在制订教研计划前，先召开一个教研会。这个教研会的主要任务就是让教师自己提出本学期的研究方向和研究课题。让教师提出研究课题，主要是为了鼓励教师在平时的教学中注意积累教研课题。如果有教师在随后的教学中发现了新问题，也可以更换课题，但一定要保证这种改变不会影响“坐庄式”教研活动的开展。教师确定课题后，就要开始进行相应的研究，如上网查找资料，向有经验的教师请教，上公开课等。

（五）名师引领式

一所学校总会有相对优秀的名师，这无疑是宝贵的教研资源。走近名师，解读名师，研究名师的成长规律，发掘名师的教学经验和成果，从而引领其他教师成长，这是一种很好的校本研修模式。如某学校开展的“我与名师作比较”活动就很值得学习和借鉴。

“我与名师作比较”活动分为两部分：一是名师课例的比较研究，二是名师课例与自己课例的比较研究。其中，名师课例的比较研究有3种形式：

1. 不同名师同一内容课例的比较研究。同一内容课例的可比性强，通过比较，不同名师的教学风格差异和优缺点一目了然，便于教师学习借鉴。

2. 同一名师不同内容课例的比较研究。对于不同体裁的课，同一名师往往采取不同的教学方法。通过比较，我们可以更全面地感受名师挥洒自如的教学艺术。

3. 不同名师不同课例的比较研究。这种形式通常用于专题研究，如学习目标的落实、问题的设计、详略的取舍、环节的安排等。在同一参照系下，将不同名师的课例放在一起对比，更能看出可学之处和可改之点。

（六）专家指导式

请专家到校作讲座，请专家到校指导工作，这也是一种很有效的校本研修模式，但关键是要组织好。通常应注意以下几个问题：

1. 找准对象

普通教师为何难以从名家的讲座中学有所获？主要原因是有距离。有的名家的学识与实践经验是普通教师无法企及的，教研环境不同，教学对象不同，工作的性质不同，或者说有些名家对中小学普通教师所处的环境、工作难度根本就不甚了解，用他理想中的方法来要求普通教师，显然是不妥当的。

所以学校请专家时应考虑这样几个问题：一是专家尽可能是本市的；二是专家熟悉本校情况或者本校情况与专家所在学校情况差不多；三专家是有较多任教经验。这样，无论是作讲座还是指导工作，都容易引起教师的共鸣。

2. 沟通情况

每次请专家时应避免盲目，针对什么问题，想解决什么问题，要提前和专家沟通，要主动真实地向专家谈困难、汇报学校在某学科或某环节上存在的问题，让专家做好准备，为教师拿出解决问题的良方，这样专家的讲座和指导才能到位。

3. 及时反刍

很多学校每周举行一次看名家的教学光碟或者听名家讲座的培训学习活动，教师的笔记本记得密密麻麻，然而除了领导检查时看看外，极少有人愿意再翻动它。让名家的讲座、讲课真正走近普通教师，让听者真正“消化”得了，及时“反刍”尤为重要。学校不要总以检查的名义要求教师拼命记录，教师应根据需要记录自己在听讲过程中的感悟，有重点地记，这样才不会因为只顾记而漏听了重要内容。讲座结束后，可安排专家和听课教师互动。在这个环节里，教师可以谈一谈自己的收获，也可以把问题提出来与大家共同探讨，在这个过程中一些理论性的东西可以及时内化。而观看专家的教学光盘，完全可以让教师在观看后像平时听研讨课一样，各抒己见，进行一次小规模的评课活动。普通教师的课堂与名家的课堂是有差距的，而教师对名家课堂评课的过程，就是对名家好的方法的一种筛选，选择适合自己情况的方法，继而在实践应用中形成自己的东西，这其实就是一种内化和创新的过程。

思考题

1. 你怎样理解研修？
2. 谈谈“四课”系列化校本研修模式的操作方法。
3. 什么是“主题研讨式”研修模式？对这种模式你有什么好的做法？
4. 怎样运用“名师引领式”研修模式？

第 15 章 组织设计教研活动

组织各种类型的教研活动是校长最经常做的工作之一，也是校长应具备的基本技能。校长怎样从本校实际出发高质量地组织好每次教研活动呢？

一、教研活动存在的误区

有人曾这样形容一所初中的校本培训：校长动员，豪言壮语；培训计划，完美无缺；培训过程，大打折扣；培训结果，“合作”造假。虽然这个形容有些偏激，但是也值得我们反省。一些学校的教研、科研活动确有重外在、不重内涵，重形式、不重实效的问题，甚至出现过一些劳民伤财的现象。实事求是地讲，由于主客观的种种原因，我们开展的教研活动中存在多种误区，主要表现如下：

1. 教研主旨不明

有些学校组织的教研活动，由于没有整体规划，活动主题、活动目标不明确，或为搞活动而搞活动，或零打碎敲，从而导致教研活动具有一定的盲目性，活动的重点在哪里，解决的问题是什么，组织者心中没谱，学习者心中自然就更没数了，这大大降低了教研效果。

2. 教研主角错位

有些教研活动，从活动的准备到结束，常常是上课教师在忙，评课专家在忙，广大参与教研活动的教师只是带着耳朵当陪衬，没有参与交流的机会，十分被动。从活动效果看，上课教师和相关教研员投入了满腔热情，付出了艰辛劳动，但活动的效果并不好。即使一些优秀课例，在广大教师看来也觉得距自己的日常教学很遥远，无法移植或借鉴，大多数参与教研的教师是以旁观者的身份出现，没有问题意识，交流少，积极性不高，在教研活动中收效甚微，所以活动虽然开展了，但效果并不好。

3. 教研内容不符合教师需要

通常，教研活动的选题应自下而上得出，因为一线教师最清楚他们的困惑是什么，他们存在的问题是什么，最需要解决的问题是什么。但是多年来，教研机构或学校领导喜欢从自己的经验或主观臆想出发，自上而下地确定教研课题和研究方式，内容官定、时间僵化、分工不清、形式守旧。这就容易导致教研活动脱离学校和教师实际，针对性不强，教师参与教研是被动的、消极的，因此教研活动事倍功半，甚至走形式、搞花样，劳民伤财。

4. 教研计划不周，组织不严

一次好的教研活动应该在内容、时间、地点、活动日程、签到簿、主持人、参与活动的人员等方面都计划周密。有的校长在活动计划上考虑不周密，教研活动中常常会出现差错和漏洞，不是人员通知不齐，就是环节衔接不上，不是讲话出了问题，就是设备出了毛病，导致教研活动出现混乱。有的校长对教研活动要求不严，在教研活动中，教师有迷迷糊糊睡觉的，有打手机的，有唠嗑说话的，有进进出出的，有不辞而别的……显然，这样的教研活动是不可能取得好效果的。

5. 老调重提，没有创新

有的教研活动从内容到形式都是老三样，即教研辅导、听课评课、专题讲座，既不能体现新课程的特点，也没有常规教学上的突破。主讲者讲不出新东西来，满足不了广大教师的需要，达不到理想的教研效果也就在情理之中了。

6. 水过地皮湿，不注重消化吸收

雷声大雨点小，虎头蛇尾，这也是一些教研活动常见的毛病。出现这样的毛病主要有以下三种原因：一是教研活动本身的原因，如计划性、针对性不强，缺乏明确的研究目标，理论学习脱离实际，应付考试为中心，任务布置多、深入研讨少等。二是教师本身缺少反思意识，不能自觉主动地对教研活动的成果进行很好的梳理、消化吸收，不能尝试着运用于教研实践。三是校长缺乏对教师参与活动后的要求、督促、检查。

教研中还有一些不尽如人意的地方，这里不再一一赘述。

二、有效性教研活动的策划

俗话说，凡事欲则立，不欲则废。校长组织开展教研活动也是同样的道理，不能草率从事，应该很好地策划，对活动内容、形式、时间、地点、参与活动的人等方面进行很好的筹划，精心设计出针对性强、实效性强的活动方案。那么，作为校长要怎样筹划教研活动呢？

（一）活动主题与目标的策划

任何一次活动的内容、方法、形式等都是为目的服务的。在策划教研活动时首先应明确活动的主题是什么，要达到什么目的。例如搞一次公开课活动，要解决什么问题？是介绍推广一种新的教学经验或方法，是解决教师普遍存在的某一倾向性问题，还是关注教师普遍渴望解决的某一问题？是解决新课程下三维目标的设计问题，还是解决新课程下开发课程资源、创造性使用教材的问题？总之，任何一次活动，必须先要搞清楚活动要解决的问题。

教研工作担负着教学服务、教学指导和教学研究的任务，教研活动的组织和开展，无疑要急广大教师之所急，及时为基层教师提供教学服务和教学指导，所以活动的第一层次目标应是搭建一个分享成果、研究问题的舞台。而问题的挖掘和选择更需要校长深入基层调查研究，了解一线教师的热切需要。

（二）话题的选择

来自一线教师的教研问题可能有很多，但是哪些是更重要、更关键的问题呢？这就得有所筛选。因为一次教研活动只能集中解决一两个问题，不可能面面俱到。

比如，当前小学数学教学亟待解决的问题有：（1）教学目标问题。由于新课程强调三维目标的整合，教学目标就变得难以把握，究竟该保持学科的个性，还是去追求学科之间的共性？（2）教材使用问题。新教材与旧教材相比，从材料的选择到呈现方式都发生了较大的变化，给教师增加了“吃透”教材的难度，教学时常常把握不住重点，瞄不准难点。（3）教师的职责问题。新课程强调教师是组织者、引导者和参与者，教师还需不需要扮演传授者和指导者的角色？如何避免“失职”“侵权”的尴尬？（4）教学方式、方法问题。新课程强调学生动手实践、自主探索、合作交流，强调提供现实背景，这是不是意味着所有的课都必须创设情景，采用小组合作的方式？另外，还有多媒体的运用问题、课堂常规问题，等等。显然，这么多问题不可能寄希望于一次活动就全部解决，通过筛选可确定以下一些话题：教学情境如何创设更为有效？如何发挥教材主题图的作用？如何倡导并落实算法多样化？如何培养学生的估算意识？如何让学生得到充分的体验？如何培养学生的空间观念？如何构建活动素材？如何恰当把握教学目标？如何引导学生进行数学思考？对问题进行一定的筛选，可以把问题相对集中一些、具体一些，这也是出于提高开放式研讨的效率的考虑。

（三）教研形式的策划

教研形式很重要，它直接影响教研效果。程桂芳老师曾对三、四年级的86名任课教师做过问卷调查，题目是“教师对教研活动的需求调查”。其中教研活动方式的统计结果如下：

表1

您感到受益最大的教研活动是	教材分析	专题讲座	研究课	中心组活动	视导听课	其他
百分比（%）	9	21	63	16	22	2

表2

如果让您参与教研活动，您最喜欢的方式是	说课	看一节课后评课	其他
百分比（%）	6	91	6

表3

区教研课后组织教师们交流研讨，您认为	非常有必要	有必要	没有必要
百分比（%）	37	57	5

表4

在区研究课的内容选择上对您最有帮助的是	结合教学进度的	围绕科研课题的	同一内容不同教学思路的	其他
百分比（%）	26	17	73	2

（注：以上表中可选多项）

调查结果显示，教师最欢迎的是高质量的研究课及课后的交流研讨活动。因为通过研究课，教师可以直接看到如何把新的教育理念变为可操作的教学行为。

为了了解教师们对参与研究课的态度，程桂芳老师还做了如下的调查：

表 5

您认为区研究课作课人选产生的方式是	教师自荐后筛选	中心组教师说课竞争	其他
百分比（%）	70	9	10

表 6

您对参加各种教学竞赛活动的态度是	非常感兴趣	感兴趣	不感兴趣
百分比（%）	15	53	15

可见，教师主动参与教学改革的热情很高，他们大多希望通过研究课和各种教学竞赛活动提高自己、展示自己，在竞争日趋激烈的大环境中愿意接受挑战，努力成为强者、胜者、成功者。

针对以往教研存在的问题，通过对上面调查的分析，校长在设计教研活动的形式上应该考虑这样几个问题：

1. 变“一人主讲”为“群体参与”；
2. 变“面面俱到”为“突出亮点”；
3. 变“普遍号召”为“先抓典型”；
4. 变“重形式”为“重实效”；
5. 变“盲目跟从上面”为“突出地方特色”；
6. 变“学科封闭”为“综合开发”。

三、教研活动计划的制订

教研活动计划，是指在进行某项教研活动前的具体设想，是进行课题研究工作的思路和框架。

上课要备课，教研活动要有方案。

上课要有教学目标，教研活动要有教研目标（主题或专题）。

上课要有预设和生成，教研活动要有意料之内和意料之外的区分与考虑。

上课要讲究优化教学环节，教研活动要注意活动的梯度设计。

（一）重视活动计划的设计

人们容易看到的是物化的财富，而不容易注意到潜在的财富。“点子”就是一种潜在的财富。“点子”是人做事的一种思路与策略，它体现了人的创造性和智慧。教研活动的设计就是搞教研的“点子”，也是教研的工作思路，方案设计得越好，越有助于研究工作的成功。

制订计划之所以如此必要和重要，有以下几个理由：

1. 整理思路。设计计划的过程，就是整理研究工作思路的过程。因为有了计划，课题研究就有了明确、清晰、可行的思路。如果不制订研究计划，盲目地凭感觉去瞎碰，就不可能获得研究成果，研究工作也不可能顺利进行。有些教研搞一阵就无声无息，或半途而废了，这与没有一个切实可行的研究方案有密切的关系。

2. 课题具体化。有了研究计划，该如何去实施和操作呢？只有把课题具体化，才能分步实施和操作。有人说，制订出具体、可行的研究方案，就等于完成了课题研究的一半，这是颇有道理的。

3. 有助于评估。有了教研方案，在研究过程中就可以对照方案检查自己的研究工作的进展是否按计划进行，是否按期取得了阶段性成果，教研管理部门对课题研究进行检查督促也就有了依据。

（二）活动计划的设计

活动计划的制订要简练、实用，操作性强，少说大话、空话、套话。下面介绍一个活动计划案例。

换一种方法做教研

山东省潍坊广文中学

每当学期之初，总会有不少老师抱怨学校制订的教研工作计划：“尽弄些不着边际的假、大、空的东西做什么啊？对教师起不到任何作用，计划制订之日就是计划结束之时啊！”不少老师要么把往年的计划重抄一遍，要么到网上下载一篇，草草应付了事。

基于这种情况，我们本着“问题即课题，课题在课堂，问题源于教师，教师解决问题”的原则，把教研计划和课题研究结合起来，把课题选题和课堂教学结合起来，把课堂教学和解决问题结合起来，探求教研方法，深化教学改革，经过几年实践，收到了良好的效果。

我们的做法主要有五个步骤：

第一步：征集问题

制订教研计划前，我们把教研组的老师集合起来，让他们以书面形式提交自己在教学中最感困惑的10个问题，按照困惑程度的大小顺序排列。收集后把问题进行分类，按照得票顺序排出前10个问题。

例如，我们开展了思想品德课“自主互助学习型”课堂教学实验，老师们在实践了两个多月后，感觉有很多问题需要解决。按照上述步骤我们归纳出了10个问题，分别是：

(1) 自主、互助的方式有哪些？应该如何操作？

(2) 如何协调学习小组间、小组内的人际关系？怎么让各种类型的孩子敢说话、有话说？

(3) 怎样培养学生勾画圈点、静心读书等习惯？

(4) 学生交流时，一对一，一对多，多对多，哪种方式更有效？

(5) 展示的方式有哪些？怎么操作？

(6) 怎么让学生学会表达，学会倾听，学会记笔记，学会评价，学会质疑？

(7) 课堂小结有哪些方式？小结什么内容？

(8) 怎么落实“作业像考试、考试在课堂”的要求？

(9) 如何发挥学习小组中小组长的作用？怎么培养小组长？

(10) 如何收集、转化情景材料？如何创设情境进行教学？

第二步：课题认领

将以上10个问题发放给教师，让他们从中任意认领1—2项作为自己本学期的教研课题，可以单独承担，也可以和认领相同任务的老师结成课题研究小组。

第三步：撰写开题报告

开题报告要求不烦琐，只要把问题从“是什么，为什么，怎么做”三个方面分析好，并且把时间安排好即可。这个步骤的目的是让教师把之前只存在于意识中的问题进一步系统化、条理化，为以后的研究打基础。

第四步：研究解决问题

每位教师带着自己的问题进入新学期的教学实践中，并把这个问题当成自己教学活动中不可或缺的一部分，思考之，探讨之，实践之，总结之，反思之，推广之。

一般来说，问题研究到一定程度，特别是到了学期中，很多老师会进入高原期，解不开的“疙瘩”会越来越多，有的老师甚至感觉进行不下去了。例如研究问题（2）的老师就发现，必须解决的相关问题越来越多：学习小组中男女生怎么搭配？知识水平不同，个性差异鲜明，怎样让学生有小组认同感，并能和其他小组平等竞争？等等。很多问题开题时没想到，是在研究过程中发现的。这些问题在课题研究中往往具有很高的价值。

这时，我们组织了一次“中期会诊会”，让每位老师汇报自己教研的进展情况，说一说已经取得的突破有哪些，有什么困惑，下一步的打算是什么，让全组老师进行评点，共同出主意，想办法。“当局者迷，旁观者清”，局外的人往往会有不同的视角和见解，会给研究者以启迪，出现“柳暗花明又一村”的现象。

第五步：交流共享

到了期末，每位老师把自己的研究成果整理成文，与别人交流共享。例如研究问题（4）的老师归纳出了“1—2—4—6—8……n”的小组学习交流模式，即一个需要探讨的问题提出后，学生必须自己先独立阅读、甄别、思考，个人能够解决的，不拿到2人小组中去；个人解决不了的，采取一对一的方法解决；如还解决不了，再拿到了4人小组去解决……重大问题才能拿到全班去讨论。这个模式解决了困扰许多老师的关于合作学习实效性的问题，把追求表面热闹转化为追求学习效率。再如研究问题（5）的老师竟然归纳出了28种具体方法，让所有老师既惊讶又大呼受益无穷。

因为这些成果是老师们结合自己的实践总结的，既解决了他们工作中的困惑，也解决了其他老师关注的焦点，又符合本校学生的具体情况，所以学习和运用起来都非常顺利。

实践证明，这样的研究是“以人为本”的研究，是解决教学、教研“两张皮”现象的有效尝试。

（选自《中国教师报》2008年5月28日）

四、教研活动的组织过程

即便教研活动课题选择得当，计划方案设计得也很好，但是组织不好，也会影响教研活动的效果。因此校长应做好这样几项工作。

（一）认真体会方案，逐项落实计划

在计划实施的过程中，相关人员都应认真体会计划的目的、目标、内容、形式、方法、要求，做好分工，搞好培训，做到职责分明，团队合作高效。

（二）重视过程，抓好试点

有些教研活动是先研后训，先点后面，这时前期的准备工作就特别重要，或者说前期的准备就是教研工作的重要组成部分。因为研的水平决定训的质量，只有研出了成果，训才会有成效。

教研过程千头万绪，事事关键，所以在进行教研活动的准备时，无论是执教者的准备、评课者的准备，或者专题讲座主讲人的报告材料，试点校的经验材料，教师的才艺表演，教研活动的程序、会标，主持人的主持词等，校长都应逐一审查落实，做到心中有数。

（三）抓住高潮，突出重点，严肃活泼

教研活动的最后呈现是教研工作的高潮，校长要认真调控整个教研活动，既要抓各个环节的落实，又要突出重点，既要严格要求，又要创造宽松的气氛。比如教研活动中的评课应该是高潮，也应该是一个重点，校长必须发挥聪明才智把参与活动者的积极性和创造性调动起来，让大家既有严肃认真的态度，又能在民主、宽松、和谐、快乐的氛围中发表意见，使教研活动的作用得到最充分的发挥。

在主持教研活动时，把握分寸尺度也很重要。

一方面，要注意发挥一线教师的主体作用，让他们有参与意识。如在听课评课中，可以改变以往教师上完课由专家点评的方式，鼓励听课教师上台评课，给听课教师、上课教师、专家提供对话的平台，从而激发听课教师的参与意识，增强教研活动的吸引力和凝聚力。另一方面，倡导教研活动的民主和开放，并不意味着只满足于就事论事，或茶馆式的泛泛而谈，倡导教师成为研究主体，并不意味着就可以无视专业人员的引领，相反，必须重视专家的支持和指导作用。一次好的教研活动应是既能听到教师的话语，也要有专家们的真知灼见，在开放、互动中不乏理性的升华。

（四）重视教研后的辐射，扩大受益面

为了使每次的教研活动在教师群体中发挥更好的作用，扩大影响力和受益面，校长应研究教研活动的辐射作用，使每次教研活动都能在教师中生根、开花、结果。下面斯苗儿老师和其同事们的做法就很值得学习。

活动的策划者常常都有这样的体验：辛辛苦苦策划了一个活动，而且活动的质量和效果都不错，但运用到现实课堂当中，发现学校的状况依然如旧，教师的行为也依然故我，连活动的影子都没见着。于是，怎样扩大活动的受益面，又成了非常棘手的问题。这一方面需要我们着力理顺教研网络，健全教研队伍，甚至发挥与会代表的作用，把活动精神传达并落实到校本教研之中；另一方面需要争取宣传阵地，构建资源共享的平台，如借助报刊刊载详尽的会议材料，或利用现代教育技术，把一些优秀案例放在公共资源库中，让教师可以随时浏览、调用。为此，活动前，我们在对上述诸多问题进行认真思考的基础上，拟订了详尽的方案，把活动的目的、内容、形式以及要讨论的问题和对参加会议的要求都一一交代清楚，提早下发到代表手中，并刊登在《教学月刊·小学版》上。活动后，要求每一位上课教师写出详尽的教学体会和思考，有关人员写出会议的综述等，寻求宣传阵地，争取让更多的教师能分享活动中孕育的财富。

五、发挥教研组的前沿阵地作用

什么是教研组？教研组是由同一或相似学科的教师组成的教学研究组织。教研组是以本校教师为基础形成的教学研究单位，其基本责任是抓好常规教学，组织学科的教学研究，及时总结本组教师的教学经验，改进教学工作，提高教学质量，帮助教师提高教学业务水平和师德修养。

教研组是学校开展教学研究的最基础单位，是教学研究的“前沿阵地”，是校长指挥教研活动的“腿”。因此教研组作用的发挥，对于发挥教师集体的智慧，对于调动教师积极性、广泛开展群众性的教研活动，对于校长得心应手、有条不紊地开展各方面工作，都具有重要的意义。任何一个有头脑的校长都不会忽视教研组作用的发挥。那么，校长应怎样抓好教研组工作呢？

当前教研组存在的问题，一是组织松散，有些教研组有其名无其实，作用发挥得不好。二是由于教师各自的工作负担重，教研活动时间难以保证。三是教师缺少将专家的理念转化为自己的行动的方法。四是缺经费、资料等。五是缺一定数量的骨干教师。在教学研究中，骨干教师是起主体作用的主心骨，可是，目前许多学校的市级骨干教师的数量远远不能满足需要，这是直接影响教研效果的一个不可忽视的因素。骨干教师的缺乏，使教研活动很难有效地开展起来，大多都是走过场，应付了事。而且，有些骨干教师因为本组中有些老师年龄大、资历深而无法畅所欲言，这对教师的成长极为不利。这样的教研活动缺深度，多是形式化、走过场，往往事倍功半，收效甚微。教研活动到底缺什么？缺的东西太多了，时间不能保证，考评不能跟上，氛围不够浓郁，教师缺乏积极性，活动没有系列性、不够主题化等，但是，最重要的是活动没有深度。

校长要努力解决当前教研组存在的这些问题，让教研组发挥积极的作用，促进教师的成长和学校的发展。

思 考 题

1. 目前教研活动存在哪些误区？
2. 校长怎样才能有效策划教研活动？
3. 校长怎样才能有效组织教研活动过程？
4. 谈谈你对发挥教研组作用的看法。

第16章 有效组织、指导教师备课

如今，校长抓课堂教学有效性的研究是一个重点话题。那么，研究课堂教学有效性的关键在哪里？在备课的研究。备课是上课的基础，有效的课堂教学源于有效备课，备课是保障。课堂教学有效性的研究必须从备课的有效性开始。校长必须在组织、指导教师备课方面下一番工夫。

一、备课在有效教学中的地位

“两眼一睁，忙到熄灯。”多年来，教师头上都压着两座大山，一是写不完的教案，二是批不完的作业。怎样才能帮助教师在备课时少走弯路，用较少的劳动时间获取较大的备课成果？这是一个综合性极强的问题。因为备课是一门科学，也是一门复杂的技术。让我们先从以下几方面来解读一下备课。

先看一组数据：

56％的教师认为集体备课深度不够，备课时间大多花在了统一进度，统一重点、难点和教学方法的选择上；

71％的教师认为事务性工作太多，在校没有足够的时间备课；

82％的教师认为传统的教案检查方式不科学，缺少有效的验收标准，劳而无功；

85％的教师反映在查找备课资料方面花费的时间、精力太多，学校没有完备的教学资源库。

备课是教学的源头，它隐藏着提高教学质量的全部秘密。提高课堂教学效率，减轻师生负担，促进教师专业化发展，化解新课程实施中的矛盾……这些都需要回到“备课”这一原点来加以研究。备课“牵一发而动全身”。

1. 备课不成功，上课肯定不成功

特级教师曹晓红说：“上课与备课的关系相辅相成，有怎样的准备，就有怎样的发挥和怎样的效果。”

杨再隋教授说：“语文课出现了‘虚’‘闹’‘杂’‘碎’‘偏’的问题，如果这些问题带有普遍性的话，我认为问题首先出在备课上。”

特级教师张子锷说：“我教中学物理50年了，同教3个班，课已讲了150遍了，但是到最后一遍，不备课我还是不敢上课。”

北京市特级教师陈毓秀讲《战国七雄》一课极为精彩。课后有人问她：“这节课用了多少时间备课?”她回答说：“要说时间长，我准备了一辈子；要说时间短，我准备了15分钟。”

特级教师斯霞说：“要上好课，首先要备好课。我常常把备课比做指挥员在组织‘战役’，我总是反复推敲，直到有了自己认为比较满意的设计方案为止。”

特级教师于永正说：“关于备课的重要性不必说了，反正没备课或者课备得不充分时，我是不敢进课堂的。”

诗人在谈到写诗的经验时说“功夫在诗外”，这话颇耐人寻味。那么，当我们谈到备课与上课的关系时，可不可以说，功夫在课外呢?仔细想来，有同样的道理。

2. 备课质量影响着师生负担

我们知道，“备课——上课——批改作业——测试——辅导”，这是教学过程的几个主要环节。要提高教学质量，关键是上好课，向45分钟要质量，而要上好课关键是要备好课。所以教师只有认真备好课，上好课，才能减轻学生的课业负担，以比较小的投入换取较大的成果，形成良性循环。而在违背教学规律的情况下，教师的工作会出现本末倒置的现象，他们没有把更多时间和精力用于认真备课和上课，而是把主要精力和时间放在批改作业、课后辅导和应付频繁的考试上，这就造成了教学过程的恶性循环。

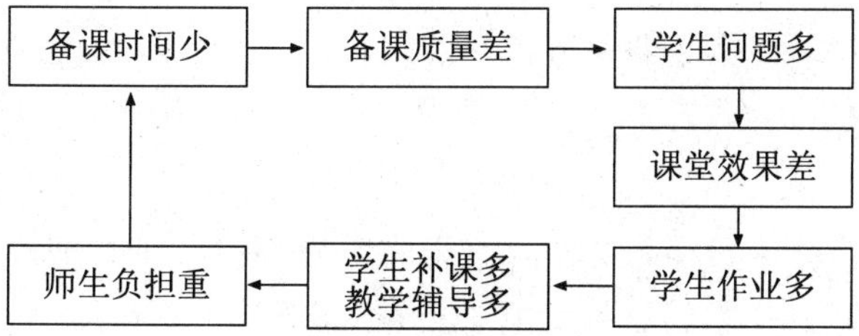

教学过程的恶性循环

3. 备课是教师专业成长之桥

教学设计能力既是教师的一种综合教学能力，又是一种创新能力，它在教师教学能力中居核心地位。因为设计教学的过程，既体现了教师的教育思想，又反映了教师驾驭教材和处理教材的能力。特级教师曹晓红说："在我看来，备课是一种学习、提升和修炼的过程，是一种放飞思想、张扬个性、抒发情感的过程，它需要每一个教师用心、用情、用力去打造。"

4. 优化备课是最现实的校本研修

当前应该对校本教研有一个逆向思考：校本教研不能越研究越高深，越研究越脱离实际，而应回归学校，回归实践。备课——说课——听课——评课——上公开课，这不仅已被证明是行之有效的教研方式，也是我国多年来沉淀下来的具有中国特色的学校教研工作的精华。其实，备课既是教师的一项工作，也是教师的一项教研。加大备课的校本研修力度，不仅能让教师受益，而且最容易被教师接受，一举多得。

二、传统备课正面临一次深刻的变革

今天的备课发挥它应有的作用了吗？为什么那么多教师花了那么多时间来备课，但教学效率并不见提高。为什么许多教师提到备课，尤其是写教案的时候，十分痛苦和无奈，备课到底怎么了？

研究表明，今天的备课无论是备课理念，还是备课内容、方法，无论是教学设计的策略，还是课堂教案呈现的形式，无论是教师的个人备课，还是教研组织的集体备课，无论是学校的备课指导，还是备课管理，都存在着许多弊端。可以这样讲，为了提高备课的有效性，备课正面临一次深刻的变革。为了研究备课改革问题，这里对当前备课的种种弊端作一梳理。

1. 弊端一：备讲案——以教代学

教学的本质是什么？教学规律告诉我们：学生是认识的主体，教为学服务，离开学生的学，教师的教毫无意义。但是现在教师的备课多数备的是"讲案"。

在备课理念上，许多教师不自觉地把备课当成了单纯的课堂教学"讲"的准备阶段，以致把教学过程变成了资料——教案——黑板——学生——笔记——考试卷的生产流水线，置课程标准、教材的整体于不顾，把学生当成了知识容器。还有的教师的教案几乎一半是教师要说的话，另一半是例题与习题，这种“台词+习题”的教案，就是一种讲案。

另外，许多教师把教案看成一成不变的方案，编写得过细、过死，每个环节的安排不能变动，甚至过渡语句、学生的正确回答都事先设计好，按部就班地组织教学，教师上课就像演员背台词、学生配对白。有位教师深有体会地说：“记得在一节乡优质课上，我教的是《荷花》一课，课堂上热热闹闹，而且整节课都非常‘顺’，没有出现一点问题，但学生有多少自主的成分？只不过是顺着教师的思路走罢了。这样的课堂教学，虽‘顺’但统得过‘死’。”

以教代学的讲案会给课堂教学带来如下负面影响：重教轻学；重讲轻练；重知识传授，轻能力培养；重死记硬背，轻消化理解；重理论灌输，轻实践操作。备课时，教师围着教案转；上课时，学生围着老师转。转来转去，缺少向前向上的发展趋势，师生的成长几乎不会发生。而且因为教学方法单调枯燥，学生完全处在“你讲我听”“你问我答”“你教我学”的被动地位，其后果是：教师累、学生苦、负担重、效率低、能力差。

2. 弊端二：形式化——无效劳动

平时我们都说教师的劳动量大，工作辛苦，这当然表现在方方面面。其中，教师备课低效乃至无效是劳动量大的主要原因。

教师的工作不管有多么多，劳动量有多么大，划分起来不外乎两类：一是教师应该做而且需要做好的工作，这些工作多一点、累一点都是正常的，这是有效劳动。二是教师做了没有用却不能不做的工作，这是无效劳动。教师的无效劳动有多少？有专家曾公布过调查结果：中小学教师的无效劳动大约占工作量的50%。有位校长经多年观察发现，教师的无效劳动主要表现在七个方面：常规项目多，重复工作多，作业批改多，编造材料多，参加会议多，应付检查多，重复培训多。这七多中有“四多”都和教师的备课有关。在一次语文骨干教师座谈会上，有位校长曾问上完课后再补教案的有多少人，在场的34位老师举起了34只手。抄来补去，忙忙碌碌，里面有用的成分能有多少？

3. 弊端三：缺创造——设计肤浅

备课是一种什么行为？多年来一直有一个误区：备课=写教案=模仿或编材料。

为什么我们的许多老师不能备出精品课呢？问题出在哪里呢？一是许多教师缺少创作意识，他们不知道国家只规定了教学的目标和内容，而具体到每堂课如何上，那是教师自己的事。他们放弃自身的优势和智慧，非要从教材和参考书中去找现成的东西。二是缺少教学设计的能力和方法，当了十几年的教师却不知道如何设计一节课。三是太迷信教材了，以为教材句句是真理，字字值千斤，不能改不能丢，教师成了教材的奴隶。

4. 弊端四：图省事——照抄照搬

比缺乏创意危害更大的是教案的照抄照搬。现在教师备课容易多了，有铺天盖地的资料，有神通广大的网络，一下载，再贴上几块“补丁”，自己的备课任务就算完成了，神速！美观！应付检查简直就是小菜一碟。可是一上课就坏事了，满堂灌倒是其次，主要是有些教师上课时连自己都不知所云，以其昏昏，如何能使人昭昭？有这样一个笑话：一所学校期末要查教师的教案，一位教师平时不写教案，此时的他不慌不忙地从同事那里拿来一本，交给一个字写得好的学生，经过几天的加班加点，教案交了上去。检查的结果是：由学生代抄的“新版”教案得了“优”，而被抄的教师的“原版”教案得了“良”。原因很简单，学生代抄的教案书写得认真、整齐、清楚，比原版教案“好”多了。

5. 弊端五：求规范——束缚个性

实际教学工作中，对备课的要求有很多，如关于备课的项目就有备课时间、教学内容、教学目标、教学理念、教学重点、教学难点、教学关键、教学方法、课前准备、课时安排、媒体运用、教学过程、板书设计、教学后记等。在这些条条框框中，形式主义的成分居多，教师为了应付检查，为了保持备课本的整洁、书写规范等，把写教案变成了一项机械、呆板的体力活，变成了一项沉重的负担。

6. 弊端六：时间紧，精力不足

时间紧，精力不足是困扰教师的又一大问题。常州市第八中学课题研究小组曾对教师的备课时间做了调查，结果如下：在调查新授课时，有40%的教师备一节课平均要用的时间在30—60分钟之间，其余60%的教师都在60分钟以上。平均备课与上课的时间比在1∶2.5。许多教师备课工作量太大，时间不够用的主要原因是分在批改作业、辅导学生、管理学生等工作上的时间过多。还有一项针对教师的调查：问题（1）：备课时间是否充足？选择是：A. 明显不足；B. 可以；C. 很充足。选择A的占91%。问题（2）：您的备课通常都在什么时间来进行？答：几乎全部是用休息时间进行备课，主要是每天晚上和双休日，在校时间得先忙于批改作业。

从上面这个调查可以清楚地看到，影响教师备课的因素虽然很多，但是最主要的原因还是时间和精力不足。研读课标需要时间，钻研教材需要时间，了解和教育学生需要时间，创编教案需要时间……教师通常是备课时间少，课前准备不足，上课时匆匆忙忙地走进教室。

综上所述，备课改革势在必行，刻不容缓。要让中小学教师从繁重、机械而低效的备课中解脱出来，使备课由“为他所控”转变到“为他所动”，最终变为“为我所用”，就必须进行深刻的备课改革。

三、指导教师有效备课的方法

根据前文所述，我们知道，备课是教师最重要的基本功，是教师上好课的基础。校长应该指导教师从教材和学生两方面来对备课内容进行分析与选择，具体来说，要从解读教材内容、分析学生基础、确定学习目标、设计教学过程等方面一步步地深入备课工作。

1. 解读教材内容

教材是落实课程标准、提高学生各方面素质的载体。它包含着课程标准要求的知识内容、技能训练以及人格培养，教师在备课时应该仔细挖掘教材中蕴涵的这些内容。因为各种条件所限，教材中包含的这些内容不可能面面俱到，不可避免地会有所遗漏，教师可以在必要之处引进课外内容以完善教材的不足。

2. 分析学生基础

教材的内容一般都具有连贯性，其难度一般具有阶梯性。在对教材内容进行解读后，必须对学生的学习基础作相应的分析，看看学生是否对之前的学习内容有熟练的掌握，看看学生的接受能力如何，学习能力如何，等等。这样便于对教材内容进行选择，以充分发挥学生的主动性：对于学生自己能学会的内容，就让学生自己去学。

3. 确定学习目标

在了解教材内容和学生基础的情况下，教师就要确定本节课的学习目标。目标必须是学生目前尚未达到的，但又是学生跳一跳能够达到的。因为目标太低了对学生来说没有挑战性，不容易提起他们的兴趣；目标太高了学生学起来太吃力，容易产生挫折感，不利于他们自信心的培养与学习兴趣的提高。

在确定目标的过程中，还要根据教材内容和学生基础确定相应的重难点。

4. 设计教学过程

在确定了教学目标后，就应该考虑目标的实现问题。要处理好教师与学生的关系，在课堂上既要发挥教师的主导作用，也要充分体现学生的主体地位。对于学生自己能够解决的问题，就要让他们充分发挥主动性，对于学生暂时解决不了的问题，也要在学生愤悱时予以启发，让他们充分体会到学习的快乐。

思 考 题

你怎样看待当前备课中的一些弊端?

第17章

组织指导集体备课

作为一种常见的富有实效性的群众性教学研究方式，集体备课在基层被广泛使用，并在提高教学质量和增进教师专业成长中发挥着重要作用。但是任何一种事物都有两面性，集体备课组织得好会发挥好它应有的作用，如果组织得不好则可能流于形式，浪费教师的宝贵时间和精力。那么当前集体备课都有哪些误区，怎样才能让集体备课更有效呢？

一、集体备课话利弊

来自集体备课的实践证明，集体备课有其利，也有其弊。

（一）集体备课的利

集体备课有很多好处，主要表现如下：

1. 集中集体的智慧

我们知道，一个教师仅凭自己的文化底蕴、教学经验以及教育观念去独立备课，关注点是很有限的，而集体备课恰能弥补个人备课之不足。它是智慧的碰撞、资源的共享，特别是它能取长补短、优势互补：老教师感染年轻人活跃的思维，青年教师借鉴老教师丰富的经验。另外，对一些教学重点的把握和难点的突破，可以在集体备课时经过大家的讨论解决，这样可以集大家的智慧为己所用。

集体备课的开展，真正把大家从烦琐、应付性的劳动中解放出来了，实现了由“劳苦型”到“创新型”的转变，备课真正做到了“备”而不是“写”，更注重了“研”与“探”，使教研氛围更加浓厚。集体备课让教师有时间和能力接受新的信息，掌握教改动态；教师可以通过与同事的交流提升业务素养，也有时间进行业务学习和进修，并开展各项科研活动，从整体上提高学校的教育教学水平。

2. 集体备课是青年教师的成长之桥

学校每一年都可能要新进一部分青年教师，要缩短他们的适应期，加快其成长步伐，集体备课就是一个快捷的平台。集体备课后形成的“共同结晶”给新上岗的教师提供了难得的“教学蓝本”，引领着新教师早日入门，尽快熟悉教育教学，缩短其成长周期。

3. 集体备课是一种最实际、最有效的校本研修

校本研修不能越研究越高深，越研究越脱离实际，而要回归学校，回归实践。集体备课已被证明是行之有效的教研方式，是我国多年来沉淀下来的具有中国特色的学校教研工作的精华，所以应在不断改革中对其加以完善，使之更好地发挥作用。

（二）集体备课的弊

从哲学上说，有一利即有一弊。集体备课尽管有上面那么多的好处，但它也有弊端，主要表现如下：

1. 集体备课可能让某些教师产生惰性

为了减轻教师的负担，为了更好地发挥广大教师的集体智慧，近些年许多学校除了加强集体备课，还按章节分配任务，再集中研讨。这些做法使得教学方案内容十分详尽，教学环节设计、教学重点难点的突破，甚至连板书和课堂检测、课后作业都已安排妥当。有些教师拿来就用，照本宣科，不把心思放在教学研究上，逐渐形成了惰性，还有些教师存在“等、靠”等思想，靠他人的经验应付教学，完全丧失了自己的主张和创新，于是就出现了这样的现象：少数人备，多数人用，加重了一些人的负担，另一些人则产生了惰性，不利于教师的专业发展。

2. 集体备课处理不好会限制教师的自主性和创造力

我们知道，教学是个体的创造性活动。如果是独立备课，教师能自主地最大限度地调动自己的各种潜能，尽可能地发挥自己的创造力。但是因为有集体备课可以依赖，教师备课的自主性、独创性可能会大打折扣。

综上分析，集体备课利弊共存。我们研究集体备课的目的是为了更好地发挥集体备课的利，尽可能减少集体备课的弊，使集体备课高效地为全体教师服务。

二、当前集体备课中存在的误区

研究表明，目前集体备课存在以下种种误区。

（一）集体备课＝集体聊天

集体备课时间到了，在教研组长张老师的催促下，教师们陆陆续续回到办公室，张老师先讲了学校和教研室的通知，之后，大家随意聊着其他话题，眼看时间过半，张老师才说："大家看看，我们今天备什么内容？"老师们于是七嘴八舌，有说学习新课标感悟的，有说课堂教学的，有说单元测试的……最后，张老师确定了一个话题让大家讨论发言，又临时指定小王老师做记录，时间一到，老师们各自散去。

（二）集体备课＝教案之和

某校教研组将新教材的各章节平均分给同年级的各位任课教师，由各任课教师分别撰写教案，完工后交给备课组长，备课组长将其装订成册，谓之"集体备课"。这样做虽然大大"减轻了教师的备课压力和负担"，但违背了集体备课的初衷，没有教师的共同参与和讨论，没有教师的心灵碰撞和集体智慧。

（三）集体备课＝网上资源的拼盘

为了快速促成集体备课，实现教师的"自我解放"，有的学校利用现代信息技术，由各任课教师分头"在线查找"，将各大教育网站中与新教材相匹配的教案下载下来，装订成册，谓之"集体备课"，全然不顾内容是否切合教学的实际需要。

（四）集体备课＝唱独角戏

集体备课在各地已成为一种时尚，各校往往根据年级和学科划分集体备课组，每组挑选一位骨干教师担任组长。由于组长在教师中往往有一定的威望和地位，所以，集体备课研讨往往变成组长唱"独角戏"，其他教师"出工不出力"，很少发表自己的意见和看法，集体备课名存实亡。

（五）集体备课＝模式教育

某所学校的5堂公开课，5位教师上课都是同一个模子：一样的导入，一样的讨论，一样的习题。听课教师不禁纳闷，为什么5节课如出一辙呢？原来这些教师经过了集体备课。难道集体备课就是机械照搬，没有自己的个性和创新吗？

三、有效集体备课的原则

尽管当前集体备课在学校中存在这样那样的问题，但它仍然不失为一种好的教研形式，关键在于学校如何兴利除弊把它组织好。

有效的集体备课应坚持以下几个原则。

（一）个人备课为基础，集体备课为辅助

个人备课是基础，如果认为有了集体备课，教师就可以放松备课，就大错特错了。加强集体备课并不是不要个人备课，反而更应该注重个人备课。

没有集体交流的思想碰撞和相互启发，集体备课就如同空中楼阁。新课程实施以后，教材内容发生了很大变化，有很多都是新选的内容，即使是老教材，教学目的和要求也变了。怎样才能常教常新、体现课程新理念，这需要教师深入钻研教材，吃透教材和课程标准。

不仅要从内容上考虑个人备课与集体备课的结合，还要考虑时间的合理安排——时间也是制约集体备课成效的重要因素之一。教师除了备课、上课、批改作业、辅导学生等常规教学活动外，还有其他琐碎繁多的教育教学活动，这已使教师疲惫不堪了。如果再加上集体备课，虽然每周只有一次，但一个流程下来，也得忙上大半周，因此教师在集体备课时出工不出力也就在常理之中了。要想充分发挥集体备课的效益，必须为大家“减负”。

（二）统一要求与尊重个性相结合

教师集体备课时，如果没有指标、时间、内容、方法等的要求，就可能过分随意，不能提升层次，如果对教师备课的要求过于规范、统得太死，又会限制教师的自主精神和创造力，所以关键要把握一个范围和度，即哪些内容可以统一要求，哪些内容可以让教师自主处理。如在理解和把握课程标准时，或者在确定教学整体目标以及应遵循的普遍的教学规律等方面，要求可以相对统一，而在具体的教学方法、方式上，则不宜强求统一。统一中有自主，统一中有灵活，统一中有创造，这是集体备课活动应该坚持的基本原则，其中创造性是检查集体备课质量的重点。

（三）突出研讨交流，淡化教案编写

有的教师把备课当成写教案、找教案、抄教案，自然也就把集体备课当成是集体修改教案了，显然，这是有悖集体备课的初衷的。

水本无华，相荡而成涟漪；石本无火，相击而生灵光。集体备课的最大有效性就是，在这个平台上，教师能进行智慧碰撞，敞开心扉，交流思想。

例如，洋思中学多年来之所以能从“先学后教，当堂训练”的课堂教学改革中取得成绩，是由于在集体备课方面有独特的做法，他们在备课时总要集中研究以下几个问题：

1. 如何引导学生自学最有效？

2. 共同研究下一周备课时的教学方案。

3. 确定学生的自学范围、自学内容、自学方式、自学时间、自学要求。

4. 自学可能遇到哪些难题？

5. 设计什么样的当堂测验题，才能最大限度地暴露学生自学过程中存在的问题？

6. 如何引导学生自我解决这些问题？

在这里，教是根据学生的“学”来组织进行的。

（四）集体备课与研究重点相结合

每一次集体备课的内容在广度、深度、难度上，都会有所不同，因此集体备课不应要求面面俱到，而应尽可能在解决重难点上下工夫。

（五）单一的备课与多形式教研活动的结合

实践证明，单一的集体备课尽管会让教师有一定的收获，但是它不如多种形式教研活动的组合的作用大。如在学校广泛开展“四课”系列化教研活动就会使教师的收获更大。

四、有效集体备课的组织管理

校长有效组织集体备课要做好以下几件事。

（一）有一个“雷打不动”的备课制度

集体备课要坚持，要持之以恒。只要每周备课的时间、内容、方法、责任定了，就应不折不扣地执行，否则集体备课就有其名无其实。三天打鱼两天晒网，这样的集体备课是不能取得好的效果的。

（二）营造畅所欲言的备课氛围

宽松、民主的气氛，有助于备课成员广开思路，而压抑、紧张或者是“一言堂”的备课氛围，自然就会堵塞和抑制大家研讨问题的积极性。所以营造良好的教研氛围很重要。

（三）要有一个有影响力的组织者

良好教研氛围的形成，离不开好的主持人。备课组的成绩是大家的，但没有一个有影响力的组织者进行引导和组织，也不能取得理想的成绩。试想，在一个没有中心引导者的备课组中，即便大家十分善于总结反思，发现了很多问题，产生了很多困惑，可提出来时却无人解释，揣着问题来，又兜着问题回去，长此以往，不但老师没有进步，集体备课也会流于形式，使人产生惰性，直至懒得提问，懒得讨论，懒得进行集体备课，因为大家不能从集体备课中获取所需。

主持人应具备以下几种能力：一是业务尖子，技高一筹，有影响力；二是作风民主，善于听取大家意见；三是有调控能力，善于调动备课组每个成员的积极性。

（四）加强备课指导

对于教师的备课，只提要求而不进行引领和指导是不合适的。批评教师这样做不好，那样做不好，那么哪种方法最好呢？一些青年教师和教学能力低一点的教师，不是不想把课备好，只是苦于不知道如何备课。他们不会组织处理教材，不会设计教学流程，不会筹划、选择教法和策略，所以为教师提供备课方法指导，让他们进行经验交流是十分必要的。备课指导可以采取下面的做法。

1. 集体指导

这应纳入学校的教学工作计划，每一学期，针对教师备课需解决的问题，有计划地开展几次备课专题讲座。

这些讲座可以从校外请教研员来讲，也可以由学校教导主任或校长来讲，还可以请学校骨干教师、学科带头人来讲。讲完以后，大家还可以进行磋商、研讨。

2. 个别指导

学校领导除了组织集体指导外，还应经常深入教学实际进行个别指导，这是提高教师备课、上课能力的一个重要方法。

3. 示范指导

示范指导是指导备课的又一种方法。对于教学研究的新课题，对于新教材，对于较复杂的课程，可以由业务能力强的教师备课、上课，做出榜样，启发大家。

示范指导可做到三个“先”，即“先学一步”“先准备一点”“先上一次”。所谓“先学一步”就是派教师出去参加教研会，学习经验，或到外校参加集体备课。有了“先学一步”就可以让这些人“先准备一点”，校长可以同他们一起磋商研讨、开路子，然后再由这些人在组内上各种类型的示范课，最后大家照样子备课、上课。这是传、帮、带的过程。

承担示范指导的可以是小学的学年组长、中学的教研组长，还可以是教学主任或校长。

4. 资料指导

这是指学校给教师提供一些关于优秀教师、特级教师备课和上课的图书、杂志、光盘等资料，以引导教师提高备课水平。

为了帮助教师开展好集体备课，下面介绍一个集体备课的案例。

集体备课：从“减负”到“能力提升”

——记一所小学的四次探索

浙江省温岭市城西小学　瞿梅福

集体备课是很多学校的常规教研形式。作为一所由多所完全小学合并而成的城乡结合部的街道中心小学，面对教师基本教学规范不齐整的情况，我们决定先从备课环节抓起，通过开展集体备课，改进备课质量，提高教学质量。

起步：仅为了“减负”的集体备课。

所有教师以备课组为单位进行分工，每人负责一篇课文或一个课时，提前写好教案，提交到备课组集体讨论，之后形成一个比较成熟的、可供大家使用的“通案”。这样的合作，节省了大家不少的时间和精力，受到教师的普遍欢迎。

但是，几次下来，问题便暴露出来了。一些备课组将各章节平均分配给各位任课教师，由大家分头撰写教案，然后合订起来复印给大家，以这样的个人教案之“和”作为集体备课的成果；也有一些备课组充分利用现代信息技术，分头到各大教育网站搜集、下载与教材内容相匹配的教案合订起来；有的备课组虽然也组织研讨活动，但大家都“十分尊重”主备教师，主备教师基本包办了备课组的教案；备课组教师以集体备课形成的“通案”为纲，并遵照执行，但不同风格的教师面对不同基础的学生，“通案”也会问题百出。这种眼睛紧盯“完成教案”的集体备课，背离了备课的本质，即使完成了教案，也是不成功的集体备课。

探索之一：不让“集体”弱化了“个人”的备课能力。

我们加强了集体备课的研讨环节，把集体备课的目标定在“让教师学会备课”，逐步建立备课规范。

每次活动前，备课组认真完成并提前生成主备教案，做好主讲发言的准备；要求备课组长做好主持工作，调节教师讨论气氛，及时做好讨论内容的记录。几次尝试下来，其他问题又出现了：主讲教师分析教学内容时往往重教轻学，教学环节分析中注意了共性问题，却忽略了对本班学生实际情况的关注。

针对这些问题，学校对主备教师如何撰写主备教案、准备主讲发言，提出了更为具体的要求。

主备教案要做到：(1) 有教学目标、教学重难点、教前准备、板书设计；(2) 每课时要有教学要点、教学流程、作业设计；(3) 为减轻教师负担，要求语文教师第二课时写详案，数学教师新授课写详案，其他学科每个课题写一个详案；(4) 提倡兼任教师写教后反思，以写教与学中的亮点或不足为主。主讲发言应包括：(1) 站在教者、读者、作者或编者的角度对教材内容进行深入分析；(2) 对教学设计的意图进行说明；(3) 对教学环节进行分析，重点放在对目标的达成与重难点的突破上；(4) 对层次性作业的设计意图加以说明，而不仅仅介绍自己设计了哪些作业。

之后，新的问题又出现了：整齐划一的分组活动安排，操作形式基本不变，而实际教学内容却各有特点；开始研讨时常有收获，而反复“磨备”后渐渐淡而无味，教师对集体备课的依赖性加强，学校要求教师独立备课反倒成了苛刻要求；教师习惯了统一教案，自己的思考少了，对预案的深入调整少了；教师的负担非但没有减轻，反而有所增加……集体备课成了束缚教师的“绳索”。面对这些问题，我们又进行了集体备课的专题研讨。

探索之二：重视教师有思考地参与。

集体备课的真正目的不在形式的改变，而是要让教师学会独立备课。虽然集体备课为教师提供了相同的剧本，但是不同的演员面对不同的舞台会怎么表演呢？我们认为，大家实际使用的教案应该是在集体讨论后独立生成的。教师有思考地参与应成为我们推进集体备课改革的新要点。

鉴于此，学校提出要发挥集体智慧，在大家对教材的理解达到最佳程度后，强调一定要从自己的实际出发，对集体成果做适当的取舍和调整。“四度调整”成为我校集体备课的一大特色。

一度调整：辅备教师在参加集体备课活动前，抽时间浏览主备教案，结合本班学生实际做一些调整，注明个人见解，对主备教案做教前的设想调整。

二度调整：集体备课的主讲教师发言后，辅备教师从不同角度、不同侧面谈个人见解，并在听取大家对主备教案的调整意见的基础上，积极思考，博采众长，在空白处做修改记录，以便形成一个合理的、个性化的教案。这是集体智慧的结晶，也是个人智慧的激活。

三度调整：平时的教后反思。尽管教学预案对学生可能遇到的问题做了充分考虑，但事先的设计同实施之间总会有一定的距离，教师也常会发现一些不足。因此，教师要将自己课后的反思分析记到教案中，可以记录成功的经验，也可记录教案的修改，还可以记录学生的创新和问题，包括一些突发事件的应对，以及分析处理的成败得失。三度调整还可以记录教师在教学活动中的经历与思考。

四度调整：在下一次集体备课活动之前的半小时，一般针对上两周的教学内容，教师要交流各自的教后反思，就教学处理、训练题的设计、学生学习表现等情况进行交流。这是教案运用于课堂教学后的深刻感悟。在交流过程中，要求教师及时跟进思考，广纳众长，做进一步的补充调整。

为了强化教师“四度调整”的意识，并让教师学会运用“四度调整”改进教学，学校要求教师每次调整都采用不同颜色的字来标注（一、二度调整用蓝色，三度调整用黑色，四度调整用红色）。

探索之三：让教师学会深度的教学设计。

在备课组坚持常态的单元集体备课两年后，我们觉得教师的积极性又有些下降，活动新意少了，教师也感觉集体备课对自己的提高不如以前那么明显了。这是为什么呢？经过访谈，我们发现，教师对规范备课的程序要求已经掌握，以分析的眼光去参与备课讨论，并个性化地吸收和调整的意识已经具备，但如何上好一堂课，备好一堂课，并不是几项制度和活动的操作流程所能解决的，教师期待在活动研讨中进一步提高自己的教学设计能力。只有这样，教师才能真正获益。

针对这种情况，我们适当减少了集体备课的课时覆盖面，稍稍增加教师自主备课的课时，突出了一些比较典型的教学设计方法或教师在教学实施中经常感到困难的专题，加强了对教学处理中典型问题的主题性指导。集体备课不能满足于教学过程设计的优化，它要反映教师分析和解决教学问题的能力。因此，在条件成熟时，我们将集体备课演变成以教学讨论来解决教学问题的教研活动。从关注现象到切入问题，集体备课也在提高其研究的理性水平。正因为如此，集体备课才能真正成为教师专业发展的有效载体。

在对集体备课的不断探索中，我们的集体备课从形式走向实质，从工作应急变为方法指导，继而深化为问题研究。在这个过程中我们认识到，学校要以发展的眼光看待集体备课，以行动研究的策略来推进和完善集体备课，及时发现实际工作中的问题，实事求是地调整管理制度和操作要求，实现集体备课的与时俱进。

（选自《人民教育》2007 年第 10 期）

思 考 题

1. 集体备课有哪些利和弊？
2. 进行有效集体备课应坚持哪些原则？

第 18 章 组织指导教师进行试卷分析

前事不忘，后事之师。作为教学质量分析中的一项主要内容，试卷分析是教育测量的一个组成部分。校长抓好这项工作对于研究教学、评估教学质量，特别是改进教学工作和提高教师专业化水平有至关重要的作用。考试对教师来讲，好比医生手中的听诊器，用以诊断学生的“病情”，以便对症下药。

一、试卷分析的准备

试卷分析是一件科学性极强的工作，而一切科学的结论均是以事实为依据的，试卷分析需要大量事实的支持。其实，试卷分析就是对试卷使用所派生出的事实的分析，离开事实，试卷的分析就是虚假无效的。

(一) 认真解读与目标试卷相匹配的学科考试说明

目标试卷即教师要着手分析的试卷。我们知道，一份成品试卷，是在多种质量测试因素的规定下产生的，其中对试卷的面貌和内容起决定性作用的就是学科考试说明，因此，要评价一份试卷，首先要了解其制约文件——《考试说明》。

1. 研究考试说明中的“命题原则”

命题原则对试卷的面貌特征起着极为重要的规定作用。一般从命题原则中，我们能找到关于命题内容和程度要求的依据、命题与教育教学的关系、命题在落实学科内容方面的侧重点、命题所用题材及试卷结构的特点等。

对命题原则要进行细化解读，抽取出其核心规定，并将之转化成能通过试卷反映的特征，以备与试卷进行比对，对试卷作出有效的评价。

在 2007 年辽宁省十二市初中毕业生学业考试语文学科的考试说明“命题原则”中有这样一句话：“命题以《语文课程标准》规定的内容和程度为

依据。”通过对这句话的解读，我们了解到如下规定：本次考试以《语文课程标准》为依据，而不是以某种版本的教材为依据，《语文课程标准》中规定的学习内容在试卷中都要有所体现；试卷中试题所体现出的知识和能力层级要相当于《语文课程标准》的规定，不能高于其规定。

经过这样的解读，我们脑海中就有了试卷的轮廓，而且这个试卷轮廓是理想的、抽象的，我们可以据此来检验目标试卷与考试说明的切合度，从而评价试卷的优劣。

2. 研究考试说明中的“考试范围、内容及要求”

对考试范围、内容及要求的研究，我们可以采用定点定性的方法进行。定点，即认定考试内容涉及学科的哪几方面的内容，每项内容下有多少个考点。定性，即考试说明对考点的具体程度要求。

2007 年辽宁省十二市初中毕业生学业考试语文学科的考试说明“考试范围”中规定：“考查《语文课程标准》‘课程目标’中第四学段规定的内容。”这句话决定了此次语文考试将涉及“识字和写字”“阅读”“写作”“口语交际”“综合性学习”五大项内容。这里的“识字和写字”在“考试内容和要求”中又规定为：“认识 3500 个常用汉字。能认清字形、读准字音，了解汉字的基本意义，能在具体语言环境中正确运用汉字；书写汉字做到笔画清楚，字形规范，不写错别字。”在为试卷分析做准备的考试说明研究中，我们就可以为“识字和写字”定点定性，即考题中有一项为“识字和写字”，下设两个考点：一识字，二写字。在“识字”中要求“认识”3500 个常用字的形、音、义，在“写字”中要求的程度是写对 3500 个常用字。通过对考试说明进行定点定性的解读，我们就有了对每一道具体试题进行评价的尺子。这里要补充说明的是，考试说明对具体考查点的程度要求为程度要求的上限，即试题所体现出的考查程度要等同于或低于考试说明规定的程度，如“理解”程度的要求可以降低为“了解”程度来考查。

3. 研究考试说明中的“试卷结构”

通过研究考试说明中的“试卷结构”，掌握试卷由几个板块组成，掌握各板块的分数及主要题型。在考试说明中，“试卷结构”部分写得很简短，看上去一目了然，但这部分内容对试卷的规定是最直接和具体的。试卷在对这部分要求的体现形式上往往是唯一的，切合程度是百分之百的。制订考试说明时，每部分用什么题型去考，各部分各赋多少分是要经过一系列的论证才能最后确定的，这个结果包含着丰富的信息，整合了许多教育教学因素，是最优化的，所以试题对这一部分的遵守是不能打半点折扣的。了解了考试说明中对“试卷结构”的规定，我们就有了一个评价试卷的标准。

（二）搜集对比卷及其试卷分析

对比卷是指和目标卷所针对的考试完全相同的前一次考试所使用的试卷，如2006年某市的初中毕业生学业考试试卷如果是试卷分析的目标卷，那么2005年这个市的初中毕业生学业考试所用的试卷就是对比卷，对比卷对于目标卷来说，就像是一个参照物。任何一次考试都是在前面考试的基础上继承发展而来的，所以同一考试所用的试卷一定是有连贯性的，而且这种连贯性是占主导地位的。试卷中那些体现连贯性特点的恒久稳定的内容和形式，保持着学科的本质；而试卷中那些与时俱进地变换着面貌的内容则呈现了学科的新理念，甚至是教育的新理念，是必须要引起重视的。这样看来，能搜集一份对比卷，并了解其相关评价信息，就能为目标试卷的分析搭建一个有效的比照平台。

对对比卷的试卷分析要高度重视、认真揣摩，尤其是对其中那些改进建议要反复斟酌。要充分认识改进建议提出时所依据的理论或事实基础，要准确判断建议的优劣，不能人云亦云，不能把自己不确定的东西拿来当做对目标试卷进行分析评价的标准。

（三）资料的收集和统计工作

数据的统计和资料的收集是一项工作量极大、环节极为繁琐的工作，单凭一个人的力量是根本不能完成的，因此校长为了得到相关数据和事实就必须依靠广大一线教师。数据统计是一项目的性、技术性极强的工作，如果没有明确的目标和具体的模式，这项工作就无法完成。因此校长要做好组织工作，确保为试卷分析提供科学有效的数据。

1. 收集并统计各类资料

（1）对成绩测验所用的试卷作分析时一般需要下列数据：

总体数据：①参加考试的总人数；②平均分；③最高分；④最低分；⑤优秀率；⑥低分率；⑦及格率。

总体数据是指全体研究对象的数据，在总体数据中每个个体（每张试卷）只计一项数据，即这张试卷的总分。

抽样数据：①样本数目；②样本数据统计目标；③目标项的相关数据：得分率、平均分、满分率。

在这里，样本是指从总体中抽取的部分，一部分叫一个样本。在试卷的相关数据统计中需统计各单题的相关数据，而一份试卷中的单题一般都有几十道，不可能把全体参加考试的学生的试卷中的相关数据都统计出来，这时候就要抽取样本。样本的抽取一般是随机的，样本数目越多，用样本估算总体的性质就越精确。但样本数目越大，统计就越麻烦，因此要根据具体需要来确定样本的数目。通常情况下，数目不大的总体不需要抽取样本，对数目大的总体抽取样本一般不能少于 30 个。

样本数据统计目标是指要从样本中统计的某一项具体数据。

（2）教师对成绩测验所用试卷的分析一般需要下列事实：

①学生对试卷的总体反应。如学生对这次考试所用试卷是否满意，学生对试卷的难易有什么评价，学生对试卷面貌是否认同，学生是否在规定时间内从容答完了试卷上的问题等。

②学生对具体单题的反应。如试题是否在学生所学知识和所具备能力的范围内，试题的设问方法是否给回答问题造成了不良影响，试题的答案是否为学生所接受，学生对哪些题满意、对哪些题不满意，学生在哪些题上花费的时间比较多，哪些题学生尽全力也不能得满分等。

③学生在具体单题上有哪些有创意的回答，学生在单题回答上出现的主要错误是什么。

④广大教师对试题知识和能力的覆盖面是否满意，对试题的难易程度如何评价，对试题的特点是如何概括的，对试卷有哪些修改建议，对试题有哪些质疑。

2. 制作并发放各类统计表

统计表就是把数据用表格的形式表示出来。统计表的结构主要包括：(1) 标题：是表的名称，写在表的最上方，要简单而清晰地说明表的内容。(2) 项目：也称标目，是表内各项的名称，纵向的叫纵标目，写在表格的上方；横向的叫横标目，写在表格的左方。(3) 数据：数据是用来表述标目的数字，有实测数据，也有计算出来的理论数据，如百分比、平均数等均为理论数据。(4) 数据来源：说明数据的出处，写在表的底端边线之下，以便查对。

校长所做的是统计的组织工作，下发给试卷使用单位的统计表应是只有标题、项目而数据栏为空白的待填统计表。下发这样的统计表不但可以减少一线教师的工作量，而且能使所收集到的数据目标和规格是统一的，便于集中使用。

教师收到的待填统计表应至少有下面几种：（1）学生总体成绩统计表，横标目为参加考试的学校名称；纵标目为：总人数、平均分、最高分、最低分、优秀率、低分率、及格率。（2）每道单题得分情况统计表，横标目为试题在试卷中的编号；纵标目为：得分率、满分率、平均分。（3）师生对试卷的反馈意见表，这张表中所规定的项目是不确定的，可依据自己即将进行的试卷分析的需要来确定。

3. 对收集上来的数据和资料进行处理

对数据的处理主要是合成汇总，即将收集来的实测数据按统计项目逐项汇总，在此基础上按一定的求值公式进行计算，得出各项理论数据。

对搜集到的资料的处理，一种方法是同类合并，得出结论；一种方法是进行鉴别和取舍，对那些没有代表性、对试卷分析没有作用的资料要舍弃。

上面所进行的处理，其实已经进入试卷分析了，是试卷分析工作的开始。

二、怎样进行试卷分析

试卷分析没有固定的内容和形式，也没有固定的流程，分析什么视分析的目的而定，怎样分析视自身特色和试卷特色而定，分析将得出怎样的结论更是见仁见智。对一份试卷的分析，要做到科学、准确，需进行信度、效度、难度、区分度等计算测定，然后根据测试的目的，例如是水平性测试还是选拔性测试，从试卷、教学、学生三个方面进行分析。

（一）试卷分析的基本规划

一般而言，试卷分析可以从下面几个方面着手开展。

1. 确定分析目的、范围、方法

在进行试卷分析之前，先要明确此次分析的目的是什么，重点是什么，试题范围，考查哪些知识，哪些是新知识，哪些是旧知识，基本题有多少，综合题有多少，难度怎样，用什么方法分析等。

2. 统计成绩

通常统计成绩均用表格形式，内容包括应试人数、平均分、标准差、及格率、成绩分布等。

目前大多数学校进行成绩统计和分析时，主要还是采用传统的办法——

看平均分，其实这不够全面。我们知道，平均分可用来刻画全班学生成绩的集中趋势（一般水平），而标准差则可以用来刻画全班学生成绩的离散趋势（波动程度），标准差大说明全班成绩参差不齐，平均分的代表性就弱。因此，两者结合有利于较为客观地与平行班或下一循环的数据作比较，一般来说，平均分数高而标准差较小的班组成绩较好。

在进行成绩统计分析时，要采取辩证的观点，即把成绩作为衡量教学效果的重要依据，但不能作为唯一根据，因为分数不能百分之百地反映教学效果。

3. 答题情况分析

这是试卷分析的最重要内容，其做法是按题统计正误人数，摘录典型错例，诊断错误性及错误原因，如果时间允许，最好再计算出每道题的得分率。

诊断学生解题错误的性质及错误原因要具体情况具体分析。

通过对答题情况的统计与对错误的诊断，能发现学生的知识缺陷或其他不足，有了这些第一手材料，讲评试卷和补课辅导才能有的放矢，拟订改进教学的措施也有了依据。

对成绩统计和题目分析的记载可以采用表格形式，其中典型错例与每道题的正误人数，可以在阅卷时边批改、边记录。

4. 找出存在的问题

根据成绩统计和错题分析的情况，着重分析存在的问题。学生试卷上出现的错误，有学生的问题，也有教师的责任，但是作为检查教学效果和总结教学工作的依据，主要应该在“教”上找原因。

从教师方面分析，有教育思想、教学态度、教学方法、对待教学工作的责任感以及掌握教材的程度等因素。

从学生方面分析，有学习态度、学习方法以及原有的知识基础等因素。

存在的问题要找得准，写得具体，不能笼统抽象不着边际。

5. 拟订改进措施

试卷分析的主要目的是为了改进教学，一定要针对问题提出改进措施。改进措施要具体，例如，学生计算能力差，应加强对计算能力的培养；发现学生字迹潦草，粗枝大叶，应培养良好的学习习惯……

对班上的差生，最好将测试成绩、错误分析单列一张表，根据个人具体情况提出相应的教学措施，以便做好转化工作。

下面是一张小学三年级期末考试的试卷分析表。

三年级（1）班　　　　考试日期：1月17日　　　　任课教师：×××

<table>
<tr><td colspan="14">班级原有45人，参加考试44人，缺考原因1人病假</td></tr>
<tr><td>考试范围要求</td><td colspan="13">全面考查第五册课本的教学内容（并适当联系第三册、第四册的内容），考查重点是乘数、两三位数的乘法和两步应用题（包括求平均数应用题）。基本题占80%，包括第五册课本中的大部分知识，综合题占20%。</td></tr>
<tr><td>成绩统计</td><td>平均成绩</td><td>100</td><td>99—90</td><td>89—80</td><td>79—70</td><td>69—60</td><td>59—50</td><td>49—40</td><td>39—30</td><td>29—20</td><td>19—10</td><td>10以下</td><td>差生情况</td></tr>
<tr><td></td><td></td><td></td><td></td><td></td><td></td><td></td><td></td><td></td><td></td><td></td><td></td><td></td><td>王×××32分
李×××43分
张×××48分
刘×××52分</td></tr>
<tr><td>错题情况</td><td colspan="13">（1）多位数的读法，错误率达35%，大都错在有0的数的读法上。
（2）计量单位的化聚和换算的错误率达42%，如2吨=2000斤。
（3）计量单位概念模糊，拿“一个鸡蛋约重50（　）”这个题来说，很多学生填“斤”“两”，错误率达79%。
（4）应用题错误率高，主要是不理解题意，尤其是第3题错误率高达65%。
（5）珠算加减法占15分，错误率约60%。
（6）口算不熟练使计算错误也很多；有些应用题列式对，但计算错了。</td></tr>
<tr><td>问题分析</td><td colspan="13">（1）我刚接班，不了解学生的知识基础，教学针对性不强，要求偏高。
（2）本学期教学内容多，为了赶进度，没有及时巩固，学生学得半生不熟。
（3）关键问题是没有认真改进课堂教学，课上讲得多，作业都留在课后做，造成学生作业潦草，错误率高，不能发现学生的错误，并及时予以纠正。
（4）虽然也重视差生的辅导，但是批评苛责多，积极鼓励少，因此差生提高不快，不及格学生增加了三个。</td></tr>
<tr><td>改进措施</td><td colspan="13">（1）根据学生的知识缺陷，适当布置有针对性的作业，让学生练习。下学期初，全面调查学生的知识基础，建立学生学习的“知识档案”。
（2）下学期重点抓课堂教学结构改革，在课堂里完成大部分作业，尽可能在课堂上解决问题，做到“堂堂清”，开学初教学进度慢一点。
（3）做好对差生的辅导工作，实施“课内课”的办法，尽可能在课内帮助他们解决当天作业的困难。在寒假里，组织互帮互学，安排一个优秀生帮助一个差生。
（4）重视培养学生良好的做作业习惯，对学生作业提出严格要求。
（5）认真备课，采用“以新带旧”的办法，有计划地复习旧知识。</td></tr>
</table>

对期中期末试卷的分析结果，一般都要形成书面材料，有的也可以采用表格形式，但一定要简明扼要，这样便于学校统一分析和保管，上好试卷评讲课，也便于上报教研部门，便于他们检查指导。评讲的目的有三：（1）使

学生及时了解自己和全班同学的成绩。（2）使学生知道对在哪里，错在哪里，错误原因是什么并及时订正错误。（3）弥补知识缺陷。

讲评课一般采取这样几个步骤：

（1）说明本课要求。

（2）做考试小结。

简单小结考试情况：全班成绩怎样，哪些知识掌握得好，哪些同学进步了，需要表扬，对中差生要鼓励。

（3）重点错误分析。

对试卷中的普遍性错误要重点分析，指出错在哪里以及产生错误的原因，教会学生使用课本纠正错误。

（4）分发试卷，订正错误。

对错题进行分析后，再分发试卷，让学生自己订正错误。如果先发试卷，再进行错误分析，学生可能只顾看试卷而不听教师的分析了。这一步要重点帮助中差生。

订正时，不要把错题擦掉，只需把正确的答案写在旁边就可以了。

（5）针对学生的普遍性错误，编拟专门作业，让学生课后练习。

在讲评中和讲评后，要教育学生正确对待分数，胜不骄，败不馁，总结经验教训，继续努力。

（二）试题分析

在试卷分析中，试题分析很重要。怎样进行试题分析呢？我们先来看一个例子。

下面是教育部考试中心组织专家对 2003 年高考语文试卷“第四大题”进行的分析。

本大题包含文言文翻译、古代诗歌赏析、名句名篇默写三项内容。

16. 把文言文阅读材料中画横线的句子翻译成现代汉语。

（1）裴矩遂能廷折，不肯面从。

译文：________________________________

（2）君恶闻其过，则忠化为佞；君乐闻直言，则佞化为忠。

译文：________________________________

【答案】（1）裴矩竟然能够当廷辩驳，不肯当面顺从。（2）国君厌恶听到自己的过错，那么忠诚就会变为奸伪；国君喜爱听到正直的言论，那么奸伪就会变为忠诚。

【分析】文言文翻译是考查考生文言文阅读综合能力的有效手段。多年来文言文翻译均安排在四选一的选择题中，主要考查对文意的理解等内容。自去年开始，改用主观题的方式考查考生自己动手的能力。当然，文言文翻译含有一定的主观成分，不是纯粹的客观题，所以在对考生的要求上，也应有一定的灵活性。

文言文翻译应对关键词语提出较高的要求，如果不能正确理解关键词语，就很难准确译出全句。这里也希望广大中学师生切实注意这一问题。当然，在命题时对试题难度的把握也有细致的考虑，例如第（1）题未将“遂”字列为关键词语，就是为了降低难度。“遂”字在这里表示“竟然”的意思，是唐太宗深刻了解裴矩的为人及其在隋朝的表现后，感到裴矩的言行出乎意料，才用上了这个“遂”字。如果要求考生人人都能这样考虑问题，是不切实际的。本题难度0.511，区分度0.503。

17. 阅读下面一首唐诗，然后回答问题。

过香积寺

王维

不知香积寺，数里入云峰。古木无人径，深山何处钟。

泉声咽危石，日色冷青松。薄暮空潭曲，安禅制毒龙。

［注］安禅：佛家语，指闭目静坐，不生杂念。毒龙：指世俗欲念。

古人评诗常用“诗眼”的说法，所谓“诗眼”是指一句诗中最精练传神的一个字，后来也指全诗中最精彩关键的一句。你认为这首诗第三联两句中的“诗眼”分别是哪一个字？为什么？请结合全诗简要赏析。

【答案】“诗眼”分别是“咽”“冷”。山中的流泉由于岩石的阻拦，发出低吟，仿佛呜咽之声。照在青松上的日色，由于山林幽暗，似乎显得阴冷。“咽”“冷”两字绘声绘色、精练传神地显示出山中幽静孤寂的景象（意境）。

【分析】本题重点考查的是考生鉴赏文学作品的能力，能力层级为E。

初步鉴赏文学作品，体味作品的艺术魅力，是中学语文教学中极为重要的一项内容。过去我们运用客观性命题的方法，即采用选择题的方法来考查这一能力，从2002年开始，运用了主观性命题的方法，2003年沿袭这一做法，继续采用主观性命题。

试题用了王维的五律《过香积寺》一诗来赏析，题目的切入点为“诗眼”。现在“诗眼”往往用来指一首诗中最精练传神的一个字。宋以后不少人认为，唐人五言诗工在一字，谓之“诗眼”，我们题目中讲的“诗眼”，也就是指这样的一个字。

王维这首诗的五六两句一向为人称道，前人对此评解甚多，如《唐诗选脉会通评林》中引汪道昆的话说“五六即景衬荒凉意，‘咽’字‘冷’字‘工’。”沈德潜在《唐诗别裁》中说：“‘咽’与‘冷’见用字之妙。”《唐诗从绳》中说：“五六是‘危石’边‘泉声咽’、‘青松’上‘日色冷’，成倒装句。”《岘斋诗谈》认为这两句写“泉遇石而咽，松向日而冷，意自互用”。清人赵殿成说：“下一‘咽’字，则幽静之状恍然；著一‘冷’字，则深僻之景若见。昔人所谓诗眼是也。”……可见，这两句中的诗眼当是“咽”“冷”二字。这两句诗写的是：山间的流泉，由于危石的阻拦而发出低弱的吟声，仿佛人的呜咽之声；披洒在青松上的日色，因为山林的幽暗，似乎显得十分阴冷。两句中的“咽”“冷”二字绘声绘色、精炼传神地勾画出了香积寺外山中的幽僻冷寂。再从全诗来看，诗人谓初“不知”有山寺，等到深入云峰，于古木林丛人迹罕到之处，忽然耳边传来了一阵阵寺院的暮钟声，而方知寺之所在。前面几句的描写其实也都勾画了香积寺外山中的一种幽微僻静之景。现在“咽”“冷”二字更加烘托出了全诗所表现的孤寂之境。

对诗的赏析可以有不同的方法和角度，如采用字的活用、句式的倒装这样的方法对“咽”“冷”二字进行赏析，或从修辞的角度、心理的角度来鉴赏“咽”“冷”二字的作用，也是完全可以的，只要赏析得恰当，都可给分。本题难度0.527，区分度0.4009。

18. 补写出下列名句名篇中的空缺部分。(任选两小题)

(1) 子曰：“质胜文则野，文胜质则史。____________________，____________________。”(《论语·雍也》)

(2) ________________，____________________，茕茕孑立，形影相吊。(李密《陈情表》)

(3) 风急天高猿啸哀，____________________。____________________，不尽长江滚滚来。(杜甫《登高》)

【答案】(1) 文质彬彬　然后君子　　(2) 外无期功强近之亲　内无应门五尺之僮　　(3) 渚清沙白鸟飞回　无边落木萧萧下

【分析】本题考查的是名句名篇的默写，能力层级为A。

我国的文化传统源远流长，我国的古典文献极为丰富，其中不少名句名篇堪称中华文明的结晶。背诵一定数量的名篇，是中学语文教学大纲的要求之一，它有助于培养学生热爱中华文明的情操，也有助于培养学生高尚的审美情趣和一定的审美能力。

这道试题中出了三段：(1) 是选自《论语·雍也》中的一段，要求考生写出“文质彬彬”“然后君子”两句。成语“文质彬彬”源出于此，这一段话的意思是“质朴如超过文采就显得粗野，文采如超过质朴就显得虚浮，文采质朴配合得宜，才像个君子”。(2) 是李密《陈情表》中的一段，要求考生写出“外无期功强近之亲”“内无应门五尺之僮”两句。李密，字令伯，西晋时人。《陈情表》是他向晋武帝陈情的一份表章。这里的“期功”是古代的一种丧服制度。“期”(jī) 指服丧一年，“功”又分大功、小功，大功服丧九个月，小功服丧五个月。(3) 是杜甫《登高》中的两联，要求考生写出“渚清沙白鸟飞回”“无边落木萧萧下”两句。杜甫是我国盛唐时期的著名诗人，他的《登高》一诗过去评家认为是“杜集七言诗第一”。“渚”是水中小洲，“鸟飞回”是指鸟在急风中飞舞盘旋，“落木”指秋天树木落叶。这两联都是写景，而且对仗都十分工整。本题难度 0.417，区分度 0.432。

从上面的例子我们可以得出下面的认识：“试题分析”按试卷中试题排列的顺序依次进行，评析对象是试卷中的大题及单题，分析的方法是：先说明大题的名称及其考查的具体内容，然后以小题为单位进行分析。首先呈现原题，然后给出配套的试题答案，接着对试题的考查目的、试题素材选用的理由、考查的关键点进行分析，最后给出本题的难度及区分度的数值。这里要补充说明的是，如果我们是针对平时成绩测验所用的试卷进行分析，应该再多给出一些对学生在答题过程中的得失情况的分析说明；介绍答题策略，要多给出一些能够引起师生学习和教学反思的统计数据，如满分率、得分率、平均分等，这样才能充分沟通信息，发挥试卷分析对教育教学的指导作用。

这样进行试卷分析以事实为依据，准确分析学生的学习状态，诚恳地传授学习策略，以促进教学、促进学生发展为目的，是很可贵的。

三、怎样撰写试卷分析报告

试卷分析的结果一般是以试卷分析报告的形式来呈现的，所以试卷分析报告是很重要的，一定要写好。

（一）撰写试卷分析报告的原则

1. 实事求是的原则

试卷分析报告一定要依据事实，对试题功能和使用目的的分析一定要严格依据试卷本身，要对试卷中的每一道试题进行深入分析，了解其反映的事实本质和全貌，这样对试题所作的阐述才是正确的、有效的。实事求是的另一层含义是：撰写者要依据自己对试卷及试卷使用情况的认识来撰写试卷分析报告，认识到什么程度就写到什么程度，不可过分追求深刻和新奇，不可空谈，不可混淆是非。

2. 重分析的原则

试卷分析报告要侧重于分析，即要从所掌握的事实中找出规律，发现特点，揭示本质，明确因果，指明趋势。在分析过程中，要综合运用除形式逻辑外的其他一些思维方式，如比较、综合、抽象、概括、归纳、演绎、类比等。分析应观点鲜明，理由充分，逻辑严密，有说服力，有针对性，让每一个分析结论都能在实际工作中充分发挥作用。

3. 简洁通俗的原则

试卷分析报告一定要让学生读懂，让学科教师读懂，让主管教学的领导读懂。要把报告写得简洁，就要抓住要点，表达精确，不东拉西扯，不含混不清；要做到通俗，就要实话实说，尽量运用实测数据。

4. 灵活性原则

试卷分析报告没有固定的模式，将分析报告写成什么样，完全依赖于撰写者自己的试卷分析目的，即使是针对同一份试卷，也可以写出两份或两份以上不同的分析报告，一切视需要而定，不必拘泥于传统形式，要以有效为前提，力求出新。

（二）撰写试卷分析报告的方法

试卷分析报告不拘一格，可以选择不同的内容，可以采用不同的形式。但一经选定了分析的内容，对此进行分析时，就要尽量从多个角度入手，明确其各方面特征，把各种相关因素联系起来，使试卷分析产生最大的效用。

通常试卷分析报告的撰写包括以下几项内容：

1. 基本情况；

2. 试题特点；

3. 抽样分析情况；

4. 学生答题得失分析；

5. 教学改进意见。

下面介绍一个试卷分析报告的案例：

蓝山县2006年下学期期末检测五年级语文试卷分析

蓝山县教研室　陈少芳

2006年下学期五年级语文期末检测试卷严格按照《蓝山县2006年下学期期末检测实施方案》的命题要求进行命题。试卷从基础知识、阅读、作文等方面对学生的知识和能力进行了较全面的检测。整份试卷密切联系教材，关注学生实际，题量不大，难易适中，覆盖面较广。下面就试题的抽样情况、学生答题情况以及对今后教学的看法等方面作出分析，谈些看法。

一、基本情况

本次检测参考人数4519人，人均66.58分，及格人数3327人，及格率73.62%，优秀人数1346人，优秀率29.79%。

二、试题特点

本试卷分为三大板块，共十二道大题，知识点及分数见下表。(略)

(一) 内容结构稳中求变，稳中求新。与往年试卷相比，这次试卷带有明显的延续性、继承性和创新性。试卷整体保持稳定，基础知识、阅读和作文三大板块稳定不变，分值也保持不变，但通过采用“判断”和“选择”的题型增大了考查面，开放性的题目给学生提供了较大的答题空间。

(二) 作文改变了以往紧贴教材的形式，首次突破教材，给予学生广阔的自由发挥空间，有利于让学生表达自己最真实的想法和情感。

三、抽样分析情况

为了更好地了解学生答题的情况，我随机抽查了三所学校(城区一所学校、乡镇一所中心小学、山区一所学校)的100份试卷，对三大板块的学生答题情况抽样调查，具体情况如下。(略)

四、学生答题得失分析

尽管试卷的第一、第二部分都是基础题，但大多数学生在答题过程中所暴露的一些问题和弱点不得不引起我们的重视。

(一) 字音、字词(第一、第二、第三、第四题，共17分)

试卷中要考查的字音、字词，都是本册教材中学生必须掌握的，应该是很容易的。我抽查了城区一所学校的20份试卷，全对的有12人，6人得14分，2人得13分。从得分来看，学生对字音、字词的掌握较好。部分学生失分的主要原因：一是答题时粗心大意；二是对字音、字词掌握得不牢固，导致答题时出现判断错误。

（二）句子（第五、第六、第七、第八、第九题，共24分）

第五题要求学生选择一组正确的词语填在括号里。这三个句子中，一个是课文中的原句，两个是《同步训练》中的原题，所填的三个词语都很好理解，而且非常简单。我抽查了一所乡镇中心小学的20份试卷，正确率为65%，作为农村小学，这个得分率是不错的。从卷面来看，失分的原因有：一是课文读得太少；二是平时练习时没有认真答题，错题也没有订正。

第六题是判断句子正误。此题学生的得分率较高，稍要加强的是修辞手法的判断和运用。

第七题是按要求改写句子。此题城乡的差别很大，城区学生得分率相当高，而乡镇的有些学生此题一分也没有得到。这些学生连最简单的“缩句”也不会，改“陈述句”和“转述句”的难度就更大了。

第八题是修改病句。此题少数学生不会使用修改符号来修改病句。

第九题是排列错乱的句子。失分的学生主要是因为没有掌握方法，逻辑思维能力不强。

（三）积累（第十题，共10分）

第十题是填空题，所考查的内容是本册的古诗和名言警句。学生大体情况较好，部分学生丢分的原因是写错别字，如：“视”字多一点，“知己”写成“知已”等。

（四）阅读（第十一题，共19分）

虽然这篇短文学生没有接触过，但文章篇幅不长，浅显易懂，学生阅读起来没有什么困难，阅读短文后，要回答的问题也比较简单。抽样结果表明，此题的得分率偏低。

第1小题是开放性题型，学生得分率相当高；第2小题（送分题）要求学生从短文中找出讨厌、愚蠢、骄傲这三个词语的反义词，这三个词语在平时的口语交际中常常用到，相当好理解，可有的学生错得太不应该，如：讨厌—幸福，愚蠢—感谢，骄傲—活泼等；第3小题学生做得相当好；第4小题很活，题目不难，但不仔细揣摩人物的心理活动，不反复默读句子，很容易判断错误；第5、第6小题的答案就在短文中，中心句非常明显，前后照应的句子读读短文的开头和结尾也一目了然，但不少学生试卷上都是空白。

（五）作文（第十二题，共30分）

作文题为《二十年后的我》。这是一篇想象作文，要求学生充分发挥自己的想象力，想象二十年后的自己会是什么样子：可能成为一名医生、老师、科学家，也可能成为一名军人、农民企业家、园艺师，在不同的岗位上为社会发展、为人类进步做着贡献。改版后的教材，作文教学由以往只注重写实的思路，转变为写实、写虚并重的思路。这一思路的改变，是要求借写想象作文，激活、丰富学生的想象力。本次检测的作文题也是作文命题的首次改革和尝试。

从阅卷情况来看，好的方面大致有以下几点：一是想象巧妙、新奇，颇有创新意识；二是内容丰富多彩，语句优美流畅；三是中心明确，结构比较完整。但学生在考场作文中表现出来的一些问题也不容忽视：一是选材上多雷同之处，视野不够开阔；二是语言积累不多，表达不完整，缺乏遣词造句的能力；三是写作技巧欠缺，有的作文层次不清，语言颠三倒四；四是书写不规范，字迹潦草，错别字多。

五、对今后教学的几点看法

（一）重视字词教学，夯实语文基础

字词教学是语文教学的重要内容之一，是阅读和写作的基础。要学好语文，首先要识字，要掌握一定数量的字和词。从本次检测中，我们很明显地看到，许多学生字、词不过关。试卷中考查的字、词都是本册教材要求学生必须掌握的，如：随遇而安、斩钉截铁、张冠李戴等。这些词语在平时的练习册中也常出现，学生应该有较多认识和巩固的机会，可为什么学生的得分率还不高呢？从对全县中小学的教学督查中，我们可以寻找到一些答案：有的教师平时设计的课堂练习题的题量少而简单，没有达到训练的目的（课堂作业虽然都是生字抄写、组词、组句等一些基础的训练题，但对学生掌握基础的知识是很有帮助、很有效果的）；有的教师没有认真批阅课堂作业和《同步训练》（《同步训练》是学生的配套教辅资料），或写一个“阅”字，或画一个钩便是对学生作业的评价；还有的教师没有要求学生做《同步训练》，我们抽查学生的《同步训练》时，里面全是空白。

要提高学生的成绩，应重视字、词的教学。在检测卷中，字、词类的题目只要学生平时稍加努力，就可以得分。因此，教师在教学中应重视词语听写、词语抄写和组词的训练，同时还可开展丰富多彩的活动（如词语接龙、猜谜）来训练和巩固学生对词语的掌握。

（二）提高阅读能力，引导个性阅读

从抽样调查的结果来看，阅读题的得分率是最低的，这说明学生的阅读能力还不强。其实，本次试卷的阅读题并不难，只要学生认真阅读短文，是很容易找到答案的。

我们到学校听课，课型往往都是阅读教学，但我们发现不少教师一节课讲个不停，学生很少有朗读和思考的时间。阅读是极具个性化的行为，教师要充分认识自读自悟对培养和提高学生阅读能力的极端重要性。只有让学生直接面对文本，用心读书，学生才能获得个人的理解、体验和感受。

阅读教学的核心就是培养学生的独立阅读能力。因此，教师在阅读教学中要让学生多读，让学生在读中理解，在读中体验，在读中感悟。

（三）激发习作兴趣，抒发真情实感

从平时的抽考和小学毕业会考阅卷中，我们发现很多学生的作文雷同，严重时，一本（20份）试卷有四五个学生的作文一模一样。作文内容的虚假，已成为小学作文教学的顽症，“作文打假”刻不容缓。

学语文，学生最头痛的就是写作文，写习作时常常觉得无事可写，无话可说。培养学生的写作能力要采取多种方法，激发学生的写作兴趣，使学生不断获得写作的动力。

一篇好的文章，真情实感比华丽的辞藻、富丽堂皇的布局更为重要，离开真情实感这个前提，一切写作技巧都成了空中楼阁。真实的才能打动自己，文笔才会流畅。作文教学要多点自由、开放，少一些束缚、限制，使学生在内容、情感上贯彻一个“真”字，在语言、形式上贯彻一个“活”字。

总之，作文一定要让学生写身边的事，说心里的话，说有童真童趣的话；想象作文则要鼓励学生展开想象的翅膀，写出新意。

（四）丰富语言积累，注重语文实践

积累对提高学生的整体素质起着至关重要的作用。不熟读、背诵、博览大量的诗文，不进行相当数量的练笔，要想学会读写是不可能的。课内积累，主要是在诵读中积累，如描写人物、景物的词语，细节描写具体生动的句子，运用修辞手法的句子，富有哲理、意味深长的句子等。课外积累，则可充分利用学校图书室的有利资源或学生自己的藏书，组织学生开展丰富多彩的读书活动，让学生读好书、多读书、爱读书，并指导他们做好摘抄和读书笔记。

语文教学必须采取语言积累和语文实践相结合的原则，使学生在积累中运用，在运用中积累。课外时间，可组织学生交流见闻，交流心得，让学生在交际中学习语言，运用语言；可鼓励那些写作能力较强的学生向学校的广播站投稿，为学生创设成功的机会，让他们获得成功的喜悦；还可开展“手抄报”“演讲”等综合实践活动，从而达到拓宽学生视野，丰富知识积累的目的。

（选自《蓝山教研博客》）

思 考 题

1. 试卷分析对学校教学管理和学科教学有什么作用？
2. 谈谈怎样做试卷分析。

第五篇　教育科研领导力

如果你能对名教师、名校长、名学校做一番考察的话，你就会惊奇地发现，他们的成名和积极开展教科研活动有着密切的关系。如果这不是一种偶然的巧合，据此可以得出这样的结论：要成为名教师、名校长、名学校，就必须走教科研之路。那么，校长要怎样引导教师走上教科研这条星光大道呢？本篇可以为校长提供最实际的帮助。

第19章

校长应树立科研意识

当今社会的日新月异，无不拜科学所赐，科学成果的获得，又依赖于科研。对于教育事业来说，没有教研就没有教育的今天。而要创造更美好的教育的明天，我们必须坚持教研。

一、走研究之路能带来什么

创造学认为，世界上的发现归纳起来只有两种：一种是发现外部世界；一种是发现自我。无论是发现外部世界还是发现自我，都要靠学习研究。创造学还认为，每个健全的人都有巨大的发展潜能。人生最大的遗憾，莫过于始终没能利用自身潜能和特长去创造本可以出现的奇迹。一个人要想利用自身潜能和特长去创造本可以出现的奇迹，也要靠学习研究。由此，一位教师如果在教育职场不甘于平庸和寂寞，不甘于埋没自己的智慧和才华，想要有所作为，就必须投身于研究行列，从一个“教书匠”转变成为“研究型”教师。

研究如此重要，那么，研究的魅力在哪里？研究的功能是什么？研究对教师到底有什么重要意义？

（一）有研究才有效率

用较小的劳动投入取得较大的教学效果，这是多么理想的工作状态呀！但是，这种效果从哪里来呢？靠研究。

有一位青年教师讲过这样一件事：周末回家，和同样教五年级语文的母亲谈起教学问题时，母亲摇着头说：“现在的学生真难教，前几天教了一个‘蒸’字，课上分析了这个字的间架结构，还抄了十遍，今天一默写，咳，竟有20多位学生把这中间的‘一’给忘了。无奈，今天的家庭作业只能再抄十遍，这下可该记住了吧！”我当时觉得奇怪，我在教这个生字时，学生只抄三遍就全记住了，怎么要抄20遍呢？这不可能！“你是怎么教的？”我问。“怎么教？讲清了结构，再抄几遍，不就该记住了吗？”母亲说。

原来如此！她没有告诉学生记忆的方法！我教这个字时，形象地告诉学生：‘蒸’字中的‘一’是蒸锅的底，下面的‘灬’是火，如果蒸锅没有底，馒头不就煳了吗？”学生们笑了，当然，也在这一笑中把这个字记牢了。

为了达到相同的效果，一个要学生写三遍，一个要学生写二十遍，多大的差距！这种差距是怎样产生的？显然，母亲因循守旧，女儿改进创新。其实，在学校里像这样低效与高效、有效与无效的教育教学案例每天都在上演。

目前中小学教师的工作状况是做得多，想得少；简单重复的多，认真研究的少。教师大多是“两眼一睁，忙到熄灯”，每天忙于备课、上课、批改作业、辅导、带班、应付检查，很少腾出时间来思考，更不用说进行很深的研究了。当然这里有客观环境的原因，但也有教师缺少研究意识的因素。他们像老黄牛一样，只问耕耘，不问收获；只顾埋头苦干，不问效率效果；只顾盲目地做，不注重研究，盲干有余，巧干不足。还有些教师常年自我封闭，守着传统教学，按部就班，画地为牢，一干就是十几年。

否定自己是痛苦的，但是有时只有敢于否定自己，才可能超越自己，创造一个崭新的自己。现在有许多教师在教学观念上还存在这样的误区：

1. 宁肯相信教，而不相信学（只有教师讲，学生才能会）。

2. 宁肯相信熟能生巧，而不相信熟也能生笨生厌。

3. 宁肯相信教科书上用处不大的教学资源，也不相信文本以外很有用的教学资源。

4. 宁肯相信虽笨一点的老办法，也不相信虽不熟练但短时高效的新办法。

教师要想转变上述这些思想观念就必须去研究。因为只有研究，思想才能发生撞击和裂变，新旧方法孰优孰劣才能得以鉴别。一个有创新思想的教师，总是敢于向自己挑战，勇于创新，跳出自我封闭的小天地，让自己的思想实现大的飞跃，只有这样，专业发展才能一年上一个台阶。

据此，今天的教师在勤奋工作之余，也应腾出点时间思考一下：我这样勤奋到底值不值？哪些值，哪些不值？怎样做才能更有价值？天道酬勤，亦酬术，磨刀不误砍柴工。教师要想在教育教学中变蛮干为巧干，变低效为高效，变被动为主动，就得走研究之路。

（二）有研究才能成长

实践证明，对教师来说，学习研究是通往专业成长的高速公路。哪位教师驶入这条路，哪位教师的专业能力就会得到突飞猛进的发展。

好风凭借力，送我上青云。如果你对名师进行过一番考察的话，你会惊奇地发现：几乎每个名师的成长都有一个的刻苦学习和潜心研究的过程。其实，“研究型教师”与“教书匠”只是一步之遥。

有人当了十年的教师仍然停留在一年的水平，而有人只当了一年的老师，却有别人当十年教师的水平，这是为什么呢？原因其实很简单，一个走的是磨道式循环的专业成长道路，一个走的是螺旋式上升的专业发展道路。

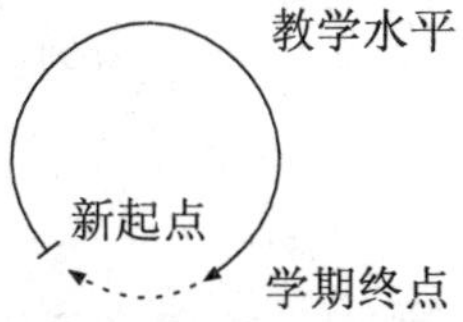

图1　磨道式循环

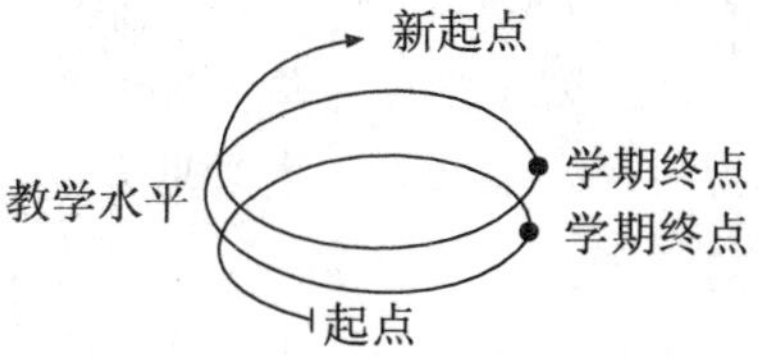

图2　螺旋式上升

磨道式循环是一条自我封闭的专业成长道路，走这条路的教师只有工作意识，缺少学习研究意识。他们主要靠自身原有的知识经验就书本讲书本，不注重学习和改造，日复一日，年复一年，总是在自我的圈子里往复和循环。沿着这条路从黑发干到白发的许多教师虽然兢兢业业，燃尽了蜡烛，抽尽了蚕丝，但教学业绩平平，汗水与成果不成正比。

反之，螺旋式上升是一条工作——学习——总结——研究的专业发展道路，所采取的是对外学习、对内改造的策略。由此，教师的教学能力会一个学期上一个新台阶，年年岁岁教此书，岁岁年年法不同。

可见，“教书匠”与“研究型教师”只是一步之遥。这一步之遥是什么？是是否注重学习与研究。走磨道式循环的自我封闭的专业发展道路，可能成为“教书匠”，成为平庸无为的教师；而走螺旋式上升开放式的专业发展道路，可能成为各级骨干教师、名师，乃至特级教师。做研究型教师，今天付出的一切，都是为美好的明天做准备的。

所以要想加快教师专业化成长的步伐，校长就应该不断增强教师的学习研究意识，让他们积极参与研究工作。

（三）有研究才有风格

人的个性是独具魅力的，人的创造性藏在个性里边，个性是人最有价值的部分。我们现在太需要个性化的老师了，那么个性化的老师从哪里来呢？如今为什么有主见、有思想、有个性的优秀教师凤毛麟角？不能不说，这与教师只注重勤奋工作、不注重思考有密切的关系。因为不愿思考，不会思考，教育教学工作只能在低水平上机械重复，像磨道式循环一样，这又怎能快速成长呢？

有人曾问三个砌砖工人："你们在做什么？"第一个工人说："砌砖。"第二个工人说："我正在赚工资。"第三个工人却说："我正在建造世界上最富特色的房子。"简短的回答，使每个人的工作态度跃然纸上：第一个工人是为工作而工作；第二个工人是为赚钱而工作；第三个工人则是为创造目标而工作。据说后来，前两人一生都是普普通通的砌砖工人，而第三个工人则成了有名的建筑师。

那么，为什么第三个工人能成为有名的建筑师呢？一个重要原因就是他有强烈的研究意识。教师也是一样，不研究只能做教书匠，只有研究，才有可能有个性、有风格。特级教师钱守旺通过研究总结出来"稳中求活，活中求实，实中求新，和谐自然"的教学风格；小学语文特级教师薛法根提出了"务实、求活、拓宽、创新"的教学风格；特级教师王崧舟提出了"重情性、重意会、重简约、重自悟"的教学风格，这些教学风格的提出都是靠研究。也可以这样说，没有研究就没有这些特级教师，当然也就没有这些教学风格的形成，所以，要让教师形成自己的教学特色和风格，就必须鼓励他们搞研究。

（四）有研究才能突破

卢瑟福是现代原子物理学的奠基人。一天夜里，他偶然发现一位学生还在埋头做实验，便好奇地问："上午你在干什么？"学生回答："在做实验。""下午呢？""做实验。"卢瑟福不禁皱起了眉头，继续问："那晚上呢？""也在做实验。"卢瑟福大为恼火，厉声斥责："你一天到晚都在做实验，什么时间用于思考呢？"

卢瑟福斥责勤奋，似乎不合情理，学生勤奋却遭到批评也许有些委屈。不过这却引发了我们深深的思考。很多时候，我们的岁月淹没在仿佛很有价值的忙碌中，却舍不得和不情愿拿出时间来思考，以至于使许多实践少有突破。我们中小学教师的教育教学工作和专业成长是否存在同样的问题呢？

有人就中小学生心理健康问题展开调查，面对收回的问卷，无论是教育行政部门的领导，还是校长和教师，都感到了些许意外与尴尬。

——在“最讨厌的人是谁”一栏，有的学生填写的是“妈妈”，有的填写的是“班主任”。

——在“最苦恼的事”一栏，许多学生填写的是“找不到知心朋友”。有一个学生画了一只小狗，名字叫“花花”，下面注的是“花花是我唯一的知心朋友”。

——在“最希望的事”一栏，有学生填写的是“痛痛快快地大哭一场”。

调查发现，约有32%的中小学生具有心理异常表现，也就是说中小学生中有1/3的人存在比较明显的心理问题：焦虑、偏执、自卑、孤僻、心胸狭隘、抑郁多疑，因而造成了厌学、逃学、敌对、人际关系不适，甚至产生出走、轻生等后果。

这些问题应怎样解决呢？这离不开教育科学研究。

目前，我们还不知道人类潜能的极限，但我们知道儿童的发展潜能是巨大的。由于教育科学的落后，在某些方面，我们的教育不仅会贻误人才，甚至还会扼杀人才。

教师专业成长过程中常会出现“高原现象”。处在“高原期”的教师，专业发展停滞不前，找不着前进的动力，无法跨上高一级台阶。如何有效突破“高原现象”？也要靠研究。

有位名叫肖伟华的老师说：“我于1990年参加工作，到1997年已教了两轮高三，在高考中都取得了不错的成绩，可以说已能胜任日常教学工作，但是下一步怎么走，我心里真有些茫然。就在这时，校领导把一个区级课题“多媒体辅助教学的研究”交给了我。而正是这次机会，使我走上了研究的道路。课题组的培训，让我有机会研读理论书籍，我也开始从理论高度去思考问题，总结以前的教育教学工作。同时，我还学习了计算机技术，开展计算机辅助教学的实践，我把动画引入物理课堂教学，通过清晰地展示物理现象的发展过程，让学生感到耳目一新。这不仅使教学成绩有很大的提高，而且让我的专业有了长足的发展。

（五）有研究才有快乐

人生最枯燥、最无聊、最厌倦的事，莫过于简单重复性的劳动。做教师时间长了，最让人受不了的就是每天“重复着昨天的故事”。每天家庭、学校两点一线的奔波，课堂上学生脸上顽皮的表情，教室里的三尺讲台、一块黑板、几根粉笔，备课，上课，批改作业，辅导学生，处理琐碎事务……没完没了，毫无新意。这程式化的工作生活谁不厌倦？有的老师敷衍应付，心思全不在教育教学上；更多的老师则默默地当着任劳任怨的老黄牛，麻木无趣，苦而不乐，实际上，这也是泯灭一个人的个性和创造力的过程。

那么，怎样帮助教师摆脱简单重复性的劳动，寻找教育教学中的乐趣呢？把教研和科研结合起来，以教研促科研，以科研带教研，用课题带动学习，用任务驱动研究，这是一些中小学培训教师、促进教师专业成长的一种好方法。研究是一种乐趣。正如苏霍姆林斯基所说：“如果你想让教师的劳动能够多给教师一些乐趣，使天天上课不致变成一种单调乏味的义务，那你应引导每一位教师走上从事研究的幸福的道路上来。”

双脚踏上幸福路，越走路越宽。工作——学习——研究是教师最好的成长方式；职业——专业——事业是教师职业人生的最佳选择。学习研究是教师通往专业成长的一条幸福之路。

二、对教育科研有效性的拷问

毋庸置疑，教育科研在教学实践中取得了很大成绩，发挥了重要作用，但是它也存在许多误区：课题越搞越大，问题越研究越深，课题越申报越高，文章越写越空，研究成果越研究离实践越远，科研的信度越研究越离谱……这是多年来教育科研“繁荣”背后存在的“泡沫”。许多教师不是在实践中搞研究，而是在办公室中“坐而论道”，搞“书斋式”“注解式”研究。研究过程中立项的多，结题的少；研究成果评比奖励的多，推广运用的少；论文著作发表出版的多，阅读应用的少。教育科研的这种虚假繁荣何时才能改变？

真正科学的东西总是简单而又深刻的。学校不能把教育科研搞得太科研化了，教育科研要走下神坛，回归平民。没有大众化的、群众性的、应用性的教育科研活动，就不会有真正的中小学教育教学的春天。

不能走大路就走小路，不能搞大题就搞小题。近些年，小课题研究已引起了一些中小学和教科研部门的兴趣和重视，许多单位在这方面也取得了不少研究成果，并受到教师们的欢迎。“山重水复疑无路，柳暗花明又一村”，中小学教师更适合搞小课题研究。

三、怎样理解小课题研究

通俗地说，小课题研究以教师在自己的教育教学实践中遇到的问题为课题，运用教育科研方法，由教师个人或几个人合作，在不长的时间内共同研究取得结果，其研究结果直接被应用于参与研究的教师的教育教学实践工作中，并取得教学实效。

小课题研究是一种"草根式"的小型化研究，它是一种"自下而上"的具有乡土气息的研究。如果把教师的研究工作小型化，进入"草根"这个层面，研究工作会发挥更好的作用。如下面这个案例。

初中生数学有效预习的研究

泰安迎春中学　李才菊

问题的发现。对初二、初三年级的学生而言，预习是自学的一条有效途径。想学好数学一定要养成预习的好习惯。我现在意识到：原先让学生预习只是流于形式，平时布置作业时总是简单说一句："回家预习明天学的内容。"简单一句话，对学生没有起到任何作用。有些学生听话，会去预习，但也只是草草看一遍，看不出问题和疑点；有些学生连看也不看。故预习失去了它的作用，这样的预习没有一点效果，那么怎样让学生预习才会有效呢？

问题的思考。怎样提高初中生数学有效预习的效果？经过一段时间的思考，我认为，要有步骤地引导学生学会预习，必要时开设预习指导课，在课堂上选取有代表性的内容，创设课前预习的情景，一步一步指导学生，让每个学生都能掌握预习方法。

问题的对策。指导学生预习初步采用以下四步骤：做什么——怎样做——为什么这样做，用的是什么知识，有没有其他做法——还有什么不明白的地方或自己有何见解。做什么：就是告诉学生预习的内容，也就是即将学习的内容，让学生心中有目标，这样才能有的放矢地阅读教材。怎样做：教给学生学习的方法，做到泛读教材、精读教材，适当地做标记。为什么这样做：反映学生的思维角度和方向，明确知识与方法的应用。不明白的地方：让学生预习后发现问题或形成自己的想法。学生仅有理论的指导是远远不够的，重要的是行动。

学生该如何做呢？

1. 读：阅读教材，初步了解概念、定理及例题的分析等。

2. 画：画出重点知识。

3. 思：思考新旧知识的联系，思考定理的条件及结论，思考例题的明确思路及解题方法等。

4. 用：用自学到的知识来解随堂练习，与书上例题对照或与课堂上老师讲的对照，以便发现自己出错的地方。

5. 注：把自己不理解的内容在书上注明，带着问题去听课，会更有针对性、目的性。

研究的效果。如今预习已引起了老师和学生的重视，学生明白了养成预习习惯是学习数学的有效途径，在预习中培养了自学能力，为终身学习打下了良好基础，学习成绩也得到了进一步的提高。

（选自泰山教育网）

与规划课题相比，小课题有以下几个特点：

（一）小。切口较小，内容单一

所谓“小”，即小巧。一是研究范围切口小、周期短，容易操作。常常用来解决教师在教育教学中遇到的困惑、问题。研究的内容可以是教学过程中的某一章节或某个专题，也可以是教育教学中存在的现象、案例、问题等。二是研究成果灵活。研究成果可以是经验总结、教学模式展示课、独特的教学设计或教学论文等，也可以是研究小报告、访谈记录、调查问卷及报告、学生作品，还可以是音像作品、课件、图表或教具等实物。三是规模小。研究涉及的范围小、人员少、时间短，因而规模小、投资少。

（二）活。自由选择，自主性强

所谓“活”，即运用灵活。一是选题立项活。小课题从本质来说是一种个人研究行为，课题可以申报立项，也可以不审批立项，提倡一种“教学即研究，教师即研究者，成果即成长”的理念。二是研究内容和时间活。小课题研究什么？什么时候研究？怎么研究？这些不需要囿于教育科研课题规划部门所提供的选题指南，教师可以“我的事，我做主”。三是组织形式活。可以一个人承担一个研究项目，单独开展研究，也可以成立两人以上的小组共同研究，还可以以教研组、备课组、年级组、教学班的教师为单位，组建微型课题组，开展研究工作。小课题可以重复研究，不同学校的教师或课题组可以同时或先后研究同一个问题。小课题人人都可以研究，时时都可以开展，处处都可以进行。研究在兴趣中生根，在实践中开花，在过程中结果。

（三）实。从实践中来，为实践服务

所谓“实”，即实在、实用。一是选题“务实”。小课题研究针对教师教育工作中遇到的盲点、热点、难点、疑点问题，选题贴近学校、贴近教师、贴近教育教学实际。如：上课时，学生不愿举手发言怎么办？也许这些问题有些小，但它们恰恰又是众多一线教师在日常教学活动中经常遭遇的最为真实的难题，是影响教师顺利组织教学活动的现实问题。二是研究过程“踏实”。这些研究对教师来说，既实在也实用，教师用自己的语言叙述自己的实践，从自己的实践中提炼自己的经验，让自己的经验体现自己的特点。三是研究成果突出行动、操作。即强调在“做得好”的基础上“提炼得好”，“做得好”表现出实践上有真正的行动，“提炼得好”体现出对研究做法进行了规律性的总结。

（四）快。短周期，快出成果

所谓“快”，即时间短，见效快。一是即时性。一方面，小课题生成于教师的教育实践之中，根植于教师的课堂教学之中，具有随机性、偶发性、情景性，常常不约而至，另一方面，小课题的研究周期显得很灵活，课题研究的时间视研究的内容而定，可长可短，时间短的两至三周就可以解决问题，长的三至五个月，最长的一般不超过一年，不需要固守三五年的研究周期。二是见效快。由于研究的周期短且基于在实际工作中解决具体问题，因而速度快、效率高，一个问题解决了，就可以转入对下一个问题的研究，一个问题解决了，就可以得到一定的收获。有些研究不需要触及该问题的方方面面，也不需要形成系统的经验总结，也不苛求一定要将研究心得发表，关键是教师要自己体味到收获、成长、成功。

大课题研究与小课题研究的区别是相对的，它们之间是相互联系的，如：通过小课题研究培养教师进行大课题研究的能力，为进行大课题研究做准备；而大课题研究也可以细分成许多小课题，通过小课题研究把大课题的研究具体化。正如陶行知先生所说：“对于教育问题，用分析的客观的方法研究。将大问题分析为数十数百个小问题，每一个小问题至少有一人继续研究办理，如是，即大问题也不难解决了。”

下面这个对比表说明了大课题研究与小课题研究的区别。

大课题研究与小课题研究的比较

研究课题 / 研究类别	选题	管理	方法	投入	结果
大课题研究	偏重宏观的重大问题	受制于上级科研部门，严管立项、研究、结题验收	以实验、观察、调查、文献等研究为主	人力、精力、财力较大	结题报告等相关资料
小课题研究	偏重微观的实际问题	在学校帮助下，教师自主确定研究内容、时间、方法、进度	以边工作、边学习、边研究的行动研究为主	时间、精力、财力相对少一些	教育教学案例、教学模式总结、教育教学经验、小论文等

思考题

1. 你怎样看待当前教科研中存在的一些问题？
2. 什么是小课题研究？
3. 中小学教师为什么更应该注重搞小课题研究？

第 20 章 小课题研究过程的指导

提到“研究”，教师们常常会有这样一些心理障碍：一是研究工作是专家学者的事，我们这些草民搞不了研究；二是研究总是与抽象枯燥、神秘深奥相联系，我不是很感兴趣；三是我太忙，日常工作还干不完，又怎能去搞研究呢？其实，研究既不像教师们想象的那么神秘深奥，也不像教师们顾虑的那么抽象枯燥，只要用心，小课题研究并不难。校长应如何指导和引领教师搞好小课题研究呢？

一、怎样指导选题

提出一个问题比解决一个问题更重要。有些教师开展课题研究之所以收效甚微，乃至遭受挫折和失败，往往不是因为不会研究，也不是不能研究，而是因为选题不当造成的。所以小课题选题的选择决定着研究的成败。

（一）小课题研究选题的误区

课题选择就是研究者要确定的研究范围、内容和方向。选题时常常存在以下误区：

1. 太大——只求题目大，越搞越复杂

选题太大是教师的通病。一是盲目跟风，上面搞什么，自己就搞什么。二是不能从大的问题中选取一个小的角度去研究，而是跟着上面的口号跑，如关于素质教育的研究，关于心理健康的研究，关于课堂有效性的研究，这些问题一些专业研究人员都研究不明白，一个普通教师选择研究这些问题不是自讨苦吃吗！

2. 太远——追求玄远的理论，忽视身边的资源

有些教师舍近求远，放下自己身边鲜活生动的课题不研究，反而去研究高深的大理论，这无疑是扬短避长。

从研究机会上看，教师有得天独厚的最佳研究机会，学生就是研究对象，教室就是研究室，教学过程就是生动的研究过程。从自然观察的角度看，教师是最理想的观察者，因为教师本来就置身于教学中，对于教学活动，他不是一个局外人，他掌握观察的方法，了解观察的意图，又不改变课堂教学情境。这种干中学、学中干的行动研究法，最容易出成果。

3. 太空——只见文字材料，不见实际效果

“纸上得来终觉浅，绝知此事要躬行。”科学需要求真务实，但有的人搞研究脱离实际，在办公室里搞“书斋式”“注解式”研究，从书本到书本，所以其研究成果的价值十分有限。教师应从自己身边找课题，把常规工作课题化，一边工作，一边研究。这样能把工作与研究紧密结合，把公家的事和个人的事结合，把职业追求和个人兴趣爱好结合，一石三鸟，一举多得。这样的研究成果不仅能避免空洞，而且实用。

4. 太细——追求纯而又纯，徒然浪费时间

有的教师用孤立变量和偏重数据处理的自然科学的研究方法来研究教育教学问题，这不仅人为增加了研究工作的难度，而且也让教师陷入了繁琐的数据统计之中。这种研究，只能是越研究越理论化，越研究越专业化，越研究越高深，越研究越神秘化。

5. 太浅——研究没有深度，欠缺深入思考

对教师来说，通常一个好的研究选题可以用六个字来概括：想做，可做，能做。

“想做”，是指从自己身边选择当前自己最想解决、同时也是最需要解决的问题，作为小课题进行研究。因为每个教师所处的环境及其自身条件不同，所以各人的需求也不一样，这就要求教师根据自己的需求慎重选择小课题。

“可做”，针对教师自身的条件而言，进行小课题研究必须将教师的经验、素养、时间、精力等因素考虑在内。这些因素往往决定着教师能不能进行研究或能不能将研究进行到底。因此，必须从实际出发，在充分了解自己的基础上，做自己力所能及的事。

“能做”，对小课题本身而言，小课题应是个小而明确的教育教学中的具体问题，有具体明确的切入点，在实践中操作起来相对容易。选题太大、笼统模糊往往导致研究在表面上兜圈子，解决不了实际问题。

（二）小课题研究选题策略

1. 选题须有价值

教科研课题的好坏取决于课题有无价值，有价值的课题才值得去研究。有价值课题的特点是：

（1）针对性。从大的方面说，要针对时代特点，符合时代要求，就当前来说就是要符合新的课程理念。从小的方面说，要针对教学重点、难点和热点问题，选那些迫切需要解决的、有代表性的、典型的课题。

（2）新颖性。选题一定要有创意，即有新的视角、新的方法，有独到之处，不搞无效的重复性劳动。新颖一是对尚无人研究的课题开展研究，二是对已有人研究过的问题有新的突破。比如同是研究班主任工作艺术，如果你仅仅停留在如何热爱学生，如何为学生服务，就不免老调重弹，如果研究新时期如何做一个受学生欢迎的班主任，如何提高班主任的人格魅力与工作效能等，就有新意。

（3）实用性。选题应具体、实在，研究范围宜小一些。搞研究应求效益、求应用，而不是搞名堂、走形式。研究成果要有推广价值，对别人要有启发、指导、借鉴作用。

2. 体现小巧

所谓小巧，就是选题的研究范围要小，选择的角度要巧妙。可以将教学中存在的共性问题作为一项大课题，将其分解为若干个小课题，以小角度研究大问题，“先小后大”，“先易后难”，重在突出重点，目标专一，不能四面出击。课题研究范围大，内容就多，就会广而不深，中心不突出。一个针尖容易扎得很深，而一个平面却难以深入。

3. 选准突破口（切入点）

军队打仗要寻找突破口，教师搞研究也要寻找突破口。选择突破口要注意的是：以小见大，循序渐进；选择自己的优势方面；选择易于切入、易被突破的地方；与眼前工作要能结合。

4. 发挥自身优势

宝贝放错地方便是废物。在这个世界上，每个人都有自己的长处和短处，小课题的研究要想取得成功，关键是教师要认识到自己的长处，发掘自己的创造潜力，发挥自己独特的才能，走出一条最适合自己发展的道路。

5. 做自己喜欢做的事

确定小课题时，教师要考虑自己的特长优势，还要考虑自己是不是喜欢。要成为最好的自己，最重要的是要让教师发挥自己所有的潜力，研究自己最感兴趣的问题。当一个人对某个问题感兴趣时，在走路、上课、吃饭乃至上厕所时都会念念不忘，此时他最有灵感，当然也最有可能在这方面取得成功，这时他已不是为了成功而工作，而是为了享受而工作。正如比尔·盖茨说的那样：“每天清晨当你醒来的时候，都会为技术进步给人类生活带来的进步和改进而激动不已。”做自己最喜欢的事情，才会把工作变成生活，才会在工作中享受生活，潜能才能发挥出来；做自己喜欢的事情，才能在做的过程中感受到快乐，享受人生的幸福。相反，如果一个人做自己不喜欢、不愿做的事，不仅做不好，而且会是一种负担，是一种折磨，是一种煎熬。

小课题确定以后，要有一个思路和点子。思路和点子就是构思做法，做计划或方案。下面来讨论怎样指导教师设计小课题研究方案的问题。

二、指导教师设计研究方案

小课题研究要不要做一个方案计划呢？不一定，不能太固定化。有人搞研究总要写方案；有人习惯写一个粗线条的框架；有人就凭感觉、头脑的记忆搞研究。但是总体来讲，写方案一定比不写方案好，尤其是研究经验不足的人更应该设计好方案。

（一）方案设计的误区

1. 过于看重方案设计

为小课题研究设计一个研究方案固然是好事，但是处理不好不仅不能发挥应有的作用，反而会成为负担和障碍。有的教师为了写方案绞尽脑汁，废寝忘食，没等去研究，却被设计研究方案给难住了，甚至开始对小课题研究产生动摇；有的教师为写方案而写方案，方案表面看设计得很好，但其实是花拳绣腿，根本不实用。

其实，方案设计既重要，也不重要，不能被方案束缚住，关键是对研究过程的研究。任何一个研究方案在实施中都不会是固定不变的，常常是边研究，边改变。

2. 头重脚轻，操作性不强

许多教师设计研究方案存在头重脚轻的问题，即对研究目的、理论依据写得很多，而对研究过程、解决问题的途径方法设计得很少。这就使教师的方案设计走进了误区，方案虽然设计出来了，但只是一纸空文，教师还是不会搞研究。

设计一个好的课题方案，最关键的是要寻求解决问题的策略和方法，要善于追问，更要学会筛选、学会提炼，在不断追问中找到课题研究的切入点。

（二）小课题研究方案的基本框架

每个教师研究的课题不一样，写出来的方案也不尽相同。制订小课题研究方案可以从“为什么研究、具体研究什么、怎样去研究”三大方面进行，具体围绕以下四个要点来制订：

1. 提出问题（说明要研究的问题）

针对实际问题确立小课题，理清研究这个小课题有什么实际意义。

2. 研究内容（明确研究的内容）

也就是界定题目中的关键词，包括研究的内容、重点、范围、对象等。

3. 研究实施（怎样实施研究）

（1）起止时间的规划，最好安排到周次，明确结束时间；

（2）明确每段时间内要完成的研究任务，及完成这些任务的方法。比如：调查——反思设计——实践行动——总结反思……

4. 研究成果及形式

（1）过程性成果：课例、案例反思、故事。

（2）最终成果，最好形成《×××××研究报告》。但是也不能太固定化，根据研究内容的不同，写作项目和形式相应有所不同。

三、指导教师进行小课题研究的过程

小课题方案设计出来只能说还是一纸空文，如何把设想变成现实，这就要去实施方案，即具体开展研究工作。小课题研究过程很重要，如果没有研究过程，小课题研究也就失去了意义。在小课题研究过程中，校长如何指导教师并提供一些实质性的帮助呢？

（一）小课题研究过程案例

肖老师教六年级语文，最近为班上学生不愿发言而大伤脑筋。（发现问题与困惑）经过一番思考，肖老师认为，可能是因为课堂时间紧，发言机会少，导致一部分学生的积极性被挫伤。（分析问题）于是，肖老师根据《中国青年报》上的文章的启示，尝试让学生“站起来就说”。（查找资料）他对本班学生做了一个征求意见调查，54%的支持率让他颇感欣慰。然而真正实施起来，竟无一人主动站起来回答问题。（研究尝试）在征求部分学生意见的基础上，肖老师感到光凭“激励”还不行，还得“强迫”，于是他又公布了一项新规定：“每周每个学生语文课上主动发言不少于两次；凡少于两次的学生必须当众唱歌，必要时还得‘请家长’……逐周累计发言次数，奖励前三名。”（反复研究）此举见效显著，课堂气氛随即“活跃”。然而，肖老师很快又发现：少数同学是前半周看热闹，后半周胡乱找几个问题提一提、答一答，完全应付了事。针对这种情况，肖老师推出了“要点提问法”“即时提问法”，对那些一堂课上一次都没主动发言以及心不在焉的学生突然提问。（再次反复研究）伴随着这样的“软硬兼施”，学生们的强迫感日渐消失，慢慢习惯了“站起来就说”的形式。（说明效果）

从上面这个案例可以看出，小课题研究要经历以下六个步骤：

第一步：发现问题与困惑。问题即课题，小课题研究的目的是解决教育教学中存在的各种具体问题，所以要搞好小课题研究必须要发现问题。肖老师之所以能取得让学生积极发言的研究成果，就是因为抓住了“学生不愿发言”这个令他苦恼的问题。

第二步：确定选题与研究范围。面对诸多实际问题时，教师究竟该选哪一个问题？教师需要分析问题的主要表现与原因，选准问题，把握问题的要害。

第三步：搜集资料与寻找解决方法。这是一个分析问题和研究问题的过程。针对问题，教师可以从以下几个方面去寻找解决问题的方法。(1) 分析问题产生的原因；(2) 围绕研究专题，查阅相关材料，借鉴别人的经验；(3) 直接向有经验的教师请教；(4) 动脑子思考。总之，教师应设法找到解决问题的办法，并形成思路或计划。例如上面案例中的肖老师受《中国青年报》中的文章的启示，尝试让学生“站起来就说”，又对本班学生做了一个征求意见调查，有了这些帮助才使他的研究获得了成功，所以搜集资料是十分重要的。

第四步：尝试操作。小课题研究的核心是行动，即按照研究方案的设想去尝试实践、检验效果的过程，如上面课题中肖老师在课堂上让学生尝试“站起来就说”。在尝试实践中应注意以下几个问题：

1. 注意观察和体会尝试实践的效果。

2. 注意边实践边研究、边研究边实践，反复修正。

3. 注意原始资料的收集与整理，注意随时记录、反思和总结。

第五步：总结反思，补充修改再尝试。人们对规律的认识往往不是一次完成的，可能需要经历反反复复的过程。小课题研究要想获得成功，也必须经历反复的尝试——总结——修改——再尝试，直至成功。如肖老师最终获得学生“站起来就说”的积极发言的效果，是通过反复尝试才达到的，所以总结反思、补充修改再尝试是十分必要的。

第六步：研究成果的表述。因为小课题研究的内容是很广泛的，所以它的研究成果的表达方式也是多种多样的，例如写教育叙事、论文、日志、案例描写、课例报告、经验总结等。

（二）在小课题研究过程中要处理好八种关系

小课题研究过程中，教师常常会出现三个高原期，通俗地说是三道坎。

第一道坎，选题难。教师对小课题研究的认识存在误区，在确定选题时，不是从自己身边的工作出发而是搬出大理论来。

第二道坎，切入难。教师对小课题研究的切入点的选择感到迷茫。课题确定了，方案设计完了，具体实施时从哪里入手呢？怎么做呢？教师感到无从下手。有的教师在这个阶段会徘徊很长时间，严重影响小课题研究的进程。

第三道坎，提炼难。研究成果的提炼不到位。坦率地说，我们的许多教师研究工作没少做，零零散散取得了不少成就，但在总结时要么妄自菲薄，轻视自己研究中的所感所悟，没有认识到这就是有价值的成果，要么泛泛罗列，所述成果不明晰、不精练，做得有余，写得不够，给人一种茶壶煮饺子——倒不出来的感觉。

为了迈过这三道坎，在小课题研究中校长要指导教师处理好以下八种关系。

1. 大与小的关系

教师搞科研，大课题小课题都可以搞。但对于大多数教师来讲，特别是经验不足的教师，还是应先从小课题研究开始，先易后难，由浅入深，由小到大，待有了经验和积累后再去扩大研究范围，增加研究难度。所以当教师在小课题研究中遇到困惑时应先审视一下，是不是选题上出了问题，如果是选题有误要马上改正。

“小”是小课题研究最突出、最本质的特征，否则我们的研究就不能称为小课题研究了。但是在实际研究过程中，很多教师不肯在“小”上下工夫，课题研究越来越大，越来越虚，越来越空，研究到最后，自己也说不清研究了什么。

所以小课题研究一定要立足于“小”，宁在点上打井，不在面上挖坑。在深化研究上下工夫，突出重点，注重过程，使研究成果更加真实有效。

2. 学习与研究的关系

小课题研究毕竟是一种高于常规工作的创新工作，教师仅仅依靠自己原来头脑中的那些“家底”肯定会力不从心。只有学习成功，研究才会成功，只有学习精彩，研究才能精彩。

所以，当教师在小课题研究中出现问题时，要问自己：是不是我的观念有些陈旧，怎样去突破一下？是不是我这方面的经验不够，怎样去补充一下？是不是我太闭塞，怎样去扩大一下思路……

3. 过程与结果的关系

重开头和结尾，忽视研究过程，这也是教师搞不好课题研究的一个重要原因。有的学校和教师对小课题研究的选题十分热心，对方案设计也十分用心，可是方案设计完后，并没有按方案设计的步骤去实施，只是草草应付。因为平时没有很好地实施、积累和记录，到研究结束时才想起总结，结果找不到研究的痕迹，研究“成果”只能停留在最初的课题方案的水平。

所以，教师要把小课题研究从选题到方案设计，从研究实施过程到对研究结果的总结提炼都重视起来，尤其对研究过程绝对不能忽视，因为没有了研究过程研究也就失去了意义。

4. 提炼与规律的关系

小课题研究做完了但并没有总结出规律，这与教师缺乏对研究成果的总结分析有密切的关系。许多教师对小课题研究只满足于现象，还不能达到对事物本质的认识。很多教师做了大量默默无闻的工作，也收获了许多诉说不尽的感悟和认识，但就是不能精当准确地总结和提炼自己的研究成果，这真的很可惜。

小课题的研究过程是不断调整和总结的过程，要有多次阶段性的总结和提炼，最后才能形成研究报告，所以教师必须重视对小课题研究结果的总结提炼，要把自己研究过程中的分散的、局部的、表面的各种发现，进行去粗取精、去伪存真的分析研究，从而总结发现规律。

5. 写作与成果的关系

许多教师的教育教学经验没能沉淀下来，许多教师的研究成果没能得到大家认可。小课题研究必须要有一个研究报告，研究成果要有一个载体。这个载体是什么？应该是写成的报告。因此，教师一定要重视写作，包括平时的研究过程记录、研究过程的反思感悟、研究结果的总结等。

6. 自主与引领的关系

教师进行小课题研究需要两种力量。首先是教师的自主研究。没有教师个人的自主研究，无论校长或研究人员如何去鼓动、指导，研究都不可能获得最后的成功，因为任何人都不可能代替教师的自主研究。

其次是教师需要指导和引领。只有自主研究而没有专业引领，自主研究就不会有高度，就会走弯路；只有专业引领而没有自主研究，小课题研究就无法成功。当然这种引领最好是具体的指导，而不应仅仅是检查验收。

所以，一个教师的研究工作要想卓有成效，应该将自主研究与专业引领很好地结合起来。

7. 方法与精神的关系

教育科研的成功不仅仅是方法经验的成功，更重要的是精神（进取、创新）和责任的成功。教师有激情、有动力，土办法、洋办法都管用；教师没有激情、没有动力，土办法、洋办法都不管用。为什么许多学校学习洋思中学、杜郎口中学不成功？因为他们只是学习洋思中学、杜郎口中学的教学模式等外在形式，并没有真正领悟到这些学校内在的教育思想，特别是没有学习到这些学校那种敢于创新、勇于吃苦、不怕失败、坚忍不拔的精神。

所以教师搞小课题研究，不仅要学习摸索各种科研方法，还应具有进取、创新和不怕失败的精神。

8. 成果与成长的关系

多年来，科研工作关注的是研究的显性成果，如各种研究报告、论文、作品等，而忽视了对隐性成果的关注，即教师在研究过程中的成长，如教师的某种思想观念得到转变，某种能力得到提升，某些教育教学经验得到积累和沉淀等。

其实，研究成果与专业成长是相辅相成的。研究成果依赖于教师的专业成长，教师的专业成长又促进研究成果的获得。也就是说，没有成长就不可能有成果，教师要搞好研究必须设法提高自己，只有自己提高了才能去搞好研究，同时搞研究的过程恰是他专业成长的过程。在正常情况下，一个教师应该是成长成果齐头并进、相得益彰的。

（三）小课题研究的常见问题与解决对策

教师在实施小课题研究中，总会遇到这样那样的困惑和问题。怎样处理和解决这些问题呢？这里介绍一所学校的一个指导实录，希望对教师解决小课题研究中的常见问题能有所帮助。

2010 年 4 月，我们选择本溪县小市镇中心学校进行小课题全员参与性研究试点实验，全校不同岗位的教师申报了 124 项课题。课题的实施方案撰写完以后，教师对实施切入点的选择感到茫然了：具体实施时从哪儿入手呢？怎么做呢？教师感到无从下手。为了不让教师在此处徘徊太长时间，徐校长和科研部刘主任、王老师一行三人于 5 月 3 日至 6 日又深入学校，对近 40 多名教师进行了“一对一”的指导。以下是几个片段实录。

徐校长给参与座谈的教师出了五道小题：

1. 你的小课题方案撰写完了，你满意不？
2. 有了方案，再深入时，你想怎么做？
3. 进入操作层面没？到了什么程度？
4. 差在什么地方？
5. 你有什么困惑？

◆马志丹：小课题《小学高年级学生上课不爱发言现象的研究》

马志丹：进入高年级以来，我发现班里的孩子不爱发言了。与其他教师交谈时，大家也有同感。是不是我提的问题太难了？调查发现，全班一大半同学都会啊！其原因是，学生怕回答错了丢脸，怕被同学说笨。

徐校长：选题有价值，不爱发言的现象在初中也有。

马志丹：学生进入青春期了，在乎别人尤其是异性同学的评价了！

徐校长：你尝试与学生接近点，增加点亲和力，严厉中充满人情味，增加课堂的快乐氛围，比如，每周引导学生讲一个幽默笑话……

刘主任：马老师，我和你共过事，我知道你工作踏实认真，治学严谨。是不是你平时太严肃了，说话太严厉了？平时多与学生谈心沟通，多送给学生几个微笑……

马志丹：哈哈，我也不会笑啊！

徐校长：备课时再把握一下设问的难度，难了，学生固然答不上来，太简单，没有挑战性也不行啊！

刘主任：语文课的设疑很有讲究，我有两个体会，一是设疑要有铺垫或预热，例如对《可爱的草塘》的设问："作者看到眼前的美景深深地陶醉了，但刚到北大荒时，他对北大荒的感情可不是这样的啊！请从课文中找出一个表达这种感情的词语。这样写有什么好处呢？"二是要有趣，能激发学生深入探究的兴趣。比如对《凡卡》的设问："凡卡从小就被送进鞋铺，没有上过学，怎么会写信呢？"

马志丹：行，我在备课上再下工夫。

徐校长：我再提两点建议供你参考。

1. 私下做点工作，生活中多接触学生。以其他教师的名义搞个小问卷调查。

2. 收集并学习特级教师于永正评价学生的语言，鼓励学生站起来就说。

◆孙小清：小课题《中年级情感作文的研究》

孙小清：三年级学生对作文望而生畏，不知从何说起，怎么才能让孩子有表达的兴趣，并有表达的内容，这是大难题，让我非常苦恼。

王老师：许多老师都愁作文教学，家长辅导不了也愁。

孙小清：今年春天，雪特别大而且多。漫天的春雪从天而降，孩子们踏雪而来，我抓住时机，让孩子们乘兴写一写这春天的雪花。孩子们望着窗外的雪花，笔下的小短文有景有情。我从这次习作受到了启发——小学生作文要先有情，情动而辞发嘛！

徐校长：对三年级学生来说，作文是一道坎啊！你总体的设想是什么呢？

孙小清：情感生发——文中表达——文后升华。但不知该怎么做，我的成果不知该怎么呈现。

徐校长：你们班学生的精彩作文就是你的成果啊！

刘主任：你可以从两个方面入手。

第一，在生活中积累情感。引导学生回忆，如上学路上的见闻，下雨天的情景感受等；带领学生亲自考察，如领学生观察一下汤河；布置学生做，如做一次家务……

第二，用新颖的表达形式去激发。题目激发，比如写自己的作文，题目可以是"你眼中的我""我有点黑""我是家里的开心果"；内容激发，如我爱自己的N个理由；形式激发，续写，延续课文的情感，改写……

◆任丽华：小课题《引导学生养成爱读书的习惯的研究》

任丽华：我这个课题已经进入操作层面了，主要是引导学生读注音版的课外故事。我要求学生每人至少买一本书，同学间互相借阅，每天在家必须读10分钟。每天开展小组讲故事、每周组织一次读书报告会。

徐校长：资源利用上还是有点窄，再宽点。

刘主任：兴趣激发上，对一年级小学生来说要循序渐进，学生都爱看动画片，可以引导学生购买相应的图画书，这样由动态的迁移到了静态的，由图画迁移到了文字，一点点儿就把学生的读书兴趣培养起来了。

王老师：读书的层次上，由小故事到动物故事、民间故事、神话故事，由《西游记》到《水浒传》再到《三国演义》，最后读《红楼梦》。

徐校长：督促检查方法要灵活，可以集中检查，也可以结合课文教学检查，可以汇报，还可以是朗读比赛、选故事大王等，再琢磨琢磨。

任丽华：我再尝试尝试。

◆朴丽娜：小课题《小学语文低年级的美感教育的研究》

徐校长：你为什么要研究这个课题？

朴丽娜：一方面在语文课和生活中有很多美的东西；另一方面一年级学生感受美的能力很弱，而培养学生的美感能力也有助于学生学好语文。

徐校长：目前你所遇到的主要问题是什么？

朴丽娜：主要是不知从哪里下手。

徐校长：我给你提几个建议：一是要明确这种小学语文低年级的美感教育只能是一种熏陶和渗透，研究在语文教学中如何熏陶和渗透美感教育，不要搞大了，面太宽了。二是研究语文教材的特点，哪些东西可以挖掘出来加以利用。即考虑哪些内容适合，哪些内容不适合，宁可少而精，不面面俱到。三要考虑熏陶和渗透的形式与方法问题。是用图片还是用视频，是带感情朗读还是演唱歌曲，是运用音乐还是学生游戏等，总之，要找到既简便易行又适合学生特点的形式和方法。四是应该做到：有意——体现你的研究内容；有机——与语文课密切结合；有效——不走形式。真正让小学生的美感有所提升。

朴丽娜：徐老师你的点拨真让我开了窍，我一定好好尝试一下。

◆赵爽：小课题《交互式电子白板在课堂教学中的应用》

徐校长：你目前对这个课题的了解有多少？

赵爽：不是很多，还很肤浅，不过我会努力的。

徐校长：相信你会这样。目前你感到困惑的问题是什么？

赵爽：我还不知道应该怎样深入。

徐校长：可以先做三件事。第一，通览教材，研究教材特点，看哪些内容可以利用交互式电子白板提高教学效果。交互式电子白板的使用不是用得越多越好，要防止出现为使用交互式电子白板而使用交互式电子白板的形式化倾向。第二，关于如何深入的问题。有几种办法。一是借助网络，看从网上能查到什么；二是可以去找校信息部的几位教师请教；三是我们县里的几所学校有几位教师这方面搞得很好，你也可以向他们请教，我听说最近有几次这方面的公开课活动，你千万不要错过了；四是自己反复琢磨，不要怕失败，做任何事情都要经过反反复复的努力而后才能最终获得成功。第三，注意在运用交互式电子白板时，不要只考虑教师教的行为，更要考虑学生学的行为，即一定要让学生参与到交互式电子白板的使用之中。

赵爽：谢谢徐校长，现在我的思路宽了。

◆高霞：小课题《自主识字法》

徐校长：为什么选择这个题目？

高霞：一是我感到学生识字回生遗忘率特别高；二是学生识字被动，只等老师教。

徐校长：所以我觉得你这个题目选得特别好。你现在的问题是什么？

高霞：我现在觉得不知从哪里下手。

徐校长：我给你出几个主意。第一，先去搜集关于识字方面的资料。一是从网上查询；二是从杂志和图书中查找；三是向有经验的教师请教。资料包括三个内容：一是目前有效的识字方法有哪些；二是教师在识字教学中都有哪些经验和方法；三是目前在识字教学中还有哪些问题，产生的原因是什么。第二，到学生中去搞调查。一是与学生座谈，听取大家对识字教学的意见；二是对学生的作业和考试卷做分析，看学生识字回生遗忘是否有规律；三是必要时可以搞点测试或问卷调查。第三，根据以上两个方面的材料看看你们班的自主识字能做些什么。这些前期工作做好了，下一步也许你就知道该怎么做了。

高霞：是这样的，过去我对这方面的信息掌握得太少了，下一步我一定按徐校长提示的去做。

……

思 考 题

1. 为什么要重视小课题研究的过程，你是怎样理解小课题研究的过程的？

2. 小课题研究过程中教师容易出现哪三个高原期，为什么？

3. 小课题研究过程中教师应处理好哪八种关系？

4. 你在小课题研究中的困惑和问题是什么？

第21章

进行小课题研究的方法

“天道酬勤，亦酬术。”一个人要真正有效率地做好一件事，不仅要有勤奋、肯干的精神，还要有灵活巧妙的方法。虽然每个教师的研究课题不同，每个人的经验专长又各异，但是教育科研总有一些常规的研究方法。校长要帮助每个教师选好合适的方法。

一、模仿法——移植经验

特级教师薛法根说：“我的教学功底是在一堂堂模仿课中练就的。移植别人优秀的、成功的科学成果，虽然是一种简单的验证性的实验研究，但对刚刚踏入教学和科研大门的青年教师来说，仍然不失为一条捷径——既能体验教育科研的过程，又可以夯实自己的科研基本功，还能缩短从教之初的适应期，取得明显教学效果。”

这里的经验移植法是指教师将别人的教育教学方法用在自己的教育教学工作上，去模仿，去尝试。它的基本程序是：

第一步，学。教师在优选经验的基础上翻印优秀教师的教学经验材料，观看优秀课例的录像，而后通过与同行的研讨，把优秀教师的先进思想、观念、课堂教学方法吃透。

第二步，仿。这是在学习别人经验的基础上“依葫芦画瓢”，模仿着上自己的课。

第三步，创。这是在模仿上课之后，对照优秀课例，联系模仿课的成效，进行再设计，逐步形成自己的教学特点和风格。

第四步，写。就是把自己的教学经验和模式进行总结提炼，形成文字材料。这种写不一定是一次性完成的，应在反复的学——仿——创——写后形成最终的经验材料。

二、总结法——发现规律

实践是理论的故乡，教育科学不仅仅存在于专家的著作中，也存在于民间——广大教师的课堂教学、班级管理等日常教育教学工作中。许多教师认为，要搞研究就得搞实验。其实不然。教育科研经验总结法就是对过去工作的研究。它是一种回溯研究，一种归因研究，一种理性概括研究，而不是对未来的展望，它所报告的内容是“实然”的教育实践。

经验总结的方式方法是多种多样的，这里介绍几种常见的总结类型与方法。

（一）因果经验总结

因果关系的经验总结是指那些建立并描述原因与结果的相互关系的经验总结。这种类型的总结就是把各种因果关系联系起来，并描述清楚，只有如此，才算得上较为完备的总结。

比如教师准备对一个后进生成绩差的原因进行小课题个案研究，就可以运用因果关系的经验总结，从以下几个方面去分析、总结、描述，找到原因：

1. 学习动机、兴趣与自信心因素（从动力上分析）
2. 学习方法与习惯因素（从效率上分析）
3. 家庭环境的影响因素（从外因上分析）
4. 学习基础与智力因素（从智力差异上分析）
5. 师生的关系因素（从情感障碍上分析）
6. 其他

（二）过程经验总结

实施过程的经验总结，指那些抓住某些特点描述实施过程的一种经验总结，它的侧重点在于介绍自己的一些方法。这种总结一定要把方法中的独到之处和特点反映出来，以供别人应用。例如，某教师根据多年的课堂教学实践和创新总结出启发学生回答问题的十种方法：

1. 积极等待法。如果学生因心急而慌乱，教师应当安定他的情绪，耐心等待。

2. 旁敲侧击法。学生在思考主要问题时，再提一两个有关的问题，加速学生的思考。

3. 回忆法。让学生回忆有关旧知识，以便解决问题。

4. 铺垫法。提一两个较浅显的问题，让学生顺着这个思路往下想。

5. 点拨法。在关键点上指点一下学生。

6. 激将法。做出要让别人回答的样子，激励学生加快思考。

7. 分辨选择法。让其他学生回答，或教师提出多种答案，让学生自己思考分辨，选择正确的答案。

8. 回述法。先由教师或让别的学生正确解答之后，让这个学生回述。

9. 暂停法。让学生课下再想，然后找老师回答。

10. 加深扩展法。当学生答对了，再提一两个更难的问题。

这种总结方法就是要把过程条分缕析地讲清楚，并突出它的特点，特别是要把不容易的地方讲详细、讲透。

（三）证实性经验总结

证实性经验总结，指那些用经验证实某个理论或原理的一种经验总结方法。它是以经验材料为论据，以某个已知理论或原理为论点而进行的论证。

一位教师利用一个被公安局拘留过又受过学校处分的留级生和一个张嘴就骂人、抬手就打人的个别生经过反复教育转变过来的经验，证明了"儿童是有可塑性的"这样一个观点，并且进一步说明了儿童的可塑性是有条件的。在教育过程中，他一方面根据儿童的不同特点创造了适宜其转变的环境，另一方面激发了儿童内部的活力。这样他的证明就更具体、更丰富、更生动了。

这种总结方法需要内容具体、丰富生动和具有针对性。这些已知理论和原理已经被他人证实过，我们重复证实的目的就是将它具体化，使它变得有血有肉，让大家便于学习和掌握。当然，在这种经验总结中，还可以进一步充实、发展和修正这些理论。

（四）警示性经验总结

这是研究者根据自身的工作经验教训，或者从同行的工作失误中总结出来的具有规律性的东西。这种总结通常以经验教训为主，它可以为自己或他人起警示作用。在这种总结指导下可以减少工作失误，提高工作效率。如有位老师写了《教师与学生交往方式失当举隅》这样一篇论文，文中他列举了教师与学生交往中十种常见的失当方式：（1）雕塑式；（2）命令式；（3）偏向式；（4）嘻哈式；（5）机械式；（6）冷热式；（7）粗暴式；（8）挖苦讽刺式；（9）马虎式；（10）失信式。

三、实验法——探索规律

实验研究是根据一定的理论或假设，选择一定的研究对象，实行某种教育措施并观察效果，再进行分析比较，对理论或假设进行验证的研究。它的基本程序是：选题——构想——尝试（可能有多次反复）——结论（效果）。如山东省滨州市滨城区小营中学的李岚老师的小课题研究就运用了实验法，她先有一个构想，而后把这个构想在班级中进行了尝试，并取得了预期的效果。

网络辅助英语写作教学的研究

由于受诸多外部因素的制约，初中生对英语写作的兴趣和英文写作水平普遍不高，其写作内容往往缺乏个性和创造性，大多数学生在中考时很难在英语写作上取得高分。我尝试用丰富的网络资源改变这一教学困境。我选定了“网络辅助英语写作教学”这一小课题为攻关目标，想通过博客提升学生的英语写作水平。

我先建立了自己的博客并尝试用英文写作。写博客的人大都会经历三个阶段：从网络信息的摘抄到与别人分享自己学习的快乐，再到形成自己独特的思想感受。如果从英语写作的角度来分析，这三个阶段也正是写作发展过程的体验，最终达到了学会用自己的语言表达自己的感受的目的，这也正是英语写作教学最重要的意义所在。

博客往往不是只给哪一个人看的，它是公开的，这在一定程度上满足了我和学生的成就感，激励、督促着我们把它写好、写下去，慢慢形成了一个阅读和写作群体。博客的回复功能可以让学生们的交流更便捷。我将学生编成几个小组，要求必须做一定量的回复，这样可以保证每个学生都能在网上进行充分的交流，而不只是教师一个人回复。交流是表达的催化剂，它可以进一步促进学生的写作，并能使写作内容进一步深化。另外，这种公开性所分享的不只是学生的表达内容，教师所进行的指导和其他同学的评论也得到了分享，使信息的分享更为广泛，学生从自己的写作和其他同学的博客中都有所收益。而教师、同学的鼓励也是公开的，这也能使写作者获得更大的心理满足。这样，我们利用博客重新构建了英语写作教学中教师——博客——学生、学生——博客——学生、学生——博客——生活之间的网络结构。

因为英语写作在本质上和语言知识有关，而且要重视对范文的分析和模仿，所以资源的储备工作我就做了整整三个月，为每一种题材的英语写作都搜集了大量的资料，并对资料审了又审，课题计划与实施步骤也是完善了又完善。当我把这一切展示在学生面前时，学生高涨的热情刹那间冲走了我所有的苦和累。现在想来，正是小课题研究帮我积累了知识，助我打开了眼界，也让学生取得了不错的成绩。

（选自《中国教师报》）

实验法需要注意的问题：

1. 实验课题选择要切合自己的实际。
2. 注重研究过程。
3. 不要怕反复，要在反复尝试中总结反思。
4. 注重实验过程中材料的积累。

四、叙事研究法——讲述自己的故事

什么是教育叙事研究？教育叙事研究是指教师以叙事、讲故事的方式表述教育教学规律的一种方法。它是研究者（主要是教师）通过对有意义的校园生活、教育教学事件、教育教学实践经验的描述与分析，发掘或揭示内隐于这些生活、事件、经验和行为背后的教育思想、教育理论和教育信念，从而发现教育的本质、规律和价值意义。如下面这个教育故事：

一个自卑的男孩

董大芳

寒假后我接了一个初一班级，这个班级里有一个小男孩是上学期期末考试总分全年级最后一名。他整天嘻嘻哈哈，蹦蹦跳跳，对自己的学习成绩满不在乎。接班的几天里我经常找他谈一点事情，或对他提出一些批评、表扬。慢慢地我发现，他乐观的表情后面掩盖的是极度自卑的心理。他妈妈反映，他一到家里就发脾气，顶撞父母，还经常说“活着没有意思”“没脸活下去了”之类的话。

一次我对他说：“其实你很聪明，只要你认真学习，你的成绩很快会提高的。”恰好一次语文老师让他们找一些名人名言，他问我：“老师，您的名言是什么？”我说：“我不是名人，因此我的话也不是名言。但是我有一句，是我多年总结观察出来的正确结论，那就是‘只有傻子学不会初中数学’。”他当时很高兴，表示一定认真学习。可是第二天他对我说：“老师，我觉得我学习上没什么希望了，我学习可是别人也在学习，我照样还是落后，大家还是瞧不起我。”我告诉他：“真正打败你的只有你自己，只要你自己有勇气就能成功。你只是学习落后，其他方面还有很多别人比不上你的地方，你和同学之间可以互相帮助。”我特别安排几个同学主动帮助他。

一次几个学习好的学生问我数学题，我对这几个学生说：“老师现在没时间，等一会儿再给你们讲。”然后我单独叫出这个男孩给他详细讲了那个问题，并让他为那几个学生讲解，我细心地观察他，发现随着讲解的深入，他的自信不断提升。以后我经常采用这种方法，创设机会让他展示，唤起他的自信。

这个叙事研究之所以有价值，是因为它揭示了转变后进生的一般规律，同时也介绍了可操作的方法，其中起码有两点对其他教师是很有帮助的。

1. 她转变这位后进生的最关键做法有两点：一是没有放弃和歧视学生，反而更加关爱他；二是千方百计鼓励学生，提高和增强这位学生的学习自信心，通常后进生最缺少学习自信心，而这位教师恰恰抓住了这个关键。

2. 教师的思想工作艺术和智慧。这位教师在转变后进生中有很多做法是很可取的，其中有几点更具智慧，有独特的艺术性。一是利用学生搜集名言向自己请教的机会，说了自己的名言“只有傻子学不会初中数学”，并用富有哲理的话“真正打败你的只有你自己，只要你自己有勇气就能成功”鼓励学生；二是当一些学生向她请教问题时，她没有急于回答，而是先给那位后进生辅导，然后再让他给那几位同学讲解，这真是一箭双雕。这个后进生通过给别人讲题，自己学会了知识，又增强了学习自信心。

教育叙事研究还可以用来研究自己的专业成长历程，即通过写自我成长小传的方式来揭示教师专业成长的规律。

教育叙事研究应注意的问题是：

1. 选择的实例应该是有意义、有价值的（平时勤于学、敏于事、善于思、得于法）。

2. 研究的问题应该是真实的，不能杜撰。

3. 有真情实感的体验。

4. 既然是叙事，就应该有情节、有细节，有开头、中间和结尾。

五、案例法——描述规律

所谓案例法，是指通过对教育教学中典型的有价值的现象进行描述总结，从而探索教育规律的方法。教育案例是一个有教育情境的故事。在叙述一个故事的同时，人们常常可以发表一些自己的看法，也就是点评，一个好的案例，就是一个生动的故事加上精彩的点评。

教育教学案例又称个案、实例、个例、事例，是对某种实际情境的描述。从小了说，它可以是一个教学片段，可以是教育中的一件小事；往大了说，它可以是一个优秀课例，可以是一个有创意的课件制作等。下面是一个教育案例：

一张最重要的纸条

车　风

我教的年级里，有一个叫李晨的性格有些内向的女生。她是一个挺漂亮的小姑娘，只是左边脸颊上有一块圆形的疤痕。

开学初，政治课第一课的内容便是“增强自尊自信”。那一天，恰好讲完“培养正确的自尊心和充分的自信心”这一课。我抱着教案走出教室，李晨小跑着追了出来。她拉了一下我的衣襟，轻声说：“老师，要是一个人总是自信不起来该怎么办呢?”我想了一下，对她说：“这样吧，你回去做一项特殊的作业，把你认识到的自己的优点总结出来，明天交给我，好吗?”她点了点头，若有所思地回去了。

第二天，我的办公桌上出现了一张纸条，上面没有署名，只写着：遵守纪律，爱劳动。看着这几个字，我心底泛起一种酸酸的感觉：这个孩子活得太沉重了。我拿出纸笔，开始写一份“李晨优点录”。除了她自己总结的两条以外，我又添加了善良、温柔、乐于助人、坦诚、虚心、渴望成才、言行一致、细致、有爱心等十余条。放学后，我找来几位他们班的学生继续了解李晨的情况，在他们的提醒下又添上了几条。最后，我写了自己认为最重要的一条：你有一双非常美丽的大眼睛。

第三天，李晨看到了这张写满她优点的纸条，把目光从纸上移开时，眼里有些湿润。她问我：“老师，我真的有这么好吗?”我拍了拍她的肩膀，没有说话，只是用力点了点头。后来，在结束整节课的内容时，我让学生们每人写出一个自己认为是班里最出色的学生的名字。我把大家写好的纸条收上来，一张张地打开来读。很多学生都“入围”了，因为我并没有限定是哪方面最出色。当我念到“李晨”的名字时，班里一下子安静下来了，显然大家都觉得有些意外。李晨抬起一直低着的头，用有点怀疑的目光迎着我，我带头鼓起掌来，接着全班响起了热烈而持久的掌声。

如今的李晨已经完全自信起来了，脸上总是洋溢着阳光般灿烂的笑容，课堂上也经常举手回答问题。但是始终没有人知道，我所读的那张纸条上，其实一个字都没有……

【点评】因左边脸颊上有一块圆形疤痕，让一个美丽的小女孩苦恼而不自信，政治老师将“增强自尊自信”一课延伸到课外，通过让学生自己找优点——教师补充优点——学生选优点——教师撒谎鼓励优点等一系列做法，让这位小姑娘从此自信起来了，对生活充满了希望。这一系列的教育活动，既反映了一个教育工作者对学生的深深的爱和高度责任感，同时也反映出他的聪明智慧和高超的教育艺术。这是一个成功的教育范例，揭示了教育规律，介绍了可操作的教育方法。

六、调查法——研究规律

调查法，是指调查者以正确的理论与思想作指导，通过访谈、开座谈会、问卷、测验等手段，有计划地广泛了解（包括口头的或书面的，直接的或间接的）、掌握有关教育实践的历史、现状和发展趋势，或有关的成果和经验、问题和教训，并在掌握大量材料的基础上，进行分析综合，得出科学的结论，以指导今后的教育实践活动的方法。如下面这个研究“中学生消费状况”的小课题用的就是调查法。

中学生消费状况调查与研究

一、研究背景

目前，我国中学生人数达7000多万，中学生消费状况也越来越受社会关注。调查结果表明，中学生每年的零花钱为人均800多元，主要用于购买零食（包装食品和饮料）和文化用品（文具、书报、磁带、VCD）；男生愿意去运动场所和书店，女生则是书店和商店；对体育用品的消费集中在几个名牌上；自主购买衣服、零食、自行车、杂志、VCD、录像带和卫生用品，晚餐、看电影和外出游玩则家长参与较多；读报方面，以接触晚报和电视节目报最多；中学生印象深刻的广告多是自己喜欢的明星，尤其是冷漠、酷的女影星出演的。

中学生每年的零花钱平均（不含学费、书费）为800元左右，相当于西部地区农民年收入的一半；有些则高达3000—5000元，接近一些工人家庭的年收入。该调查还发现，中学生消费总体倾向于纯奢侈品方面，零花钱多了，不是图书的购买量多了，而是玩的、吃的、喝的多了，男女生共有的消费趋向是泡吧，如网吧、氧吧、陶吧等，绝大部分集中在网吧。此外，许多学生把大部分的钱花在衣服、鞋子上，喜好名牌衣服、名牌鞋子，对此，收入较高的家庭也许还可以承受，但对一些经济条件较差的家庭来说则是一个沉重的负担。

二、问题提出

现在，人们的生活水平在不断提高，家长们对自己的子女十分宠爱，所给的零花钱也比较多，同时在外界的影响下，中学生的消费市场更加广阔，成为商家的必争之地。现在中学生的观念与以前的同龄人大不一样了，其表现出的消费心理、消费行为免不了有不合理的成分，有的中学生能正确利用手上的钱，但是有的中学生却乱消费。在消费观上，现在的中学生的消费结构已不是单一的，而是向多元化的方向发展。为了更深入地了解中学生的消费状况并提出对策建议，使其确立合理的消费观及正确的消费途径，我们小组进行了调查研究。

三、研究过程

1. 准备阶段：根据小组的兴趣和老师的指导，查阅资料并通过讨论编制相关的调查问卷。

2. 调查阶段：采用问卷调查、查阅资料以及观察、访谈等方法，对我们学校高中部的同学进行了随机抽查，共发放调查问卷 80 份，回收的有效问卷 76 份，其中男生 46 份，女生 30 份。

3. 统计阶段：对回收的 76 份有效问卷进行人工统计。

4. 报告撰写：对统计数据进行分析，并参考查阅到的资料以及通过观察、访谈等收集的资料，进行讨论分析，撰写成文。

四、结果分析

通过对统计数据的分析，以及参考查阅到的资料和观察、访谈等搜集到的资料，我们小组对本次调查结果作出如下分析：

1. 在消费观念方面。根据我们统计的调查结果，87%的本校中学生在消费时注重追求品牌，而注重实用及其他的仅占 13%。约有 28%的本校中学生做过理财计划，这说明本校中学生大多存在盲目消费的行为，理性消费难成主流，消费观念存在不少问题。

2. 据调查可知，本校中学生 90%是有零用钱的，其数额每月在 300 元以下的占 7%，301—500 元的占 19%，500 元及以上的占 64%（详见表 1），从数据上可以看出本校中学生的零用钱的数额还是相当大的。

表 1　零用钱数额比例

项目 比例	300 元以下	301—500 元	500 元及以上
零用钱 数额比例	7%	19%	64%

3. 通过问卷调查我们发现，在中学生消费倾向的调查中，排在前三名的分别是零食、服装和游戏，只有一小部分用在与学习有关的方面，可见其消费倾向趋于享受、游玩等方面。(详见表 2)

表 2　中学生消费倾向排名

项目 排名	消费项目	占总数的比例
1	零食	36%
2	服装饰品	27%
3	游戏	19%
4	学习用品	11%
5	其他	7%

4. 调查结果显示，92.2%的中学生的零花钱来源是父母（详见表 3)，没有自己的劳动所得，来源途径比较单一。但是这种零花钱来源稳定、可观，也显示出中学生的依赖性很强，消费能力很大程度上取决于自己的家庭状况。

表 3　零花钱来源

来源 比例	父母	其他亲属	自己的积蓄	自己的劳动所得
人数	70	3	3	0
百分比	92.2%	3.9%	3.9%	0%

5. 通过调查我们还发现，现在中学生的攀比现象比较严重，认为身边有攀比现象的占 60.5%（详见表 4)，这种现象不利于中学生养成正确的消费习惯，会使中学生的消费走向歧路。若这种情况继续发展下去，中学生的消费观念会变得歪曲，消费很难再正常化，会影响他们将来的生存和发展，这

需要家长的正确引导。

表 4 有无攀比现象调查

比例 \ 项目	有	没有	不清楚
人数	46	14	16
百分比	60.5%	18.4%	21.1%

五、对策与建议

引起中学生消费问题的原因很多，诸如中学生自制力较差、家长对儿女的溺爱、中学生本身爱攀比等。与此同时，我们调查小组提出了解决中学生消费问题的对策和建议。

首先，应该让中学生树立正确的消费观念，发扬艰苦奋斗的精神。学生都有羡慕之心，常常不自觉地与别人攀比，为了不输给别人就买名牌。但是我们应当明白华美的外衣掩盖不了苍白的内心，同样，破旧的衣服也掩盖不了高尚的品质。所以我们提倡中学生不攀比，不过分追求名牌。中学生对社会上的新兴事物要学会辨别，增强消费意识，提高自主消费能力。

其次，家长要对孩子加强教育引导，提倡艰苦奋斗、勤俭节约。这样中学生才能形成热爱劳动、勤俭节约、不奢侈、不享乐的正确消费观和人生观。要多教育中学生体谅父母，懂得钱是得来不易的，应该学会节俭，用得合理，这样才会让父母感到放心。

再次，对中学生加强理财指导，帮助中学生树立正确的理财观念。学校和家长应按中学生年龄的不同，由浅入深地确定不同的教育目标和内容，进行理财教育。要引导中学生把零花钱存起来，用到最需要的地方；还可以让中学生参与家庭理财，不要溺爱他们；要严防中学生的攀比心理；要经常作适当的引导，做好中学生合理消费的第一任老师。

教育科研的常规方法除了上面介绍的几种外，还有很多，如：

观察法——平中见奇。教育观察法是研究者凭借自己的感觉器官和辅助工具，在教育活动的自然状态下，对研究对象进行有目的、有计划的观察与研究的一种方法。

文献法——总结规律。文献法是通过学生的作品，如日记、作业、作文、书信、绘画、工艺作品等，了解学生的能力、倾向、技能、情感状态和知识范围等。运用这种方法时，不仅要研究学生的作品，还应研究作品产生的过程及学生的各种心理活动状况。

个案法——描述规律。所谓个案研究法，是指对单一的研究对象进行深入而具体的研究的一种方法。研究者应如实地记叙某一事件（而不是众多事件）的发生、发展、变化过程，以此作为资料进行研究。

思 考 题

1. 常见的小课题研究方法有哪些？
2. 说说你对小课题研究的模仿法——移植经验的理解。
3. 说说你对小课题研究的总结法——发现规律的理解。
4. 说说你对小课题研究的实验法——探索规律的理解。
5. 说说你对小课题研究的叙事研究法——讲述自己的故事的理解。
6. 说说你对小课题研究的调查法——研究规律的理解。

第22章

小课题研究的组织管理

开展小课题研究容易“雷声大雨点小”，开始时轰轰烈烈，最后无声无息。开会＋不落实＝放空炮，布置工作＋不检查＝0。为了保证学校的小课题研究开展得扎扎实实，取得实效，校长必须抓好组织指导。教师的小课题研究能不能搞好取决于三个重要因素：一是组织能不能到位；二是指导能不能到位；三是管理能不能到位。所以校长必须提升小课题研究的组织、指导和管理技能。

一、教师小课题研究的组织

校长要抓好教师的小课题研究，关键要做好组织管理工作。

（一）加强对研究工作的组织领导

教师能不能把小课题研究搞好要看校长是不是重视这项工作。校长要把这项工作列入学校日常工作议程；校长不仅要亲自抓，还应该委派业务领导具体负责；有条件的学校应该成立科研室，具体负责教师小课题研究的组织、指导、管理等工作。

教师的小课题研究实行个人、学科组、年级部、学校四级管理机制，以个人自我管理为主。具体来说，个人负责自主选题、课题申报、实践研究、中期报告、结题答辩等；学科组负责组织交流与分享，包括选题阶段的教师沙龙、开题阶段的集中开题、研究阶段的教学观摩和主题研讨等；年级部负责课题推荐、过程管理、中期检查和全程评价，并且要建立教师小课题研究指导站，由学科领导、年级组长、骨干教师担任指导教师，实行专业引领、同伴互助；学校则负责组织培训、课题立项、答辩鉴定、成果展示和经费支持等工作，学校应成立教师小课题研究领导小组，具体工作由科研处负责。

学校还应建立一套严谨的小课题研究工作运行机制，即：校长决策调控——专家咨询指导——教导处具体负责——教研组、各科研究会落实——一线教师开展实施。在实施管理中各负其责，层层把关，切实在全校形成一个“全员参与，个个尝试，人人研究”的良好局面，切实让教师走一条“学习——研究——实践——提升——再实践”的专业发展路子和“自我发现——自我反思——自我（合作）解决”的小课题研究探索途径。

（二）提高认识，创造良好的研究氛围

认识有多高，行动就有多快。对教师开展小课题研究的思想动员也十分重要。有些学校搞不起来小课题研究，不是因为校长不重视，就是因为教师认识不够，所以学校开展这项工作之前必须做必要的思想动员，把开展这项工作的重要意义和要求讲清楚，让教师真正重视起来、行动起来。

社会日益激烈的竞争与家长望子成龙的愿望最终都压在教师头上，分数几乎成了教师生命的全部，职称、工资晋级、工作调动跟分数挂钩，末位淘汰、解聘、待遇跟分数挂钩。这都束缚了教师教学改革和创新的手脚，使教师成为分数的奴隶，成为应试的牺牲品。

要想让教师解放思想，放下包袱，大胆地去搞研究，校长要为教师减压，而不是加压，不能让教师戴着镣铐去跳舞，要创造良好的研究氛围。

（三）保证教师的研究时间与研究空间

能不能保证研究的时间与空间，也是教师能否搞好小课题研究的一个关键。

校长要想保证教师的研究时间和空间，就应该在学校的日常教学管理中适当给教师松绑，并有计划地给教师留出固定的开展学习研究的时间和空间。如安排每周三下午 3 点学生放学后，以教研组、各学科研究会为单位开展教研活动；每月末的周五放学后为大论坛时间，全体教师自愿参加校级教研活动。另外，学校在课程表的安排上要最大限度地考虑教学与教研的协调。教研活动期间，全校可实行“绿色通道”服务，所有领导班子成员参与，提供一切保障服务。

青岛市城阳区夏庄镇夏庄小学，每天下午 4：30—5：00 这段时间教师可自由支配，针对研究可以相互讨论，可以到图书室查阅文献、收集资料，可以到校外调查访谈；每周六上午 10：00—11：00 是教师撰写研究小结的时间；每月拿出半个工作日的时间让学科组开展活动，教师们可以根据计划，或交流或研讨或进行成果展示。有了时间的保障，教师们可以切实解决教育教学中需要研究的具体问题。

（四）建立良好的奖励评价机制

要调动和保护教师参与小课题研究的积极性，校长应建立良好的奖励评价机制，狠刹“实干不如巧干”“苦干不如会干”“干的不如看，看的不如捣乱的”等歪风邪气，树立正气，真正让那些踏踏实实搞研究又有成果的教师不吃亏。

为了调动教师开展小课题研究的积极性，青岛市城阳区夏庄镇夏庄小学出台了《夏庄小学小课题研究三级管理实施意见》，对教师小课题研究的每个环节均有详细的要求，理顺了教师、学科组及学校各层面的管理思路，明确了各自要做好哪些事情，解决哪些问题。

正确的评价对做好工作既起到导航作用，又能发挥助推效应。为使广大教师在小课题研究方面目标明确，积极主动，学校领导小组又讨论制订了《夏庄小学小课题研究评价办法》，针对教师小课题的申报、实践研究、中期报告、结题答辩、成果展示等环节制订了切实可行的评价方法。“管理”与“评价”章程的制订与实施，使小课题研究有计划、过程有管理、环节有评价，推动了小课题研究的有序开展。

为防止教师小课题研究“有头无尾”“无病呻吟”或内驱力不足，学校将研究过程中的全程评价结果与奖金挂钩：在学校组织的教师小课题研究评比中获一等奖的可奖励100元，二等奖80元，三等奖60元；在市教科所组织的评选中获一等奖的可奖励200元，二等奖160元，三等奖120元；获得更高级别的奖励，奖金数额是市级别同等次的2倍。除此之外，教师的小课题研究情况将作为年度考核、职称评聘、骨干教师评选、评优树先的重要指标。

对教师小课题研究的评价可以从这几个方面考虑：

1. 评价原则。教师小课题研究实行全程评价与重点评价相结合、能力评价与态度评价相结合、定量评价与定性评价相结合的办法。

2. 奖励办法。教师小课题研究实行精神奖励与物质奖励相结合、个人奖励与团队奖励相结合、单项奖励与综合奖励相结合的办法。奖励比例为课题数的20%。教师充分利用信息化手段，建立“教师博客”进行小课题研究的交流与探讨的，则予以特别奖励。

3. 附加价值。小课题研究将作为教师年度考核的参考项目、教师绩效奖积分的加分项目、职称评聘的必要条件和骨干教师评选的重要指标。

二、教师小课题研究的指导

(一) 常见问题与指导要点

校长应按前文所述方法，从选题、设计研究方案等方面，指导教师进行小课题研究，避免前文所说的常见问题。

(二) 要抓五个结合

即研究与培训结合、研究与工作结合、个人研究与集体研究结合、全员研究与骨干引领结合、研究与成长结合。

1. 研究与培训结合

怎样来促进教师这个团队去搞好小课题研究？一个最重要的方法就是培训，为他们找到前进的方向、动力和方法。人的发展既需要动力，更要找准方向，制订措施，脚踏实地。

为了切实抓好小课题研究工作，校长应把教师的研究与培训融为一体，要做到培训方式多维度，培训方法多样化：从研究内容角度——专题培训；从课题实施角度——方法培训；从提高研究品位角度——专家培训。

另外，在开展小课题研究的各个阶段，学校还可以引导课题组教师依托网络这个跨越时空的研究平台，通过博客、校园网、教育网，发布学校的认识、做法、成果和问题，在更大的范围内进行交流，以获得更多同行的参与，从中得到帮助。

2. 研究与工作结合

坚持聚焦课堂，课题到课堂中去选，研究到课堂中去做，答案到课堂中去找，成果到课堂中去用；坚持学研结合，引导教师从书中吸取营养，在实践中探索规律，边学习，边研究，边行动；坚持合作研究，建立以骨干教师为引领的研究团队，将教研活动与小课题研究有机结合；坚持校本管理，从本校实际出发，研究和制订切实可行的管理办法，建立促进小课题研究的长效机制。

教师解决教育教学问题的过程就是研究。学习即研究，行动即研究，反思即研究。参与研究本身就是成果。小课题研究重在过程，教师参与了就会有感悟、有收获、有提高，这就是成果；问题解决了，就是效益。

3. 个人研究与集体研究结合

没有教师自身的积极性，小课题是搞不好的。但是只有教师的自主又是不够的，要特别注重集体交流和专业指导。校长一方面要在全校动员布置，另一方面要总结全校好的经验进行交流，解决专业引领问题。其次是发挥名师的示范引领作用。名师承担课题时应多吸收青年教师参与，名师应多在培训会上现身说法。

4. 全员研究与骨干引领结合

榜样的力量是无穷的。要想拉动教师群体进行小课题研究，没有带头人不行，要想推进各个学科的教学研究和教学改革，没有领头羊不行。

当教师在小课题研究中找不到奋斗目标、不知向何处走的时候；当教师在小课题研究中遇到困难、遭受挫折、急需力量支持的时候；当教师在小课题研究中缺少方法、不知怎样做的时候……骨干教师应为教师群体起到引领作用。在骨干教师的带领下，教研组教师合作学习、集体探索同一个问题，在研究中相互启发、共同进步，这种方式扎实有效、目标集中，有利于学习型组织的建构，有利于浓厚的研究氛围的形成。

5. 研究与成长结合

研究即成长，小课题研究不仅是为了让教师获得研究成果，更主要的是促进教师的专业成长。学校既是学生的学校，也是教师的学校。“教师与学生同步成才，个人和学校共赢发展。”教师进行小课题研究并非是为了探究某种确定的规律或者填补某个领域的某项空白，而是为了促进自我反思、引起自我转变，是为了改进教学实践、促进专业发展，是为了提高教学素养、提升生活质量，是为了解决具体问题、总结成功经验，是为了把自己培养成为一个有强烈的反思意识、有科学的思维习惯、有基本的研究能力和有热切的专业发展愿望的研究型教师。

三、小课题研究成果的推广应用

教师自身具有强烈的自我发展与提高的欲望和自我超越的能力。苏霍姆林斯基说：“人的内心有种根深蒂固的需要——希望自己是个发现者、研究者、探索者。”教师也是如此，哪个教师不希望自己在教学工作中成为一个优秀者、成功者呢？校长应该抓住教师这种心理，为教师自我超越、展示才华搭建平台，应力争做到让“成果推介”满足教师们的心理需求。在教师的小课题研究结束时，应组织有关人员将教师的小课题研究报告、研究过程中的优秀案例、优秀反思整理出版，并负责向上级主管部门推荐，让教师们领略小课题研究带来的魅力，体验小课题研究的快乐，看到自己的劳动成果，收获成功的喜悦，感受到从事研究的乐趣和幸福。

在开始进行课题研究时校长就应规范教育科研制度，可以采用“部门＋骨干＋全员”“培训＋研发＋推广”“实践＋反思＋提升”“评价＋帮助＋改进”等有效策略，本着以教师发展为本的原则，引导教师持之以恒地自我发现、自我完善、自我超越。当科研变成一种自我需要的时候，教师的科研意识将在制度的规范下自觉提升。

因为小课题研究的门类很多，不可能用一个标准来评价各种门类的研究成果。下面提供的各类小课题研究成果的评价标准，可供教师开展小课题研究时以及学校搞小课题研究成果验收时参考。

小课题研究报告评价标准

评价指标	评价要素	权重	得分
创新性	1. 选题准确，针对性、实用性强 2. 新颖，有独创性 3. 主题鲜明，符合新课改的精神	20%	
科学性	1. 研究过程真实可信，即研究成果产生于教师真实的教育实践和教育情境，而不是演绎推理出来的，更不是凭经验、凭想象虚构出来的 2. 有教研活动描述，论点明确，论据充分 3. 初步形成了有自己特点的经验、方法、模式 4. 形成了比较新的教育智慧与技巧	30%	
实用性	1. 有可行性，有普遍推广价值 2. 有实用性，可操作性强 3. 效果明显	35%	
完整性	1. 报告主题鲜明、简练、通俗 2. 文章结构的完整性，一般应该包括课题的提出、实践的操作、研究的成效三部分，结构严谨，层次分明 3. 语句流畅，逻辑性强	15%	
总分			

小课题教育叙事研究报告评价标准

评价指标	评价要素	权重	得分
选题	1. 选题准确，针对性、实用性强 2. 新颖，有独创性 3. 主题鲜明，符合新课改的精神	20%	
故事	1. 描述的是一个教育故事，完整再现了事情发生的地点、时间、背景，有开头、中间和结尾 2. 故事有细节和情节描述，生动、有情境性，给人身临其境的感觉 3. 真实，原汁原味地呈现教育现象。不是蓄意编造，即研究成果产生于教师真实的教育实践和教育情境，而不是演绎推理出来的，更不是凭经验、凭想象虚构出来的。能做到“写我、写实、写新、写心、写思、反思”，取得明显的实效	35%	
文章	1. 中心突出，结构严谨，层次分明 2. 语言简练，通俗易懂 3. 有文采，可读性强	15%	
反思	1. 对本现象或问题的分析，能从感性认识上升到理性认识，感悟到了哪些做法是有效的，应该坚持，哪些做法是不适当的、是低效的，应该改正 2. 通过问题研究或现象分析，受到启迪，明白了一个道理，搞清楚了一个问题，或发现了过去未曾注意到的问题或教学中更深层次的问题 3. 通过本次研究更加明确了今后的工作思路	30%	
总分			

教育教学案例评价标准

评价指标	评价要素	权重	得分
选题	1. 案例典型性、针对性强，有价值 2. 新颖，有独创性 3. 主题鲜明，符合新课程思想	25%	
叙述	1. 完整、翔实、具体地描述一个实例、事例、课例等。所涉及的现象有一定的代表性，有普遍的借鉴意义 2. 真实性，原汁原味地呈现教育现象，不是蓄意编造，即研究成果产生于教师真实的教育实践和教育情境，而不是演绎推理出来的，更不是凭经验、凭想象虚构出来的，能做到“写我、写实、写新、写心、写思、反思”，取得明显的实效 3. 完整叙述案例背景、案例描述及案例分析，内容丰富充实，中心突出，层次分明，结构严谨	40%	

续表

评价指标	评价要素	权重	得分
评析	1. 能对案例做出理论上的分析，从感性认识上升到理性认识，透过现象看到事物的本质，得出的结论是科学正确的 2. 通过对案例的分析，明白了一个道理，搞清楚了一个问题 3. 通过本案例的研究更加明确了今后的工作方向和思路	35%	
总分			

小课题经验总结论文评价标准

评价指标	评价要素	权重	得分
创新性	1. 选题准确，针对性、实用性强 2. 新颖，有独创性、启发性 3. 有典型性，符合新课改的精神	20%	
科学性	1. 对经验能进行很好的归纳提炼，从感性认识上升到理性认识，反映出一般性的教育规律 2. 研究的经验真实可靠，是自己的真情实感。论据充实，文字简练，归纳、概括合理，有说服力 3. 初步形成了有自己特点的经验、方法、模式	25%	
实用性	1. 能做到“写我、写实、写新、写心、写思、反思”，取得明显的实效，效果好 2. 有实用性，可操作性强，有普遍推广价值	35%	
文章写作	中心突出，语言流畅，文字简明扼要，可读性强	20%	
总分			

小课题研究调查报告评价标准

评价指标	评比要素	权重	得分
创新性	1. 选题准确，针对性、实用性强 2. 新颖，有独创性 3. 调查目的明确，符合新课改的精神	20%	
科学性	1. 有严密的调查过程，调查方式科学，调查资料、数据准确、翔实 2. 对调查资料、数据能进行很好的统计分析、归纳概括和提炼，从感性认识上升到理性认识，得出的结论真实可靠，反映出了一般性的教育规律 3. 通过统计分析、逻辑推理，能提出合理的建议	25%	

续表

评价指标	评比要素	权重	得分
实用性	1. 启发性强，有普遍指导价值 2. 有很强的借鉴意义 3. 语言流畅，文字简明扼要，可读性强	35%	
完整性	1. 报告中心突出，结构合理，层次分明，文字简练 2. 报告格式规范，标题、正文内容、参考文献等齐全	20%	
总分			

小课题研究教学设计评价标准

评价项目	评价内容	权重	得分
教学目标	1. 知识与能力、过程与方法、情感态度与价值观等方面的目标明确、具体 2. 符合学生的认知水平和心理特征 3. 关注学生的个体差异，促进学生的全面发展	15%	
教学内容	1. 正确理解课标，把握教材特点 2. 有开发课程资源的意识，资源开发利用合理有效 3. 突出重点，突破难点 4. 重视开发潜能，注意培养学生的实践、创新能力	15%	
教学流程	1. 导入自然贴切、生动有趣，能激发学生的学习欲望 2. 能围绕教学目标展开教学 3. 体现自主、合作、探究的学习方式 4. 教学流程的设计合理、灵活并具有开放性 5. 教学活动有利于学生形成良好的学习习惯 6. 体现师生平等，尊重学生个性 7. 注重过程教学，并能让学生勤于动手，积极参与 8. 注重知识的深化，有较强的应用意识	40%	
教学评价	具有科学性、针对性、层次性、综合性、探究性	10%	
板书设计	1. 清晰、简练、实用 2. 突出重点，化解难点	10%	
特色	体现个人独一无二的东西	10%	
合计			

小课题说课评分标准

评价项目	评价内容	权重	得分
教材	对教材所处的地位、编辑意图及前后联系的理解、分析正确	20%	
	教学任务与教学目标明确、具体和全面		
	教学的重点、难点把握得准确、恰当		
	知识要点符合所教年龄段学生的认知规律		
	对学生的起点（基础）能力分析得具体、实际		
教法	教法选择得当（结合教材特点、师生实际，一法为主、多法配合）	20%	
	对现代化教学手段的选择恰当		
	教学组织恰当，注意了学生的互动和资源的整合		
	选用的教法理论依据清楚、明确		
学法	教学设计中有学法内容，并有针对性地说出理论依据	20%	
	明确培养学生的能力与习惯的要求，符合学生实际		
	学法指导得当		
教学程序	教学目标的设计符合实际	30%	
	教学思路清楚、层次分明、结构严谨		
	导入自然贴切、生动有趣，有利于激发学生的学习欲望		
	新课学习充分调动学生的学习积极性，重在师“导”		
	评价反馈体现层次性、系统性、联系性、针对性		
特色		10%	
合计			

小课题研究优质课评价标准

评价项目	评价要点	权重	得分
教学目标	1. 符合课程标准要求，符合认知规律和学生实际	10%	
	2. 体现课题研究的专题性与实证性		

续表

评价项目	评价要点	权重	得分
教学内容	1. 知识结构合理，密度适宜，难易适度	20%	
	2. 灵活运用教学资源，创造性地使用教材，与学生生活、社会实际相联系		
	3. 切合课题研究的基本方向，教学具有针对性		
教学方法	1. 情景创设得好，学生兴趣浓厚，突出教学重点	30%	
	2. 教学过程与课题研究紧密结合，能够印证课题研究中的问题或体现研究的成果		
	3. 指导学生自主学习、合作探究，实现动态生成的教学过程		
	4. 注重培养学习习惯，指导学习方法		
学习活动	1. 学习兴趣盎然，思维活跃	20%	
	2. 全员参与，主动探索		
	3. 善于思考，勇于提出问题，有独到的见解和感受		
教师素养	1. 课堂应变、调控能力强，大胆创新，教学有特色	10%	
	2. 实验操作规范，多媒体使用熟练、恰当		
	3. 语言规范准确、生动形象，板书工整美观、布局合理		
	4. 注重资料积累，制订研究记录表		
教学效果	1. 教学目标达成度高，不同类型的学生各有所得	10%	
	2. 课堂气氛民主开放，课堂充满生机和活力		
	3. 实现了课题研究的预设目标		
合计			

小课题优秀课件研制评价验收标准

项目	评价标准	权重与等级				得分
		A	B	C	D	
科学性 6分	1. 课件取材适宜，内容科学、正确、规范	3.0	2.5	2.0	1.5	
	2. 课件演示符合现代教育理念	3.0	2.5	2.0	1.5	
创新性 8分	课件设计新颖，在课堂教学中具有较大的启发性，能调动学生的学习热情	8.0	6.0	4.0	2.0	

续表

项目	评价标准	权重与等级				得分
		A	B	C	D	
操作性 6分	1. 课件的制作和使用恰当运用了多媒体	3.0	2.5	2.0	1.5	
	2. 操作简便、快捷，交流方便，适用于教学	3.0	2.5	2.0	1.5	
艺术性 5分	画面设计具有较高的艺术性，整体风格相对统一	5.0	4.0	3.0	2.0	
合计						

思 考 题

1. 为什么要重视对小课题研究成果的评价?

2. 对小课题研究成果的评价标准有哪些?

后　　记

2012年元旦，凌晨1点。坐在电脑前，我开始写这篇后记。

这本书是笔者多年的一个夙愿。一是身为校长，我在做教师培训工作时一直在思考：校长是干什么的，校长最重要的工作在哪里，校长的核心能力是什么？二是现在中小学的外部环境大有改观，当下不缺少漂亮的学校和完善的设备，可是庙好神要灵，学校内涵发展中的办学思想、教学方式、教学管理、师资水平、教研科研等又该如何去提升和发展？三是基础教育课程改革已经走了10个年头，10年中我们取得了哪些经验，还存在哪些问题，如何进一步深化？高效课堂如何去建构？四是一所学校的办学质量如何提高，课堂教学的发展目标由谁来规划，怎样去引领？我发现，这四个问题都聚焦在提升“校长的教学领导力”这个主要问题上。这一问题的解决“牵一发而动全身”。

有个性的知名校长都有较强的教学领导力和独特的办学思想。因为有了段力佩校长，才有了“读读、议议、练练、讲讲”的教学模式，才有上海育才中学这所名校；因为有了蔡林森校长，才有了“先学后教，当堂训练”的教学模式，也才有了洋思中学这所名校；因为有了崔其升校长，才有了“三三六”自主学习模式，也才有了杜郎口中学这所名校；因为有了刘京海校长，才有了“成功教育”，也才有闸北八中这所名校……

校长的最大力量不是权力，而是他的思想力和教学领导力。正如苏霍姆林斯基所说：“校长对学校工作的领导，首先是教育思想的领导，其次是行政领导。”校长的教学领导力是学校发展的动力，校长的教育思想观念是学校发展的灵魂，当下，“提升教学领导力”是每一个校长刻不容缓的任务。

改革才有出路，改革才能发展，改革才能生存。改革呼吁校长的教学领导力。建构高效课堂，提高办学质量需要大批好教师，但更需要有一批教学领导力强的好校长。希望在提升校长教学领导力的同时，全国能涌现出更多有胆有识的中小学好校长。

提升校长教学领导力是一门博大精深的科学，也是一块方兴未艾的处女地，这本小册子的思考实在有限，甚至都称不上是“抛砖引玉”的一块砖。限于水平，书中一定会有很多问题乃至错误，衷心希望广大教育同仁不吝指教。本课题研究中参考和吸纳了一些专家、校长和教师的研究成果，在此对原作者致以最诚挚的谢意。

作者于 2012 年元旦